누군가는 해야 했다
4대강 살리기 사업은 대한민국 국토 선진화의 길이었다

김 철 문 作

이 글은 4대강 사업의 계획과 추진 과정에 참여한 저자의 개인적인 소회를 담고 있다는 점을 알려드립니다.

| 들어가는 말 |

4대강 살리기 사업은
대한민국 국토 선진화의 길이었다

시대를 막론하고 물(水)은 가장 기본적인 생명의 조건이자, 인류 역사를 이끌어 온 핵심 자원이다. 아무리 시대가 변해도 인간은 물 없이는 살아갈 수 없다. 국가는 물을 비롯한 핵심 자원을 효율적으로 관리하고 사용할 때 번영했으며, 반대로 최상의 수자원을 확보하지 못한 국가는 중심에서 멀어졌다.

익히 알려져 있듯이 세계 4대 문명 모두 강에서 발생했다. 범람하는 강을 관리하며 문명을 이룩한 것이다. 지금의 강대국은 모두 치수(治水)에 성공한 나라들이다. 물의 중요성을 일찍이 깨닫고, 물을 잘 이용한 나라들이다. 잘 관리된 깨끗한 물이 제공하는 쾌적한 자연환경은 국가의 부강의 척도와도 비례한다.

19세기 중반 석유의 발견 이후, 지난 세기가 석유 자원을 둘러싼 갈등의 역사였다면, 앞으로는 다시금 '물'이 국가의 흥망을 결정하고, 국민의 삶의 질에 강력한 영향을 미칠 것이다. 물은 더 이상 그냥 흘려보내는 것이 아니라, 모아 사용해야 하는 소중한 자원이기 때문이다. 21세기가 되어 선진국들은 수자원의 확보에 열을 올리고 있으며, 물을 활용하여 국토를 조화롭게 발전시키고 있다. '국가 선진화'는 삶의 터전이 되는 국토를 합리적이며 효율적으로 관리할 때 가능하다.

우리 국토는 반도이다. 반도는 해양으로나 대륙으로나 열린 땅임에도 우리는 수천 년의 시간 동안 반도를 열린 반도로 경영하지 않고, 내륙 중심적으로 경영해 왔다. 반도의 지형적 이점을 파악하고, '강'을 이용하여 바다와 내륙을 잘 이어준다면 무너지지 않는 부강을 이룩할 수 있을 것이다. 바다의 물류가 강을 통해 더 쉽게 내륙으로 들어오고, 내륙의 물류가 강을 통해 보다 쉽게 바다로 나갈 수 있도록 해주어, 강을 따라 지역들이 더욱 번창할 것이기 때문이다. 이렇게 바다와 내륙을 강으로 연결하여 대내외적 접근성 향상을 이루는 것이 국토 선진화의 길일 것이다.

우리는 물이 운명을 결정짓는 요소라는 인식을 가지고 강(江)을 바라보아야 한다. 물은 인간 생존의 필수 요건이면서도, 어떤 자원보다도 사회의 지속 가능한 성장을 가능하게 하는 자원이기 때문이다. 세계 거의 모든 국가가 물 관리의 소중함을 깨닫고, 재난 방지, 수자원 확보, 수질 개선, 수변 공간 활용 등을 위해 노력하고 있다. UN(국제연합)은 인류의 복지를 증진하고 지구를 보호하기 위한 17개 목표 SDGs(Sustainable Development Goals 지속 가능 발전 목표)를 제시했는데, 그중 6번째 주제가 '깨끗한 물과 위생'이다. 국제 사회에서 물에 대한 위기를 통감하고 보다 구체적인 협약이 이루어진 것이다.

지난 시기 우리는 정치적 분열로 인해 불필요하게 국민적 힘을 낭비했던 경험이 있다. 이제는 '물'이라는 화두에 대해 정치적 입장을 떠나 함께 머리를 맞대야 한다. 혹자들이 주장하는 것처럼 '4대강 살리기 사업'은 과연 막대한 국고를 낭비한 사업이었을까? 4대강 사업은 단순한 토목 건설 사업이 아니었다. 4대강 사업은 그동안 방치됐던 강의 잠재력과 가능성을 보여준 대한민국의 국토 선진화 사업이었다. 또한 4대강 사업은 선진국으로 향하는 과정에서 언젠가는, 누군가는 반드시 해야 하는 국토 선진화 사업이자 국가 물 평등 사업이었다. 강과 강이 연결될 때 수자원의 가치는 더욱 높아질 것이며, 소외된 지역 없이 국민 누구나가 잘 관리된 깨끗한 물을 공급받을 것이다.

필자가 대한민국의 공무원으로서 강을 관리하고, 4대강 사업에 참여한 것은 커다란 보람이자 영광이었다. 4대강 사업과 관련하여 부족하나마 이제라도 이렇게 기록을 남기는 이유는, 1,000일이 훌쩍 넘는 그때의 현장 기록이 그만큼 개인적으로도, 국가적으로도 중요한 의미를 가진다고 믿기 때문이다. 4대강 사업과 관련하여 알려지지 않은 일, 또는 널리 알려진 일이면서도 필자와 관련된 일, 개인적 관련은 없지만 사업추진 과정에 크게 이슈가 되어 필자와 정부를 곤혹스럽게 했던 일들을 중심으로 일부 기록을 남긴다. 후대에도 국민을 위한 국가 정책 사업을 추진할 때 참고하길 바라는 마음에서이다.

수많은 우여곡절 속에서 매년 태풍, 장마, 가뭄 등 재난, 재해를 겪으며 4대강 사업 본연의 효과가 확인되고 있다. 그럼에도 정권이 바뀔 때마다 직접 사업에 참여했다는 이유로, 반대파 정치인들로부터 정치적인 국정감사와 수차례에 걸친 감사원 수감(受監)으로 인한 고통과 인사 등의 불이익을 받은 공무원들에게 죄송함과 감사의 마음을 전한다.

이 글을 남기는 데 크고 작은 성원을 보내주신 이명박 전 대통령님, 당시 청와대에서 초기 사업기획 단계에서 적극 지원해 주신 박영준 기획조정실장, 민정실 김두진 선임행정관, 기획조정실 이동우 실장, 신종호 비서관, 정재용 행정관께 감사를 드린다. 또한 사업 추진 당시 국정기획실에서 같이 참여해 고생한 이재붕 선임행정관, 김형렬 행정관, 이정기 사무관을 위시하여, 4대강 사업 추진본부장 및 국토해양부장관님 이하 동료·선후배님, 국토부, 환경부, 농림부, 행안부 등 정부 각 부와 해당 지방자치단체 공직자, 수자원공사, 농어촌공사 등 공기업·공공기관 임직원 여러분께 깊이 감사를 드린다.

C O N T E N T S

| 들어가는 말 | 4
— 4대강 살리기 사업은 대한민국 국토 선진화 길이었다

| 추천사 | 10

| 프롤로그 | 16
4대강 살리기 사업의 탄생
— 운명의 전화 한통

    1. 국토 전역에 방치된 하천
    2. 기획감사에 드러난 하천관리 문제점
    3. 노무현 정부 때 물거품이 된 하천 정비 사업
    4. 새로운 희망을 품다
    5. 광우병 광풍에 쓰러져간 한반도 대운하
    6. 내우외환, 촛불 시위와 글로벌 금융 위기
    7. 금융위기를 이겨내는 길은 국가하천 정비 사업이 답이다! (국가위기 탈출)

CHAPTER_1 | 누군가는 해야 했다 | 37
– 4대강 사업은 왜 해야만 했나

1. 해마다 반복되는 하천의 물난리
2. 낙동강(경북고령군) 봉산제방 붕괴 참사를 막다
3. 도대체 매년 강(江)에서 어떤 일이 벌어지길래
4. 지방청 비리 사건 해결사로 투입

CHAPTER_2 | 방법을 찾다 | 61
– 수해의 참상 속, 상식적인 대책을 찾다

1. 임시변통 재해 대책
2. 용두사미 특별기구
3. 혁신 아이디어
4. 수십 년간 반복되는 하천재해
5. 소형댐 26개보다 효과 좋은 하도정비

CHAPTER_3 | 평생의 꿈꿔왔던 과업이 시작되다 | 75
– 국가지도자의 하천정비 사업의 대한 혜안

1. 4대강 살리기 사업의 씨앗이 뿌려지다
2. 대통령의 확고한 의지

CHAPTER_4 | 드디어 때가 왔다 | 89
– 4대강 사업이 국책 사업이 되다

1. 광우병 촛불에 녹아버린 '운하'의 꿈
2. 글로벌 금융 위기가 가져온 4대강 정비
3. 왜 하필 하천 사업이었나
4. 드디어 때가 왔다

CHAPTER_5 | **정치권, 반대를 위한 반대** | 101
– 4대강 사업을 반대하는 이들과의 논쟁과 입증

1. 예기치 못한 복병들
2. '4대강 사업'에 대한 초기 반응
3. 정치계, 종교계, 언론계의 진실 왜곡
4. 정치인들의 정치공학적 셈법
5. 전략적 인내보다는 설득과 추진 병행
6. 낙동강 8공구 쓰레기 매립토 사건
7. 경남 사업권 회수 않으면, 내가 나간다 배수진(背水陣)
8. 비상식적인 낙동강 폐기물 매립토 처리
9. 연평도 포격 도발 와중에도 '정부 제소' 으름장
10. 중간에 끼인 지자체 공무원들의 애환
11. 분위기 따라 '아무 말 대잔치'
12. 종교단체 관련 비화들
13. 낙단보 마애불 구멍 소동
14. 사업 마무리 단계의 마녀사냥, "보가 무너진다!"
15. 4대강 '배추 파동' 이야기
16. '복지비 축소설'과 환경단체의 궤변
17. 환경단체의 공사 현장 점거 사건
18. 도마 위에 오른 도산 안창호 선생의 '강산개조론'
19. 내가 영포라인이라고?
20. 심야에 울린 청와대 발 긴급 전화
21. 언론의 잇단 '몰매'에 공무원들 사기도 '뚝'
22. 결론, 정권 바뀌자 필자의 고생길

CHAPTER_6 | 내 생각이 옳았다 | 173
− 사업의 성과 및 자전거길 에피소드

1. 내 생각이 옳았다!
2. 아이고 답답해, 언론 기고 직접 하자!
3. 계속되는 비, 공짜 수리 모형 시험
4. 홍수의 고장 낙동강 물난리는 없었다
5. 말도 안 되는 '역행침식' 소동
6. 지긋지긋한 비가 가고, 가을이 왔다
7. 4대강 사업의 꽃, 자전거 도로
8. 1500km, 4대강 자전거 종주에 도전하다
9. 내친김에 사이클(자전거) 국가 대표와 함께 4대강 달리다

CHAPTER_7 | 4대강 사업을 마무리 하면서 | 205
− 착공 4년 만에 드러난 자태

1. 2011년 12월 공직을 마무리 하다
2. 정권이 바뀔 때마다 반복되는 정치 감사
3. 4대강 살리기 사업은 대한민국 국토 선진화의 길이었다

CHAPTER_8 | 글로벌 국격을 높이는 필자의 제안 | 213
− 대한민국의 국토 선진화의 길
− 공직자들을 일하도록 하자

| 화보 | 235

| 추천사 1 |
못다 이룬 대한민국 국토 선진화의 꿈

　이 책은 해마다 우리 국토를 덮치는 수마와 수십 년간 싸워왔던 한 공직자가 4대강 사업을 추진하면서 경험한 일들을 기록하고 있다. 책은 비록 개인의 에피소드 중심으로 저술됐지만, '가뭄과 홍수의 땅' 한반도에서 추진된 국토 선진화의 시작을 기록한 역사서로 평가될 수 있는 소중한 자료를 담고 있다.
　저자는 태풍 루사를 전후하여 겪었던 홍수 일화로 책의 서두를 시작하여 4대강 사업과 함께한 공직 생활의 보람으로 마무리하고 있다. 책의 초안을 훑어보면서 나와 저자는 서로 다른 관점에서 바라본 4대강 사업이 '국토 선진화'라는 같은 결론으로 겹쳐지고 있음을 느꼈다. 그리고 저자가 간절히 원했던 '국토 선진화'는 못다 이룬 꿈이었고, '첫 삽의 만족'으로 끝내야 하는 현실도 공감했다.
　저자 자신이 경험했던 낙동강 홍수와의 사투가 4대강 사업에 대한 신념으로 이어졌고, 미래를 볼 수 있는 국가 지도자를 만나 공직자로서 일생의 큰 업적을 남기게 됐다. 저자는 경험으로 이뤄진 확고한 신념이 있었기에 수많은 반대와 비난에도 굴하지 않고 주어진 사명을 다할 수 있었고, 지금까지 당당한 자부심을 느끼고 있다. 이 책에서 볼 수 있는 저자의 신념과 사명감은 모든 공직자의 표상이 되어야 할 것이다.
　나는 저자와는 달리 지난 수십 년 동안 먹는 물과 수질 개선의 관점에서 우리 국토의 강 관리에 관한 대전환의 필요성을 느끼고 있었다. 지난 1990년대부터 2000년대에 이르기까지 한강과 낙동강의 수질 연구를 해오면서 새로운 취수원 대책을 주장해왔다. 지금의 취수원은 국민의 재산권을 박탈하고 건강을 위협하는 고비용과 고위험이 함께하는 어리석은 방법임을 알리려고 노력했다. 2006년 한반도 대운하 계획을 처음 접하면서 취수원 이전이 선행돼야 한다고 제안했지만, 찬반 논쟁이 격화되고 나서야 받아들여졌다.
　저자는 대운하 계획을 반복되는 홍수 피해를 줄일 수 있는 대안으로 봤지만, 나는 취수원 문제를 해결할 수 있는 절호의 기회라 생각했다. 하지만 광우병 촛불 광풍으로 대운하의 꿈은 사라지고, 그나마 4대강 사업으로 이어질 수 있었다. 완공 후에도 정치적 논쟁은 계속됐고, 지난 정부에서 보 해체 결정까지 갔지만, 국운이 다하지 않아서 이번 정부에서 다시 생존할 수 있게 됐다.

지난 10월 25일 경기도 여주에서 있었던 4대강 보 걷기 행사에서 이명박 대통령은 "4대강 사업이 정치적으로 이용돼선 안 된다."라고 강조했다. 하지만 이미 깊은 정치 수렁에 빠져버린 4대강 사업의 미래는 아무도 알 수 없다. 보수 정부의 위대한 업적을 폄훼해야 권력을 얻을 수 있다고 판단하는 저질 정치인들은 끊임없이 4대강 사업을 정치적으로 이용하고 있다. 이러한 현실에서 이 책은 우리에게 소중한 안내서 역할을 할 수 있다. 제7장 "이제는 미래를 말하자"에서 현장 체험한 저자만이 창안할 수 있는 소중한 아이디어를 기술하고 있다. 4대강이 더 이상 정치적으로 이용되지 않으려면, 이번 정부는 이러한 아이디어를 검토하고, 시급히 추가 사업을 시행해야 한다. 국민이 체감하고 감동할 수 있는 국토 선진화의 효과가 있을 때, 저질 정치인들의 폄훼 공격이 사라질 것이다.

끝으로 힘들고 바쁜 일정에도 소중한 기록을 남긴 김철문 회장님의 노고에 다시 한번 경탄한다. 부디 이 책이 씨알이 되어 우리 후손들이 안전하고 풍요로운 국토에서 건강하고 쾌적한 삶을 누릴 수 있길 바란다.

청계산 옛골 자유환경연구원에서
박 석 순

이화여자대학교 환경공학과 명예교수
세계기후지성인재단 한국대사
미국 이산화탄소연맹 국제 회원
제17대 국립환경과학원 원장
이달의 과학기술자상 수상(2007년)

| 추천사 2 |
순수히 평가받는 첫 출발이 되기를

축하드립니다!
우리나라의 모습을 바꾸어 국격을 크게 높인 고속도로, 인천공항, 고속철도등 , 초대형 SOC사업에는 사업의 타당성을 둘러싼 치열한 정치적, 사회적 논란과 추진 과정상의 수많은 우여곡절이 있었음에도 불구하고, 시작단계에서의 형식적인 보고서를 제외하고는 그 사업에 대한 필요성 논의를 통한 출발점의 전개과정을 사실적으로 정리한 기록은 거의 없는 실정입니다.

특히 4대강 살리기 사업은 어떻게 시작되고 추진되었는지 당시의 정치권의 공방 이외에는 알려진 것이 없는 상황에서 김철문 전 4대강사업추진본부 사업국장께서 이 사업의 시작과 전개과정을 상세히 기록하여 회고록으로 출간하게 된 것은 미래에 사업의 진정한 평가를 위해서도 매우 다행스런 일로 생각합니다.

저는 2004. 6월 건설교통부 감사관으로 김철문 국장과 같이 일하였습니다. 현장전문가인 김철문 국장은 수자원분야의 민생 현장에서 수많은 경험을 바탕으로 우리나라 국토에 분포된 강에 대한 문제점을 조사하여 번뜩이는 아이디어로 해결방안을 마련하는 추진력을 보았습니다.

김국장은 그 당시 노무현 혁신정부 아젠다 기조에 맞추어 매년 태풍등 자연재해로부터 우리 국민들이 상습적으로 고통을 받고 있는 문제점을 조사하여 해결방안을 마련하는 과제를 우리 감사실의 기획감사 과제로 선택되도록 본인에게 지속건의에 따라 기획감사 방침을 결정하고 전국 지방자치단체 협조를 받아 담당공무원들과 약 8개월에 걸쳐 전 국토에 분포된 하천현장을 조사한 감사 결과를 모아 감사관실의 공식적인 보고서로 '국가주요하천 종합정비 계획(안)'을 완성하였습니다.

당시 국토교통부 추병직 장관께서 내용을 보고받으시고 아주 훌륭한 감사결과 보고서라고 하시면서 국무회의 보고 후 주요정책 과제로 채택하고자 하였습니다. 그러나 당시 노무현 대통령의 탄핵이란 정치적 문제로 국무회의의 상정보고가 무산되면서 정책으로 반영되지 못하였습니다.

이 보고서는 그 후 이명박 전 대통령께서 '한반도 대운하 건설사업'을 공약으로 내세우신 단초가 되었고, 취임 후에는 '4대강 살리기 사업'으로 재탄생하는 초석이 되었습니다.

이러 한 길목마다 김철문 국장께서 중요한 역할을 하신 내용이 이 책에 담겨 있으며, 저는 당시 김 국장과 대통령비서실에 같이 근무하면서 이러한 상황을 보았고, 국토해양부 복귀 후에는 4대강 살리기 추진본부 부본부장으로 실제 사업진행에 힘을 보태기도 하였습니다.

거대한 정책사업을 추진과정에서의 많은 갈등은 행정력과 예산낭비는 불가피하며, 결국 그 피해는 고스란히 우리 국민들에게 돌아갈 뿐일 것입니다. 이러한 기록들은 미래에 또 다른 정책사업을 할 때, 4대강사업 기록을 거울삼아 정치적, 사회적 갈등 해결에 도움이 되길 바라는 바입니다.

김철문 국장의 이 회고록이 4대강 사업에 대한 정치적 논란을 넘어 사업자체로 순수히 평가받는 첫 출발이 되기를 진심으로 바라면서 그동안 공직자의 애국심 하나로 이 사업에 헌신하였던 김 국장의 노고에 경의를 표합니다.

이재붕

전, 국토부 감사관
전, 총리실 농림,건설 심의관
전, 청와대 국책과제비서실 선임행정관
전, 4대강살리기 사업 추진 부본부장
전, 국토교통과학기술진흥원(KAIA) 원장
현, 법무법인 Kim & Chang 고문

| 추천사 3 |
축하드립니다!

　한반도 대운하사업은 이명박 대통령의 핵심 공약이었다. 그러나 2008년 수도 서울 한복판을 덮친 '가짜 광우병 광란'이라는 벽에 부딪쳤다는 건 누구나 아는 역사적 사실이다. 반 정부 시위로 새로 태어난 정부는 초기 정책 추동력을 잃게 됐고, 핵심공약이었던 대운하사업도 좌초됐다. 대운하 사업이 무덤 속으로 들어가기 전 기적적으로 부활한 것이 4대강 사업이다.
　운하 기능이 빠진 4대강 정비가 핵심이었지만, 어떤 지도자도 감히 엄두를 내지 못할 규모였다. 기사회생한 한반도 최대의 토목사업의 불씨를 살려낸 이는 '김철문'이었다. 국가 지도자인 이명박 대통령이 일군 밭에 한 알의 밀알을 심은 것이다. 2008년 당시 국토부 사무관에 불과한 그가 어떻게! (그 내용은 본문에 자세하고 재미있게 소개돼 있다)
　그는 사업 중반부터 이 사업에 대한 기록을 남기고 싶어 했다. 사업지원국장을 마치고 퇴임한 2012년부터 집필했지만, 뒤를 이은 정부도 이명박 정부의 핵심사업에 호의적이지 않았고, 감사원의 조사까지도 계속됐다. 또 2017년 들어선 정부는 '4대강의 보를 철거해야 한다'며 5년 내내 공격한 세력까지 있었으니. 기록을 남기려던 계획은 계속 미뤄졌고 벌써 10년이 훌쩍 넘었다.
　4대강 사업에 관여한 인물 중 사업 전체를 꿰고 있는 이는 몇 안 된다. 전국에 나뉜 강 유역의 담당자도 다르고 건설회사도 천 개, 이천 개를 헤아린다. 정부 내에서도 사업구간 별로 담당자가 따로 있다. 아마 고위직 담당공무원조차 사업 전체의 진행과정을 아는 위치는 몇 안 될 것이다.
　그러나, '김철문국장'은 사업의 아이디어부터, 기획, 착공, 진행, 종료까지 모두 관여한 유일한 사람이라고 감히 말할 수 있겠다. 그래서 관련 기록을 뒤늦게나마 책으로 엮어낸 것은 개인사적 측면 뿐 아니라 국가역사 기록측면에서도 중요한 의미를 갖는다.
　이미, 이명박 대통령도 자서전을 펴냈고, 국토해양부 주도로 사업 전반을 기록한 '4대강 사업백서'는 사업종료와 함께 발간됐다. 이명박 정부의 청와대도 임기를 마치며 2012년 2월 국정운영백서라는 형식으로 4대강 사업의 공식 기록을 남겼다. 나는 개인적으로 청와대의 '국정운영백서' 중 '4대강 살리기 편'의 집필에 깊이 참여했으니, 전후 사정을 잘 안다고 할 수 있다.

그렇지만 이 사업이 어떻게 시작됐고, 누구의 아이디어에서 시작했는지, 누가 주도했고, 어떤 마음가짐으로 이끌었는지는 그 어떤 '공식 기록'에도 나타날 리 없다. 그런 내용을 설명할 수 있는 인물은 오직 한 사람뿐이라고 생각한다. 사업의 단초를 제공했고, 종반까지 실무를 진두지휘한 저자 만이 남길 수 있는 기록이기 때문이다.

나는 공무원도 아니면서 사업을 가장 가까이서 지켜본 사람이다. '4대강살리기 사업지원국장 김철문'을 처음 만난 것은 뉴데일리 기자로서 4대강살리기 사업을 전담 취재하면서부터다. 사업초기 강바닥을 준설하기 시작할 무렵, 암반까지 드러나게 강바닥을 긁어내고 보의 기초공사를 한 뒤 철근을 엮는 과정, 구조물건설, 준공 전 과정을 지켜봤다. 4대강 사업 주요 구간을 물론, 반대하는 단체 사람들조차 찾아오지 않는 구석진 곳까지 함께 가봤다.

저자는 직무와 관련한 특허를 낸다거나, 4대강 사업 자체를 생각해내는 등 기지가 번뜩이는 아이디어맨이다. 그러면서 기본적으로는 자타가 공인하는 현장통이다. 사소하지만 이런 에피소드도 있다. 사업 종반에 이를 무렵, 낙동강 상류 어느 지자체 구간이다. 강변 캠핑장 부지 점검이었다. 지자체와 지방청 관계자가 '캠핑장 예정지'라고 널찍한 둔치를 가리켰는데 KTX교각 아래였다. "당신들 같으면 고속열차가 지나는 다리 밑에서 잠이 오겠냐?" 웃음기 있는 말투였지만, 이 한마디에 모두들 말을 잊었고, 다른 캠핑장 부지를 마련해야 했다. 사업도 끝나가는 마당에 지자체에 맡기고, 지방청에 진행과정을 점검하게 시켜도 됐었다. 현장을 직접 가 보고 챙기지 않았다면 훗날 열차소리로 시끄러운 철로 밑에서 잠자던 캠핑객들은 두고두고 욕을 했을 것이다. 이외에도 부상을 당해가며 수천 km에 이르는 4대강 자전거도로 현장점검을 2차례나 하는 등 수많은 사례가 있다.

4대강살리기 사업은 시대의 '전쟁터'였다. 그리고 '사업지원국장 김철문'은 야전지휘관이었다. 저자의 이 책은 그 전장의 숨소리까지 그대로 살려낸, 화장하지 않은 생얼굴 같은 현장 기록이다.

김신기(전 뉴데일리 부국장)

| 프롤로그 |

4대강 살리기 사업의 탄생
운명의 전화 한통

2007년 가을은 제17대 대통령 선거를 앞두고 후보들 간의 경쟁이 한참 치열했던 시기였다. 변화를 갈망하던 국민의 바람이 점점 대선으로 집중되면서, 대한민국에는 그야말로 새 정치를 향한 열망의 바람이 불고 있었다. 9월의 어느 날, 낯선 번호의 전화가 왔다. 뜻밖에도 이명박 대선 후보 캠프에서 온 전화였다.

"정부에서 실시한 국가하천 하도 정비 기획 감사에서 보고서를 낸 담당자가 맞습니까?"
"그렇습니다."
"그렇다면 이명박 후보 캠프에 와서 기획 감사 과정에서 조사했던 우리나라 하천 실태에 대해 구체적으로 설명을 해줄 수 있겠습니까?"

생각지도 못한 전화였다.
갑작스러웠지만, 한편으로는 가슴이 뛰었다. 공무원 생활 동안 수년간 강을 정비하며 반복되는 재난과 재해를 방지하고자 노력했지만, 어떤 정권이 바뀌어도 변하는 것은 없었다. 수해와 가뭄피해 대책은 용두사미 격으로, 피해가 드러났을 때는 대책을 적극적으로 마련하는 듯 보였지만, 국민의 기억에서 멀어질 때쯤이면 언제 그랬냐는 듯 슬그머니 사라지기를 반복해 왔다. 참담한 수해와 혹독한 가뭄을 가장 가까이서 지켜봤고, 피해를 입은 주민들과 함께 눈물 흘린 담당 공무원으로서 이 지난한 문제를 해결하는 것은 평생의 과업이었다. 날것의 경험으로부터 만들어 온 수많은 해결 방안들을 가지고 있었지만, 많은 재정문제가 수반됨으로 국가의 의지가 없다면 결코 해결될 수 없는 문제였다. 강의 문제에 관심 있는 후보가 대통령이 된다면, 국민들의 반복되는 고통의 고리가 끊어질 수 있지 않을까.
개인적 소망이 실현될 수도 있지 않을까 하는 생각에 가슴이 뛰면서도, 당시 국가 공무원 신분으로 '정치인 이명박 대선 후보'에게 국가하천 실태와 문제점에 대해 브리핑을 한다는 것이 적절한 일인지 고민을 하지 않을 수 없었다. 대한민국의 공무원은 '선거 중립 의무'가 있기 때문이다. 정부의 감사 내용이 포함되어 있을 수 있는 사항을 특정 정당 대선 후보 캠프에 가서 설명한다는 것에 대한 부담도 있었다. 혹여라도 불필요한 오해의 소지를 낳지는 않을까? 공무원으로서 판단하기가 어려워 다양한 사람들에게 자문을 구했다. 국가 공무원이 수년간 수해의 현장 속에서 생각해 온 제도적 방안들이, 국민에게 꼭 필요한 정책에 반영될 수 있다면 문제 될 것이 있겠냐는 조언을 듣고 큰 용기를 얻었다. 국회의원과 서울시장을 거친 지도자급 인사에게 재난 재해의 큰 원인 중 하나인 국가하천 실태를 객관적으로 설명하여, 혹시 이후 펼쳐질 정책을 완성하는 데 도움을 줄 수 있다면 필자로서는 더 이상 바랄 것이 없었다.

드디어 그날이 왔다. 하천 분야의 전문가들과 함께 설명을 해주었으면 좋겠다는 전언을 받고, 수자원 분야 전문가 몇 명과 함께 대선 캠프를 방문했다. 시작 전부터 분주한 캠프 사무실에는 이미 많은 사람들이 자리를 채우고 있었다. 11시 정각이 되자, 이명박 후보가 회의실로 들어왔다. 필자는 그동안의 경험이 오롯이 녹아 있는 보고서 차트를 펼쳐놓고, 우리나라 국가하천의 홍수와 가뭄의 실태, 하천 환경의 현주소와 유지 관리 등의 해결 방안에 대하여 설명했다. 후보는 고개를 끄떡이며 진지하게 설명을 들었고, '한반도 대운하'인 4대강에 보를 설치하고, 하천 내에 물을 저장해 수량이 풍부해지면, 가뭄을 해결하는 데에도 큰 효과를 볼 수 있지 않겠냐는, 구체적인 질문을 하기도 하였다. "사업비가 많이 투입되어야 가능한 일이지만, 보에 물을 저장해 둘 수만 있다면 갈수기에 가뭄으로 고통받는 상황도 일정 정도 해결될 것이고, 하천 주변 지역의 지하수가 상승되면 해당 지역 농민들의 영농 환경 개선에는 금상첨화"라고 답변했다.

브리핑 시간은 30분 이내로 예정되어 있었지만, 후보가 구체적이고 상세한 질문을 계속해서 이어가면서 예정 시간을 훌쩍 넘기고 11시 50분경에야 브리핑을 마칠 수 있었다. 선거 운동으로 바쁜 와중일 터인데도, 정해진 시간을 넘기며 이렇게까지 깊은 관심을 보이는 후보와 캠프 분위기에 동행했던 우리는 매우 고무됐다. 필자는, 한반도 대운하를 건설하게 되면, 매년 반복되는 홍수, 가뭄, 환경 오염 등의 고질적인 하천의 문제점이 말끔히 해결될 수도 있겠다고 생각했다. 또한 현재 전적으로 고속도로와 국도를 통해 수송되는 산업 물류가 비용이 저렴한 내륙 운하를 이용한다면, 우리나라도 선진국처럼 산업 경쟁력을 배가시킬 수 있어, 국민 개개인의 삶의 질을 한층 높일 수 있다고 생각하니 가슴이 뛰었다. 김칫국부터 마시는 결과가 될지라도 적어도 그때는 그랬다. 이렇게 나는 4대강 사업의 한가운데에서 앞으로 다가올 수많은 역경을 상상조차 하지 못한 채 항해를 시작한 것이다.

우리나라는 봄, 여름, 가을, 겨울 4계절이 뚜렷한 나라이다. 일 년 전체 강우량 약 1300mm 중 2/3가 여름철에 집중되어 매년 홍수를 감당해야 하고, 갈수기인 12월에서 이듬해 봄까지는 가뭄으로 고통받고 있다. 필연 재난, 재해를 감당할 수밖에 없는 환경적 특성을 가지고 있는 것이다. 필자는 공무원 생활을 하면서, 지방청 민생 현장에서 매년 기상이변에 따른 태풍, 홍수, 가뭄 등의 재난재해로 국민의 생명과 막대한 재산이 손실되는 참상들을 수없이 목격하였다. 특히 2002년(김대중 정부) 태풍 루사, 2003년(노무현 정부) 태풍 매미가 엄청난 피해를 안겼다.

태풍 피해액만도 루사 6조 4천억 원, 매미 4조 8천억 원이라는 천문학적인 숫자를 기록했다. 필자는 그 피해를 복구하고, 재발되는 피해를 막기 위하여 국가하천(낙동강) 피해 현장에 파견되었다. 피해 복구 과정에서 피해 지역 주민들의 엄청난 고통을 직접 목격했고, 수해에 대한 근본적인 해결 방법이 절실하다는 것을 실감했다.

2004년 1월, 필자는 지방청에서 중앙부서인 건설부 감사관실로 보직을 이동했다. 지방청에서 경험했던 국가 주요 유역 5대 하천(한강, 낙동강, 금강, 영산강, 섬진강) 유역의 매년 되풀이 되는 홍수, 가뭄, 환경에 대한 문제점을 찾아 꼭 해결방안을 마련해 보겠다는 목적으로 기획 감사 과제로 정하였다. 상부에 방침을 받은 후 약 8개월의 기간 동안 건설부 소속지방청, 전국의 관련 지방 자치 단체 공무원들과 합동으로 전 국토에 분포된 국가하천에 대한 문제점 파악을 위한 기획 감사를 실행하였다.

감사에서 노출된 문제점은 그간 내륙의 국토개발 과정에서 토사 등 부산물들이 매년 홍수기마다 하천으로 유입되어 하천의 과도한 퇴적은 물론 과도하게 퇴적된 고수부지는 경작화로 홍수터가 잠식되고 또한 수질과 하천 환경이 심각하게 오염되어 있었다. 이에 대한 해결 방안을 도출하여 기획 감사 결과 보고서(국가하천 하도 정비 활성화(안))를 마련하였다. 그러나 사업추진을 건의하는 계획 단계에서 대통령(노무현) 탄핵이라는 정치적 이슈가 발생하여, 허무하게 사업이 무산되었다.

시간이 흘러 2007년, 제17대 대통령 선거가 다가왔다. 뜻밖에 안국동 이명박 후보 대선 캠프에서 연락이 왔다. 국토교통부 감사실에서 마련한 기획 감사 과제인 국가하천 정비(안) 보고서에 대한 설명 요청이었다. 그 당시 이명박 대통령의 대선 공약 중 하나가 '한반도 대운하 건설'이었다. 필자는 이명박 후보 캠프의 요청에 따라 2007년 9월, 수자원 전문가 몇 명과 안국동 대선 캠프에 방문했다.

이명박 후보 앞에서 약 1시간에 걸쳐 국가하천의 홍수, 가뭄 같은 재난 재해 상황, 하천 환경의 실태와 문제점에 대해 상세히 설명했다. 한반도 대운하를 건설할 경우, 국가 경제 발전을 꾀할 수 있을 뿐만 아니라, 그동안 오염된 하천 환경을 정비하는 동시에, 퇴적된 하천 바닥을 준설하면서 국가하천의 문제점이 상당히 해결될 수 있음을 설파하였다.

그해 11월, 이명박 후보가 경제 대통령이란 명분으로 대선 사상 5백만 표 이상의 역대 최다 표 차이로 당선되었다. 드디어 2008년 2월 25일, 이명박 당선인이 제17대 대통령으로 취임하였고, 필자에게 한반도 대운하 실무 추진 요원으로 청와대 국정기획 수석실로 출근하라는 연락이 왔다. 본격적으로 한반도 대운하 추진을 위한 조직 구성과 설계를 위한 세계 각국의 운하 건설 및 운항 자료 등을 수집하면서 준비에 들어갔다.

그 무렵 선거에 패배한 야당 정치 세력과 이를 지지하는 언론, 시민단체들은 광화문 광장에서 새 정권 퇴진 시위를 준비하기 시작했다. 2008년 5월부터는 진보 성향 언론에서 광우병 괴담을 유포하면서 미국산 쇠고기 수입 반대와 더불어 한반도 대운하 건설을 반대 시위 내용에 집어넣고 불을 지피기 시작했다. 시위 현장에 세워진 시위 진압 버스들은 '명박산성'이라는 조롱 섞인 이름으로 불렸고, 각종 대통령 공약 사업들은 무조건 반대하는 정권 퇴진 촛불 시위가 본격적으로 시작되었다.

이명박 대통령 취임

광우병 촛불 시위
〈출처 : 박서강 기자, 「광우병 파동 이후 최대 예상... 내일 서울 10만 집회」, 『한국일보』, 2015년 11월 13일 04:40〉
https://www.hankookilbo.com/News/Read/201511130471698472

극렬한 촛불 시위가 지속되고 있던 6월, 이명박 대통령은 청와대 뒷산에 올라 시위가 한창인 광화문 광장을 바라보면서 민의를 수용하는 차원에서 한반도 대운하 건설을 하지 않겠다고 선언하고 대운하 공약을 중단했다. 이렇게 과격한 광장 시위로 각종 대선 공약 사업의 추진 동력이 힘을 잃어 가고 있었다.

설상가상으로, 2008년 8월부터 글로벌 금융 위기가 발생하면서 우리 경제는 세계적 수준의 경제 혼란에 빠져들어 가고 있었다. '경제 대통령' 타이틀로 국민을 설득해 당선된 대통령답게, 이명박 대통령은 매일매일을 금융 위기 타개 방안 마련을 위하여 지하 벙커에서 대책 회의를 열어 각 부서에 대책 수립을 지시했다. 언론을 통하여 세계 각국의 추진 대응책들을 검토해 보니, 상당수 국가가 국민 경제생활의 고통을 해소하기 위해 내수 경제 활성화를 위한 정책에 초점을 두고 있었다. 필자는 언젠가는 국가지도자가 국가예산을 투입하여 필히 추진해야하는 국가하천 정비 사업을 내수 경제 활성화를 위한 뉴딜 사업으로 제안했다. 필자가 민정비서실을 통해 대통령 내실로 전달한 보고서를 확인한 대통령은 청와대 비서실, 국토해양부 장관, 기획재정부 장관 등에게 뉴딜 사업으로 적극 검토하여 추진 계획을 수립하라고 지시를 내린 것 같았다. 대한민국 국토 선진화를 추진하면서 글로벌 금융 위기 타개를 위한 내수 경제 살리기 사업의 일환으로, 전 국토에 분포된 국가하천 정비 사업을 추진하는 방향으로 검토하라는 지시였다.

국가지도자인 대통령의 지시에 따라 당·정·청이 수차에 걸친 협의와 검토를 통하여 금융위기 극복을 위한 대책 중 하나로 4대강 사업이 시작 되었다.

그러나 선거에 패배한 야당은 이번에도 진보 성향의 언론과 환경단체 세력들과 합세하여 공격을 이어 나갔다. 4대강 사업을, 이미 포기한 한반도 대운하 전 단계로 추진한다는 꼼수 사업으로 낙인찍고, 괴담과 선동을 시작으로 극렬히 반대하기 시작하였다.

워낙 규모가 큰 국가 프로젝트였기에 사업에 총력을 다 해도 부족할 상황에, 때마다 부딪히게 되는 반대 공격을 상대하는 것이 오히려 더 어려울 지경이었다. 그들의 논리는 때때로 너무 억지스러워 단순한 반대를 위한 반대처럼 보였다. 전화 한 통에서 시작되어 평생의 과업을 해나갈 수 있게 된 것도 내 운명이었지만, 정권 내내 끊임없이 이어져 왔던 반대를 설득으로 이겨내야 하는 일 역시 내 운명이었다.

"참고"

필자는 국가 정책 사업의 추진 과정에서 전국 곳곳의 민생 현장을 직접 누비면서 30여 년간 공직 생활을 이어왔다. 각종 재난·재해가 들이닥쳤을 때, 국민의 생명과 재산을 보호하기 위해 직접 몸으로 부딪치며 현장 경험과 전문성을 쌓아 왔다는 의미로 이해해 준다면 좋겠다. 또한 직무 특성상 선진국들의 하천 관리 성공 사례들을 두루 돌아볼 기회도 있었다. 그렇기 때문에 나는 그 누구보다도 다양한 실무 경험과 전문성을 근거로 실용적으로 사업을 계획했고 추진했다고 말할 수 있다.

1. 국토 전역에 방치된 하천

　필자는 우리나라가 60~70년간 산업화를 겪는 동안 그 격동의 시대 한가운데서 공무원 생활을 했다. 대한민국의 근대화·산업화 과정에서 묵묵히 중요한 역할을 수행했다고 자부한다. 각종 재난·재해가 들이닥쳤을 때, 국민의 생명과 재산을 보호하기 위해 직접 몸으로 부딪치며 현장 경험과 전문성을 쌓아 왔다는 의미로 이해해 준다면 좋겠다. 또 직무 특성상 선진국들의 하천 관리 성공 사례들을 두루 돌아볼 기회도 있었다. 이 때문에 누구보다도 다양한 실무 경험과 전문성을 근거로 사업을 계획했고 추진했다고 말할 수 있다.

　박정희 대통령 시절에는 '천년고도 경주 개발 사업'에서부터 아시아개발은행(ADB) 차관을 들여와 홍수와 가뭄을 해소하기 위해 시행했던 '낙동강 연안 개발 사업' 등 수많은 국가 중요 사회간접시설 사업에도 참여했다. 박정희 대통령의 치산·치수 정책은 여러 전문가들에 의해 높이 평가되고 있다. 아마도 박정희 대통령이 비명에 서거하지 않았다면 국가하천 정비 사업은 그 시절 추진되었을 것이라고 생각한다.

　필자는 국민의 공복(公僕)으로서 현지 민원인들과 함께, 그리고 홍수와 가뭄이 닥칠 때는 현지 지역 주민들과 생사고락을 같이하며 일선 현장 바닥의 수많은 애환을 함께 했다. 이런 경험을 바탕으로 단군 이래 가장 대형 국책 사업인 '4대강 살리기 사업'을 기획했고, 설계 및 본 사업추진 기간에는 정치·경제·사회·문화 등 제 분야에서 발생했던 수많은 찬·반 갈등들을 생생하게 몸소 경험했다.

　필자는 공직에 들어온 이후, 민생 현장에서 실제로 발생하는 여러 다양한 상황들을 수도 없이 몸소 부딪히며 경험했다. 나는 고시 출신 공무원이 아니었다. 그 이유로 겪어야 했던 서운한 점도 없지 않았으나, 내 성격상 크게 개의치 않고, 묵묵히 맡은 일을 다하기 위해 노력해 왔다. 고시 출신이 아니었기 때문에 민생 현장의 저변에서 일어나는 일들을 좀 더 자세히 살펴볼 수 있었고, 현상의 근본적 문제를 찾아 잘 해결했을 때 일하는 보람도 훨씬 컸다. 그렇게 쌓인 귀한 경험들이, 당시에 '4대강 사업'이라는 전례 없는 국책 사업을 실무적으로 기획하고 추진할 수 있었던 자산이 되었다. 밤낮없이 현장을 누비던 그 말단 공무원 시절을 지금까지도 나는 감사하고 감사하게 생각한다.

우리나라는 온건한 사계절 기후를 가진 다른 나라들에 비해 상대적으로 계절별 기온 차나 기후 변화가 큰 편이다. 최근 잦아진 이상 기후에도 대비해야 하기 때문에 인프라 측면에서는 명백히 불리한 점이 존재한다. 봄에는 가뭄과 황사가, 여름과 가을에는 장마, 집중호우, 태풍, 홍수가 겨울에는 폭설, 혹한, 결빙 등이 국민에게 고통을 안겨준다. 이러한 변화무쌍한 자연현상에 효과적으로 대응하여, 국민의 안위와 삶의 질을 높여 주는 것이야말로 정부가 반드시 추진해야 할 당연한 국가의 책무이기도 하다.

그동안 새로운 정부가 들어설 때마다 이러한 '이상 자연환경'에 대비하기 위해 획기적 방안을 수립하겠다고 했고, 국민의 삶의 질을 높이겠다는 슬로건을 내걸고 실제로 수많은 대책을 추진하기도 했다. 그러나 과거의 상황을 반추해 보면, 이상 기후로 인한 태풍이나 가뭄은 매년 전국에 걸쳐 상습적으로 국민의 재산과 인명 손실을 초래해 오지 않았는가?

매년 물 폭탄... 반복되는 홍수피해

피해 발생 당시, 정치권과 대다수 언론은 세상이 뒤집히기라도 한 듯 똑같이 정부를 질타하고, 뒤이어 정치권과 행정부는 '대책 수립을 위한 특별기구'를 설치하는 등 뒤늦게 호들갑을 떨다가, 시간만 지나면 다른 이슈에 밀려 모두 잊어버리는 일들을 반복해 오지 않았던가?

또한 정치적 이슈에 밀려 예산 편성조차 하지 못하고 흐지부지되는 경우가 허다했고, 대책이라고 하는 것도 지금의 국민 분노만 잠재우는 식이었다. 심하게 표현하면 국민의 눈을 속이기 위한 땜질식 임시방편이었다. 다시 기억하고 싶지 않지만, 이처럼 수많은 자연재해가 때로는 연례행사처럼 국민의 삶을 송두리째 빼앗아 가는 것을 반복했고, 우리는 그 참상을 무기력하게 지켜봐야 했다.

2000년 이전 과거 수많은 홍수와 가뭄으로 겪은 기록은 제외하고, 그 이후를 기준으로 예를 들어보자. 우리나라에서 기상이변으로 가장 흔히 발생하고, 또한 대규모로 발생하는 자연재해는 집중호우와 태풍에 따른 '수해', 그리고 그 반대에 해당하는 혹독한 '가뭄'이었다.

특히 2002년 8월, 김대중 정부 시절 태풍 '루사(Rusa)'는 전국에 막대한 피해를 주었다. 홍수 피해액만 약 6조 4천억 원으로 집계되었다. 이를 항구적으로 복구하려면 피해액의 대략 1.5배 이상이 투입되어야만 가능했다. 이때에도 필자는 국가하천의 관리 책임자로 홍수 지역을 수습하는 낙동강 현장을 지켰으며, 생사의 여부도 장담하지 못하는 최악의 상태에서 침수 지역에 고립된 지역 주민들과 함께 현장 수습을 위해 악전고투하기도 했다.

당시에도 '소 잃고 외양간 고치기식'의 정부 대책 중 하나로 총리실에 '홍수 방지를 위한 수질기획단'이란 별도 기구가 설치되었고, 감사원까지 참여해 원인 분석과 대책을 수립했으나, 홍수 피해 방지 대책은 임시방편에 그쳤다. 물론, 필자도 이 업무에 투입되었다. 그러나 이 또한 김대중 정권이 노무현 정권으로 바뀌면서, 매일매일 언론을 뒤덮는 정치적 이슈들에 밀리고, 새 정부의 예산 집행 우선순위에서 밀리는 등, 추진에 어려움을 겪다가 임시방편의 조치만 흉내 내고 흐지부지되는 현장을 나는 생생히 지켜보았다.

재해 방지를 위한 항구적 대책은 어찌해야 하는 것인가?

태풍 루사 피해 현장

〈출처 : 시민기자, 「태풍 '루사' 전국 강타... 피해 속출」, 『오마이뉴스』, 2002년 09월 01일 01:57〉
https://www.ohmynews.com/NWS_Web/View/at_pg.aspx?CNTN_CD=A0000086271

2. 기획감사에 드러난 하천관리 문제점

2004년에는 기후 변화로 인해 매년 반복되는 피해 상황들을 면밀히 파악하고, 그 원인과 문제점을 찾아 해결하는 것을 목표로, 우리나라 국가하천 관리 실태에 대한 기획 감사를 실시하였다. 이때는 노무현 대통령 재임 시기이다.

당시 국토교통부 기획감사팀을 구성하여 우리나라 국토를 흐르는 주요 국가하천인 5대강(한강, 낙동강, 금강, 영산강, 섬진강)의 관리 실태와 문제점을 파악하기 위해, 약 8개월여 동안 건설부5개 지방청, 광역시도, 관련 지방자치단체 협조공문을 보내고 담당 공무원들과 함께 전국의 하천 구석구석을 직접 현장 조사했다.

그리고 이런 지난한 노력의 결과, 약 70년간 산업화 과정에서 방치해 두었던 강에 관한 제반 문제점이 드러나기 시작했고, 대비책 수립을 위한 기반 자료가 만들어졌다. 돌이켜보면, 한발 한발 직접 밟아가며 파악한 당시의 자료들이야말로 우리나라의 미래 경제 성장을 견인해 나갈(進) 의미 있는 걸음(步)들이었지 싶다.

필자의 주도로 실시되었던 국가하천 실태 감사 결과에는 다음과 같은 문제 요소들이 실증 자료와 함께 거론되어 있었다. 돌이켜보면 너무나도 당연해 보이는 문제점들인데, 막상 구체적인 대비책을 마련하고자 할 때는 '막연한 짐작'과 '실체적 검증 자료' 사이에 천양지차가 존재했으리라.

재난이 반복되는 강 (4대강 보고서)

첫째, 홍수기에 물이 넘치고, 제방이 터지면 제방만 높이는 공사로 때웠다. 유사 이래 한 번도 바닥 정비를 하지 않은 하천은 이미 퇴적토로 가득 차 있어서 '물의 흐름 공간'이 현저히 줄어들었고, 홍수와 가뭄의 위험에 상시 노출되어 있었다. 전국 대부분의 하천이 다 그랬다.

둘째, 홍수 시 물에 잠기는 하천 둔치[1]에는 이미 경작용 비닐하우스 등이 다량 설치되어 있었고, 각종 퇴비와 농약 등이 강으로 흘러들어 수질 오염이 심각한 것으로 조사되었다.

하천의 농지화 (사업 시행 전)

셋째, 약 70년간의 산업화 추진 과정에서 발생한 수백만 톤의 산업 폐기물들이 홍수 때마다 하천으로 흘러 들어갔고, 일부는 일부러 버리기까지 하여, 맑고 깨끗해야 할 하천 환경이 이미 심각하게 파괴된 것으로 드러났다.

4대강에 버려진 폐기물 〈출처 : 국토부보고서〉

---

1) 둔치 : 일상적으로 고수부지(高水敷地)라는 용어를 사용하고 있지만, 의미를 짐작하기가 다소 어렵고 생소한 일본식 한자어이기 때문에 여기서는 '둔치'라는 우리말을 사용하기로 한다.

넷째, 갈수기인 봄에는 하천 바닥까지 물이 말라서 농업·공업용 용수 공급 부족으로 인한 고통이 극심했다. 기온이 상승하면 하천의 유량 부족으로 녹조와 악취가 기승을 부렸고, 3~4월에는 바싹 말라 있는 강바닥의 모래바람으로 강 주변의 주민들은 주거 생활에 심각한 고통을 받고 있었다.

가뭄이 지속되는 강 〈출처 : 4대강 백서〉

이 같은 감사 결과를 정리해서 '국가하천 하도 정비 활성화 추진 방향'이라는 최종 결과 보고서를 작성했고, 그 당시 감사관으로 재직 중이던 이재붕 감사관과 함께 추병직 국토교통부 장관에게 대면 보고를 했다. 보고서 내용에 대한 평가는 매우 긍정적이었다. 장관은 '아주 훌륭한 감사 결과'라는 칭찬을 아끼지 않았고, 별도의 세부 추진 계획을 수립해서 국무회의에 상정할 수 있도록 하라는 추가 지시까지 내렸다.

하지만 늘 그렇듯이 만사여의(萬事如意)하기가 그리 쉽던가. 그 당시는 노무현 대통령 임기 1년 차였다. 아시다시피, '대통령 탄핵'이라는 정치적 이슈가 온 나라를 뒤덮었고, '아주 훌륭한 감사 결과'는 태풍에 비견할 만큼 무시무시한 격랑에 밀려 한 줌 포말로 사라지고 말았다. 오뉴월 땡볕과 엄동설한 찬바람을 견디며 현장을 누빈 보람도 없이, 국무회의 상정은커녕, 나는 낙심천만할 수밖에 없었다.

2004년 3월 13일 노무현 대통령 탄핵소추. 5월 14일, 헌법 재판소 기각판결이 나기까지 64일간 대한민국 전체가 엄청난 격랑에 휩쓸렸다.

우리들이 살고 있는 집도 수년을 살면 보수·보강을 하며 깨끗하고 새로운 환경을 만들려고 노력한다. 우리나라의 하천도 별반 다르지 않다. 수십 년간 경제 발전을 위한 산업화 과정을 거쳐 오면서, 상태가 악화된 강바닥도 정비하고, 청소하지 않을 경우 매년 같은 피해를 반복할 수밖에 없다는 결론에 도달했다. 그리고 이런 문제들을 해결하기 위해 하천 준설[2]과 하천 정비가 절대적으로 필요하다는 것도 확인했다.

3. 노무현 정부 때 물거품이 된 하천 정비 사업

2003년 노무현 정부가 들어서고 그해 9월, 엄청난 비바람을 몰고 슈퍼태풍 '매미(Maemi)'가 또다시 들이닥쳤다. 2002년 김대중 정부 때의 태풍 '루사(Rusa)'에 이어, 역시 수많은 인명 손실과 함께 약 4조 8천억 원의 재산 피해를 입혔다. 사실, 직접적인 피해액보다는 태풍 매미에 의한 피해의 상당 부분이 낙동강 유역에서 발생했으며, 태풍 루사 때의 피해 발생 구조와 너무나 흡사했다는데 문제의 심각성이 있었다. 또다시 발생한 자연재해는 임시방편으로 대응했던 결과이기도 하고, 다른 한편으로는 대통령 탄핵이라는 정치적 이슈에 밀려서, 늘 그래 왔듯이 용두사미가 되고 마는 현실이 너무나 안타까웠다.

70~80년대만 하더라도, 홍수 피해 현장을 수습하려고 조사를 나가 보면, 침수 지역의 가옥들이 물에 잠기면서 각종 전자 제품이나 소, 돼지 등 가축들이 둥둥 떠다니는 안타까운 광경을 목격하기 일쑤였다. 피해를 수습하고 지원 대책을 마련하기 위해 공무원들이 밤낮으로 동분서주하는 상황임에도, 집과 농작물을 잃은 성난 피해 농민들이 낫과 곡괭이를 들고 거센 항의를 하기도 했다. 상황이 급박해지고 통제하기 어려워지면 달아날 수밖에 없기도 했지만, 피해 수습하러 현장을 방문했던 일부 공무원들은 성난 주민들에게 형언할 수 없는 수모를 당하거나 심지어 감금된 상태에서 '국가의 관리 부실 탓'이라며 폭행을 당하기도 했다. 요즘 세상에서야 상상하기 어려운 일이지만, 기상이변과 자연재해로 인한 피해만큼은 2000년대 초중반까지만 해도 매년 반복되었다.

필자는 2004년 1월, 민생 현장(지방청)으로부터 중앙행정부서인 국토부 감사관실로 보직을

---
2) 준설 : 물의 깊이를 깊게 하여 배가 잘 드나들 수 있도록 하천이나 항만 등의 바닥에 쌓인 모래나 암석을 파내는 일.

이동하였다. 주 업무는 예산의 적정 사용 및 부실시공 여부를 살피고, 부실하게 집행·관리했을 경우 처벌이나 제재를 통해 재발을 방지하는 동시에, 과거의 잘못된 관행과 제도를 개선하는 것이었다. 그러나 필자는 감사관실 조직에 근무하면서 주로 제도 개선 감사 업무를 담당했다. 현장에서 체득한 수많은 경험을 바탕으로, 불합리한 관행 때문에 국익에 해가 되는 사례들을 선별하여 매년 감사 과제로 선정했고, 기획 감사를 통해 해결 방법을 찾아 대책을 제안하는 일을 집중적으로 추진했다. 그 과정에서 '토석정보공유 시스템(EIS)', '도로의 동상 방지층 개선 방안' 등의 성과를 내기도 했다. 이 외에도 여러 가지 제도를 개선하는데 나름의 기여를 했고, 건설공사 전반에 국가 예산을 절감하고, 업무 효율성을 증대시키고, 품질관리를 향상시키는 등의 기여도를 인정받아 훈장과 대통령 표창을 받기도 했다.

4. 새로운 희망을 품다

시간은 참 무심하게도 흘러서 2007년. 나라 전체가 온통 대통령 선거 분위기에 휩싸여 있었고 '수재 대책'을 구체화하려던 필자의 꿈은 안개처럼 흔적도 없이 사라져 버리고 말았다. 그런데 어느 날 문득, 이유를 알 수는 없지만 가슴 한구석이 설레는 특이한 느낌을 감지했다. 다름 아닌, 이명박 후보 정책 공약들 중의 하나가 '한반도 대운하 사업'이라는 사실을 알게 된 다음부터였다. 이명박 후보는 서울시장 재직 시절에 이미 청계천 정비 사업을 성공시켜 많은 사람의 주목을 받은 적이 있다. 서울 도심을 가로지르는 청계천 복개 도로 아래에는 생활 오·폐수로 인한 오염이 상상을 초월한 정도로 심각했으며, 도로 주변에 널리 퍼져 있던 상권 이전 문제까지 겹쳐 다시 물이 흐르는 개울로 복원한다는 것이 거의 불가능해 보였다. 하지만 이 땅속 하수도를 정비하고 다시금 개울로 복원해 낸 성과는 서울시민은 물론이고 전국적으로 엄청난 호평을 받았다. 세계적으로도 유례를 찾기 힘들 만큼 그 가치를 인정 받은 상황이었다. 지자체가 추진하던 사업이기는 했지만, 청계천 복원 사업 시작 당시에는 나 역시 마음속으로 큰 박수를 보냈다.

필자는 유럽 등의 선진국 하천과 운하를, 유람선을 이용해 둘러본 적이 있다. 유럽은 환경과 도로 운송을 통한 물류에 대한 대응으로 운하를 중요한 성장 정책 내지 삶의 질을 향상시키는 기초 인프라로 생각하고 있다. 유럽의 운하망은 오래전부터 개발되어 서로 연결되어 있고, 하천이 연결된 유럽의 도시들은 삶의 질과 수입이 모두 향상되었다. 하천이 도시에서 차지하는 역할과 비중은 직접 경험해 본 사람일수록 더욱 크게 느낀다.

만약 한강, 낙동강, 금강, 영산강에 선진국처럼 운하가 건설된다면 국가하천 바닥의 준설과 주변의 하천 환경 정비는 불가피할 것이다. 또한 교통 및 물류 수송체계를 선진 외국처럼 강 하류의 항구나 하구언(河口堰)[3]에서 비용이 저렴한 운하를 통해 내륙으로 운송될 경우 수송 비용 절감으로 산업 경제 전반에 미치는 경쟁력 증대 효과와 국내 도로 교통량 일부를 운하가 분담함으로 사고가 없는 쾌적한 도로이용이 가능할 뿐만 아니라 국가하천의 청소와 함께, 가뭄과 홍수 피해 등 필자가 오랫동안 지긋 지긋하게 우려해 왔던 우리 국토의 하천 문제 상당수가 해결될 것이라고 확신했다.

5. 광우병 광풍에 쓰러져간 한반도 대운하

1993년, 필자는 대전 엑스포(세계박람회) 행사를 성공적으로 개최할 수 있도록 박람회장 건설 현장을 진두지휘한 경험이 있었다. 이런 경험들이 쌓여 일 자체에 대해서는 항상 자신감을 가지고 있었다. 하지만 역사상 최대 국책 사업인 '한반도 대운하(韓半島大運河, Grand Korean Waterway)사업'을 추진하려면 정치 분야뿐만 아니라 사회 각 분야에 걸쳐 상당한 저항을 극복해야 하는, 어떻게 보면 전혀 다른 차원의 과제들이 도사리고 있었다. 한반도 대운하 사업이 이미 대선 공약으로 제시된 상태에서 17대 대통령 당선이 확정되었지만, 진보[4] 진영에서는 '국토를 망친다', '자연을 파괴하고 환경을 훼손(毁損)한다'는 논리로 온갖 저항을 예고했기 때문에 이들을 설득하는 일이 만만치 않을 것이라는 생각이 들었다.

2008년 2월부터 필자는 청와대 국정기획 국책과제비서관실 행정관으로 임명되어 첫 출근을 했다. 당시, 국토부에서 사전에 인수위원회로 파견 근무를 명 받았던 이재붕 국장(선임행정관), 김형렬 서기관(행정관)과 함께 국책과제비서관실에서 근무하게 되었다. 국책과제비서관실은 대통령 공약 사항인 한반도 대운하 사업추진 시 이를 주관하게 될 부서였으며, 실제로 대운하 건설을 진두지휘할 곳이었다.

---
[3] 하구언 : 강의 너비와 수심을 일정하게 유지하려 하거나 바닷물이 침입하는 것을 막기 위하여, 강물이 바다로 흘러 들어가는 강어귀 부근에 쌓은 댐을 말한다.

그해 2월 25일. 대통령 당선인이 대한민국 헌법을 준수하겠다는 대국민 선서를 하고 취임하면서 '5년 단임제 이명박 정부'는 비로소 공식 출범하였다. 대통령 취임 후 약 일주일 동안, 청와대 내 비서실 조직은 축제 분위기에서 어공('어쩌다 공무원'이라는 뜻의 은어, 당(黨) 및 선거 캠프 등에서 청와대로 입성한 공무원)과 늘공('늘 공무원'이라는 뜻, 정부각 부처에서 청와대로 파견 나온 직업 공무원)들이 처음 만나 서로 상견례를 하고, 퇴근 이후에는 대선 에피소드를 안주 삼아 주변 선술집에서 훈훈한 분위기에 반주를 기울이기도 했다.

그렇게 며칠이 지나자, 대통령직 인수위원회로부터 전 정권에서 인수한 자료들과 함께 해당 비서관실마다 국책 과제(대통령공약사업)들이 배당되었고, 정신없이 바쁜 나날들이 본격적으로 시작되었다. 매일 새벽 5시 35분경, 5호선 방이역에서 지하철 첫차를 타고 출근하면 6시경부터 하루 일과가 시작된다. 필자에게는 대통령 공약 사항인 한반도 대운하 사업을 성공적으로 추진하고 마무리하는 것이 주 업무로 배당되었다. 마스터플랜(기본 계획)을 세우기 위해 그동안 축적된 자료들을 꼼꼼히 재검토하고 각 분야별 전문가들을 위촉해서 자문을 구하는 등 밤낮 구분이 없는 빡빡한 일정을 이어 나갔다.

그러나 새 정부가 출발하자마자, 선거에 패배하고 정권을 이양해야 했던 야당과 진보 성향 언론과 시민단체 세력들의 거센 저항이 노골적으로 표면화되기 시작했다. 4월, 한미 양국 간의 쇠고기 협상에서 미국산 쇠고기에 대한 수입 재개 합의가 이루어졌다. 그러자 당시에도 좌편향적 언론으로 여겨지던 MBC에서 《PD수첩》 프로그램을 통해 쇠고기 협상의 문제점을 지적하는 동시에 미국산 수입 소를 먹으면 광우병(狂牛病, MCD, Mad Cow Disease)[5]에 걸릴 수도 있게 된다는 자극적 보도를 했다. 나중에 밝혀진 사실이지만, 《PD수첩》에서 화면으로 내보낸 '앉은뱅이 소'는 광우병 걸린 소가 아니라 다른 질환에 걸린 소였다. 공중파 방송이 소가 비실비실 쓰러지는 장면을 방송하는 어이없는 '허위 보도'[6]를 했으니!

---

4) 이 시대 '진보'라는 명칭의 정의가 올바르게 이해되고 있다고는 생각하지 않으나, 통칭 '보수'에 대응하는 진영을 '진보'라고 부르기도 한다는 측면에서 그대로 표현하기로 한다.
5) 학계에서 부르는 공식 명칭은 '소해면상뇌병증(-海綿狀腦病症, BSE, Bovine Spongiform Encephalopathy)'이다. 소의 뇌와 척수가 스펀지(sponge, 해면) 모양으로 변질되며 눈이 붉어지는 증상이 있으며, 구제역처럼 대량 발병한 사태는 없었지만, 인간에게 감염 될 우려 때문에 관심을 끌었다. 국내에서는 지금까지 광우병에 관한 감염 사례가 보고된 바 없다.
6) 2008년 6월 말, MBC 보도에 대해 정부는 허위 선동으로 법적 고발 조치를 취했으며, 민사 법원은 《PD수첩》에 대해 "PD수첩은 잘못된 광우병 보도 내용에 대해 정정 보도를 하라"라고 판결했으며, 이후 대법원에서도 "대한민국 국민이 광우병에 걸릴 가능성이 더 크다는 보도"는 허위 보도이며 정정 보도를 내보내라고 판결했고, 결국, MBC는 몇 년이 지난 2011년 9월 5일 공식 사과문을 발표했다.

미국산 소고기 수입 반대 시위 (명박산성)

〈출처 : 윤창수 기자, 「명박 산성과 코로나 산성이 다른 5가지 이유」, 『서울신문』, 2020년 10월 06일 15:36〉
https://www.seoul.co.kr/news/world/event/2020/10/05/20201005500170

    허위 보도나 가짜 뉴스들은 지금도 심각한 문제로 인식되고 있고, 선량한 일반 국민이 이런 뉴스에 휘둘리게 되는 일들은 반드시 고쳐야 할 병폐이다. 필자의 전문 분야가 아니라서 언론 현상에 대해 깊이 있는 통찰을 하긴 어렵지만, 나를 포함하여 많은 사람의 관심사 중 하나였던 그 시절 그 방송 프로그램이야말로 '가짜 뉴스'에 관한 기념비적 사례의 하나라고 지금도 생각한다.

    2008년 4월 29일에 방영되었던 이 프로그램으로 인해 일반 국민까지 '광우병' 불안감에 떨어야 했고, 결국, 이 보도는 '한미 쇠고기 협상 반대 시위'의 기폭제 역할을 하게 되었다. '극렬 좌파'로 보이는 세력들이 촛불을 들고 전 국민을 선동하기 시작했고, 급기야 촛불 시위대는 광화문을 점거했다. 정국은 곧 한 치 앞을 알 수 없는 소용돌이 속으로 휩쓸려 들어갔다.

    진보 세력들이 주도한 촛불 시위에서는 '미국산 쇠고기 수입 금지'와 함께 '한반도 대운하 사업 반대' 등의 이슈가 튀어나왔고, 광화문에는 극렬 시위를 통제하기 위하여 경찰 버스로 도로를 가로질러 차벽을 세우기도 했다.

미국산 쇠고기 수입 반대하는 여학생들

〈출처 : 박상규 기자, 「운동권이 원더걸스에 밀린 까닭은?」, 『오마이뉴스』, 2008년 05월 16일 14:27〉
https://www.ohmynews.com/NWS_Web/View/at_pg.aspx?CNTN_CD=A0000897679

이 시위의 주동 세력들은 이 차 벽에 대통령 이름을 빗대어 '명박산성'이란 이름을 붙이며 시위를 부추겼고, 시위대와 경찰을 점점 더 극한 대립 상태로까지 몰고 갔다.

6. 내우외환, 촛불 시위와 글로벌 금융 위기

2008년 4월에서 6월까지, 광우병 시위가 절정으로 치달으면서 극렬 시위로 인해 사상자가 발생하는 등, 나라가 온통 아수라장으로 변해가는 것만 같았다. 당시 내 관심은 온통 한반도 대운하 사업에 집중해 있었고, 혹시 이 사태가 영향을 미치지나 않을까 하는 불안한 마음으로 노심초사했다. 아니나 다를까, 대통령 선거 당시 주요 공약 사업 중 하나였던 한반도 대운하 사업 등 주요 정책 사업들이 하나둘 더 이상 추진할 수 없는 분위기로 흘러가기 시작했다.

이명박 정부의 출범과 함께 반 년 가까이 반대 세력들의 극렬한 선동과 저항이 계속되자, 대통령 임기 내 공약 사업이었던 한반도 대운하 사업도 결국은 포기하는 쪽으로 가닥을 잡는 것 같았다. 그러나 시간이 흐르면서, 끝없이 계속되는 과격한 시위에 차차 염증을 느끼기 시작하는 국민이 많아지면서 촛불 시위도 차츰 수그러들기 시작했다. 그렇게 조심조심 7월이 지나고 8월이 되었다. 이번엔 바깥으로부터 위기가 닥쳤다.

미국의 투자 은행 리먼 브라더스(Lehman Brothers Holdings)로부터 시작된 금융 위기가 세계적인 글로벌 금융 위기로 퍼져 나가는 형국이었다. 각 나라들이 대내 정책 수단만으로는 대외 충격을 극복하기 힘들다는 공감대가 형성되면서 '글로벌 금융 안전망' 구축에 대한 논의가 본격적으로 이루어졌다. 제도를 추진한 취지는 명확했다. 경제적으로 여건이 양호한 국가일지라도 국제 금융 시장에서 신용 경색[7]이 발생하면 외환 유동성에 문제가 발생할 수 있기 때문이다.

우리나라는 1997년 IMF 외환위기 사태로 기업들이 파산하고 국민의 삶이 피폐해지는 등 이미 혼쭐이 난 적이 있었다. 그 뒤 김대중, 노무현 정권 때도 경제는 좀처럼 나아지지 않았고, 이로 인해 2007년 대통령 선거에서 이명박 후보 측이 반사이익을 본 측면도 없지 않았을 것이다. 대내외적 경제 문제에 유효 적절히 대처할 능력을 갖춘 '경제 대통령'이라는 슬로건과 명분이 국민에게 많은 호응을 얻으면서 이명박 정부가 탄생되었다는 것은 부정할 수 없다. 출범 6개월째인 8월이 되면서 허무맹랑한 광우병 괴담이 진정되기 시작하여 각종 정책 현안 추진에 박차를 가하고자 하는 시점에, 또다시 글로벌 금융 위기가 불거지기 시작한 것이다.

7. 금융위기를 이겨내는 길은 국가하천 정비 사업이 답이다! (국가위기 탈출)

이명박 대통령은 미국의 금융 위기 상황이 국내에 미칠 파급 효과에 대해 초기부터 상당히 심각하게 생각했던 것 같다. 소속된 국정기획비서실은 국내외 상황 파악과 타개책 마련을 위해 하루하루 분주한 나날을 보냈다.

우선, 세계 주요 국가들이 글로벌 금융 위기 상황에 어떻게 대처하는지를 분석하는 데 집중해야 했다. 각국 정부는 정책 금리 인하 및 유동성 공급, 기업 구조 조정, 부실기업 퇴출, 부실 자산 정리 확대를 추진하는 쪽으로 기본 방향을 잡고 있었다. 또한 금융 위기로 인한 국민의 고통을 최소화하기 위하여 내수 경제 활성화 정책을 적극 추진하고 있었다.

이웃 나라 일본은 내수 경제를 살린다는 목적으로 37조 엔의 긴급 생활 자금을 풀었다고 했다. 정부가 저소득층에 지원금을 지급했으나, 일본인들이 저축하는 바람에 효과가 크지 않았다는 소식도 들려왔다. 일본 정부는 다시 상품권을 주어 내수 경제를 살리려 하고 있었다. 그 외 일부 국가들에서는 주요 SOC(사회 간접 시설) 건설 등 뉴딜 사업추진을 통해 시중에 자금을 풀고, 내수 경제를 살려 국민의 고통을 감소시킬 수 있는 대책들을 내놓고 있는 추세였다. 우리나라 언론에서도 이미 이런 내용들이 간간이 보도되고 있기도 했다.

대통령에서부터 정부 각 부처의 실무 담당자에 이르기까지, 금융 위기 타파를 위해 밤낮없이 동분서주하며 애쓰는 상황을 보면서 필자도 곰곰이 생각을 정리해 보았다. 그리고 내린 최종 결론은 이러했다. 국가하천은 우리나라 전 국토에 골고루 분포되어 있어 사업 예산을 뿌리면 국민 전체에게 혜택이 돌아갈 수 있다. "금융위기 극복의 길은 국가하천 정비 사업이 내수 경제 살리기에 기여할 수 있는 절호의 기회다!" 글로벌 금융 위기를 넘어서기 위한 국제적·외교적 난제들은 대통령과 다른 전문가들이 소임을 다할 것이고, 언젠가는 선진국 진입을 위한 국토개조 사업으로 필시 추진해야 할 국가적 사업을 추진하면서 내수 경제 진작 효과를 거둘 수만 있다면 전화위복의 기회가 될 수도 있지 않은가?

---
7) 신용 경색 : 금융 기관에서 돈이 제대로 돌아가지 않아 기업들이 어려움을 겪는 현상.

필자의 생각에, 일자리 창출과 일반 국민의 가계 구매력을 높이면서 내수 경제를 살리는 데 적합한 국가사업의 필요조건은 다음과 같았다.

첫째, 국토 보존과 우리국민들의 생존을 위하여 언젠가는 반드시 추진할 수밖에 없는 사업. 둘째, 전 국토에 고루 분포되어 전 국민에게 골고루 혜택이 전해지면서 내수 경제 활성화에 도움이 될 수 있는 사업. 셋째, 어느 정권이든 국민의 '삶의 질' 향상을 위해 국가 주도로 예산 투자를 해야 할 사업이어야 했다. 즉, 헛돈 쓰지 않고 언젠가는 정부 예산을 투입하여 국가가 국토 선진화를 위하여 필히 해야 할 '최적 조건의 사업'이라는 의미이다.

나는 오래전부터 묵혀 두었던 '국가하천 정비 사업'이야말로 이런 목표에 딱 맞는 뉴딜 사업이라고 판단했다. 아이디어를 다듬고 구체화하기 위해 비서실 내 여러 행정관 및 전문가들과 상의했고, 마침내 최고 의사 결정권자인 대통령께 보고하기로 하였다.

금융 위기 타파를 위한 뉴딜 사업으로 보고된 국가하천 정비 사업의 안건을 두고 당·정·청 토론 결과 통치권 차원에서 이명박 대통령 임기 내 완료를 목표로 본격 추진하게 된 이명박 정부 최고 최대의 사업, '4대강 살리기 사업'은 이렇게 시작되었다.

CHAPTER_1

누군가는
해야 했다

4대강 사업은 왜 해야만 했나

누군가는 해야 했다
4대강 사업은 왜 해야만 했나

1. 해마다 반복되는 하천의 물난리

● 제방 터져 마을을 덮은 물

2002년 8월 10일, 태풍 루사가 휩쓸고 가면서 경상남도 함안군 법수면에 위치하고 있는 백산 제방 둑이 터졌다. 백산리 마을 회관에서는 성난 주민들이, 홍수 피해 원인 조사와 수습을 위해 피해 현장에 달려갔던 부산지방국토관리청 사업 담당 공무원인 K과장을 에워쌌다. 이미 피해를 입고 흥분한 상태의 성난 주민들은 현역 국회의원과 군수가 보는 앞에서 다짜고짜 다리를 걸어 넘어뜨리고 K과장을 밟으며 집단 폭행을 가했다.

넘어지기 전 몸싸움 과정에서 어디선가 날아온 주먹에 K과장 입술이 터졌다. 난데없는 난리 통에 그는 반격할 새도 없이 얼굴을 감싸고 맞다가 자리를 피하려 했다. 하지만 주민들은 K과장을 놓아주지 않았고 죽일 듯이 고함치며 몰아치고 또 집단 폭행을 가했다. 옆에서 다른 직원들이 말려도 속수무책이었다.

백산제방은 함안과 의령군 사이를 흐르는 낙동강 지류인 남강과 낙동강이 만나는 합류부 부근에 위치해 있다. 이날 백산제방이 터지면서 인근 마을 법수면 백산리 논밭을 삼키고 마을 네 곳이 물에 잠기게 됐다. 흥분한 주민들은 현지 상황 파악과 피해 조사를 나온 공무원에게 '홍수 관리를 허술하게 했다'는 이유를 대며 분풀이를 하고 있었다. 나중에 파악한 일이지만 피해 주민들의 이런 행동에는 과거 수차례 유사 경험이 그 바탕에 있었던 것 같다. 피해 주민들은 피해의 원인을 기상 이변에 따른 천재지변이 아니라, 제방 관리를 허술하게 한 인재(人災)로 몰아가야 많은 보상을 받을 수 있다는 것을 과거 경험을 통해 잘 알고 있었기 때문이었으리라.

홍수에 넘친 강물은 우리 삶의 터전을 휩쓸고 있다 〈출처 : 낙동강살리기보고서〉

2002년 백산제 붕괴사고 현장은 이렇게 폭동 일보 직전까지 갔다. 주민들이 흥분한 이유는 이해할 만했다. 우선 생명 같은 논밭은 물론 애지중지 기르던 가축이 홍수에 떠내려가고 집과 살림살이들이 모두 침수됐다. 당연히 '원인이 무엇인가' 따지는 것은 '정해진' 수순이다. 하지만, 주민들을 특히 흥분시킨 것은 제방이 터진 곳이 하필이면 양배수장[8] 위치였기 때문이었다. 양배수장 공사를 부실하게 했기 때문에 낙동강 물이 불어났을 때 제방이 무너졌다는 것이 그 이유였다. 피해 주민들 입장에서는 국가하천을 관리하는 정부 공무원 이야말로 분풀이 대상이 될 만하다고 생각했을 법하다.

● 인재냐? 천재냐? 백산제 붕괴의 원인

백산제 붕괴 원인은 사실 간단했다. 이 지역은 물이 흐르는 하천보다 제방 안쪽 농경지가 더 낮은 저지대였다. 토사로 바닥이 꽉 차 강바닥이 높아져 있었고, 물이 흐르는 단면적이 좁아져 물이 하류로 빠져나가지 못하고 있었다. 초강력 태풍 루사의 영향으로 낙동강 유역에 엄청난 폭우가 지속되었고, 상류 지역에 위치한 댐의 안전상 방류가 불가피한 상황에 이르렀다. 댐의 방류로 낙동강 본류의 수위가 높아지자 늘어난 물은 낙동강의 지류인 남강으로 역류하게

---

[8] 양·배수장 : 양수는 물을 퍼올리는 것, 배수는 물을 빼는 것을 뜻한다.

함안군 낙동강 백산제방 붕괴 홍수 피해 사진 〈출처 : 국토부 보고서〉

되었는데, 백산리 제방이 바로 이 합류부 지점에 위치하고 있었다. 합류부 근처 수위는 급격히 상승하게 됐다. 결국 평소보다 크게 높아진 남강 수위가 한동안 지속되면서, 백산제의 배수 구조물이 위치한 곳이 수압에 견디지 못해 결국 제방이 붕괴했다.

백산제 붕괴 원인 합동 조사단(단장 이순탁 영남대 교수)은 2003년 7월 19일 함안군에 제출한 조사보고서에서, 2002년 8월 10일 새벽 시간당 50㎜의 폭우가 내리면서 콘크리트 배수문 아래와 오른쪽 부분 지반의 부등침하(균등치 않게 내려앉음)로 물길이 생기고 이곳으로 하천물이 35시간 유입되는 파이핑(piping, 물길 틈) 현상이 붕괴의 주원인이라고 설명했다. (출처: 경남신문 2003.7.21일 자 보도) 공무원이 와서 그곳을 철야로 감시하고 있었더라도 막을 수 없었을 것이고, 궁극적으로는 우리나라 하천이 안고 있는 '구조적인 문제' 때문에 일어난 참사였다.

● 애꿎은 공무원에게 화풀이를…

그러나 당시 이 지역 국회의원으로 당선되어 국회 건설교통위원으로 활동했던 윤한도 의원(16대, 한나라당 소속)은 구체적인 조사를 통해 전후를 따져보지도 않은 상태에서 "양·배수장 시설물이 부실해 제방이 무너졌다"라고 이미 단정적인 주장을 했다. 군수나 지자체 관계자들도 마찬가지였다. 천재지변인지 인재인지를 전문가들이 수개월 걸쳐 조사할 내용을 지역 정치인이 깊이 생각하지도 않고 즉시 단정해 버렸으니, 피해 주민들이야 더더욱 흥분할 수밖에 없지 않았을까?

담당 공무원이 현장에 도착하기도 전, 이미 제방 붕괴 원인은 '인재'로 결론 나 있었다. 성난 이재민들 앞에서 국회의원이 '인재'라고 하고, 지자체에서도 '인재인 것 같다'고 하면서 부추기고 있는 상황이었다. 인재로 몰아세우는 것이 주민들에 대한 보상이 유리하니 지역 정치인으로서는 천재지변이라기보다 인재라고 몰아붙이기가 쉬웠을 것이다. 어찌 되었든, 정치인들의 언행은 흥분한 주민들에게 기름을 부은 꼴이었고, 주민들은 그 분풀이를 하천관리과 공무원에게 하고 있었던 셈이다.

태풍 루사는 경남 함안군의 백산제뿐만 아니라 합천군의 광암제방, 경북 김천-구미지역 낙동강 곳곳에 위치한 여러 제방을 붕괴시키거나 범람하게 해서 범국가적으로 엄청난 피해를 가져다주었다. 부산지방국토관리청 K과장이 봉변당한 것은 이 지역 국가 하천 담당 과장이었기 때문이다. 게다가 사고 당시 K과장은 태풍 대비 상황실에서 비상근무로 밤을 꼬박 새운 상태였다. 책임감에서도 그렇고, 해당 지역 담당자로서 상황 파악과 사고 수습을 위해 피해 현장과 군청 등을 긴급히 방문하여 주민들을 위로하고 의견을 들어보려 했던 것이다. 그는 착잡한 마음으로 서둘러 현장에 들렀다가 뜻밖에 성난 피해 주민들에게 직접적인 분풀이 대상이 되고 만 것이었다.

그 당시, 필자는 낙동강 상류 경북 지역을 담당하고 있었기에 직접 봉변을 당하지는 않았다. 당시 K과장을 몰아세운 주민들은 "부실 관리다. 부실 공사다. 인재다.", "무조건 시인하라"라고 윽박질렀다. 결국 국가의 잘못으로 규정해야 보상이 쉬워지기 때문이었을 것이다. 성난 주민들 수십 명이 우르르 나와 떼로 덤비고, 들어 메치기를 한 뒤에는 곧장 발길질이 이어졌다. 위협하던 주민들은 현장소장과 K과장을 윽박질러 "물에 잠긴 우리 논밭을 가자"며 보트에 태워 침수 현장으로 끌고 갔다고 한다.

주민들은 피해의 원인을 인재로 단정하고, "피해 보상을 해주지 않으면 물에 빠트려 죽이겠다"라고 협박했다고 한다. K과장은 이날 아수라장이 따로 없는 그 현장에서 수 시간 이상을 붙잡혀 시달려야 했다. 결국 집단 폭행을 당하고 생명의 위협을 받아야 했던 K과장은 전치 8주의 진단을 받고, 병원에 입원하는 신세가 되고 말았다.

당시에는 공무원을 집단 폭행한 사람들에 대해 법적 조치를 취하려 했으나, 정부에서는 재해를 당한 사람들에게 그렇게 하지 말라는 지시를 내렸다. 결국 '공무원이라는 죄(罪)'로 억울한 폭행을 당하고 병원 신세를 지게 되었건만 '상처받은 영혼'을 달래줄 수 있는 것은 아무 데도 없었다.

K과장이나 동료인 나는 당시 물바다가 된 함안군 법수면 농경지를 보고 할 말을 잃었다.

전답을 잃고 곡식 농사를 망친 주민들을 생각하니 내 일처럼 안타까웠다. 사고 발생 며칠 뒤인 12일, 피해주민대책위원회는 집단폭행의 대상이 되었던 K과장에게 요구해서 "제방의 배수장 잘린 땅 공사부실을 인정한다"는 인정서를 받아냈다. 그리고 다음 날, "침수로 인한 모든 피해는 신속히 복구하고 100% 보상해 줄 것"을 요구하는 성명을 발표했다. 인증서 날인과 관련하여, K과장은 "주민들이 피해를 보고 있는 것이 안타까웠고, 또 일방적으로 인증서를 요구해 와 하는 수 없이 날인해 주었다"라고 밝혔다. (출처: 경남신문 2002.8.14일 자 보도)

백산제 붕괴 사건은 전국적인 뉴스였다. 지상파 방송사들의 메인 뉴스 프로그램에 보도되었고, 보도 영상 속에서는 그림도 어떻게 그리 잘 그렸는지 한눈에 알기 쉽게 인재처럼 보이게 했다.

태풍 루사로 인하여 백산제뿐만 아니라 합천의 광암제 등 크고 작은 제방이 붕괴되었다. 툭 잘려 나간 제방과 호수가 되어버린 논밭과 인근 마을 피해 현장은 그저 참혹하기만 했다. 삶의 의지조차 상실당해야 했던 피해 지역 주민들의 그 허탈한 모습들을 지금도 잊을 수 없다. 엄청난 피해를 당한 지역 주민들도, 그들에게 졸지에 화풀이 대상이 된 K 과장도 모두가 태풍 '루사' 앞에서 피해자일 뿐이었다.

2. 낙동강(경북고령군) 봉산제방 붕괴 참사를 막다

낙동강 경남 구간의 백산제 붕괴로 인해 부산청의 K 과장이 피해 주민들로부터 당한 봉변은 직접 목격하지 않았더라도 어렵지 않게 상상할 수 있으리라. 배고프던 시절 저잣거리의 흔한 싸움판을 떠올려도 될 성싶다.

필자도 K 과장처럼 이런 봉변을 똑같이 당할 뻔했던 적이 있다. 많은 이들에게 '일어나지 않은 일'은 '아무 일도 없었던 것'과 다름이 없다.

위험을 사전에 막아서 '사건이 안 일어난 것'과 애초에 '위험 자체가 없던 평안한 상태'를 구분하지 못하거나, 구분하지 않는다. 일어나지 않은 일이니, 상상도 못 하겠지만, 독자 제현들께서는 고령군 우곡면의 '봉산제'[9]가 붕괴되지 않도록 안절부절하며 피말리던 필자의 경험담을 들어보시길 바란다.

봉산 제방 복구 장면 (출처 : 국토부 보고서)

부산지방국토관리청의 국가하천 관리 구역은 경상남도와 경상북도 낙동강 유역 일대를 망라한다. 대한민국 국토의 30.3%에 해당하는 영남 지역의 국가 도로 및 국가하천을 관리하고 있으니, 사실상 그 업무 범위가 매우 넓다. 부산 경남지역의 국가하천 정비를 위한 건설, 유지 관리, 인허가 등의 업무는 '계획과장'이 담당하고 있었고, 대구 경북 지역은 '공사과장'이 담당하도록 업무 분장이 되어 있었다. 태풍 루사 내습 당시, 나는 공사과장의 직무를 담당했기에 낙동강의 북부 지역인 경상북도 구간을 맡고 있었다. 이때는 경북 지방 낙동강 유역도 엄청난 피해를 비켜 가지는 못했다. 대표적으로, 낙동

---

[9] 이곳 지명 '봉산(鳳山)'과 관련해 알려진 이야기도 소개한다. 우곡면 봉산리 마을 뒤에 대봉산이 솟아 있고 앞으로는 넓은 늪이 있었는데, 이 늪의 형태가 마치 새가 날아가는 모습과 같았다고 한다. 산에 나무가 울창한 데다 넓은 늪에 먹을 것이 많으니 새 떼들이 몰려들어 새(鳥) 가지(枝)라 하여 '샛가지'로 불렸고, 일제강점기 샛가지 한자 표기인 조지동(鳥枝洞)으로 바꾸었다는 것이다. 그러다 1983년이 되어 '조지동'의 어감이 좋지 않다는 의견에 따라 대봉산의 이름을 따서 봉산으로 바꾸었다는 이야기를 들었다. 물론 학술적으로 확인한 이야기는 아니다. 지역에 알려진 얘기일 뿐이다.

김천시에 위치한 경부선 철도 교량 붕괴 사진(태풍 루사)

〈출처 : 강경주 기자, 「태풍 '솔릭' 북상·제주 피해 속출… 밤 한반도 관통 … 역대 피해 컸던 태풍 TOP5」, 「한국경제」, 2018년 08월 23일 09:33
https://www.hankyung.com/article/201807059948H〉

강의 지류[10]인 내성천(김천시 주변)에서도 제방과 경부선 철도 교량이 붕괴되어 열차 운행이 중단되는 등의 피해를 입어야 했다. 낙동강 최상류에는 안동댐과 임하댐이 있다. 상류 유역에서 발생한 지속적인 폭우로 인해댐의 저수 용량이 초과하는 상황에 이르렀고, 낙동강 홍수 통제소에서는 댐의 안전을 위해 더 이상 버틸 수 없는 상태라고 판단했다. 하류 지역 강의 수위가 높아질지 우려 때문에 개방하지 않던 댐의 수문이 열리고, 드디어 방류가 시작됐다. 가뜩이나 폭우로 낙동강 유량이 늘어나 있는 상태에서 댐 방류까지 시작되었으니 낙동강 물이 불어나는 것은 당연했다. 낙동강 본류 주변에 위치한 구미시 주변 농경지와 대구광역시 달성군 '화원 유원지' 주변에서 침수 사태가 발생하기 시작했고, 북부지역 낙동강 인근 주민들도 여기저기서 막대한 영업 피해를 당하는 등 아비규환 일보 직전이었다.

필자는 그 당시 나는 낙동강 유역의 구미시, 칠곡군, 대구시 주변에서 피해 조사를 하는 중이었다. 갑자기 고령군 우곡면 객기리에 위치한 봉산제방이 위험한 상황에 처할 것 같다는 연락을 받았다. 그 지역을 담당하고 있던 이한영 공사감독의 전언에 따르자면, 포동 배수 펌프장[11]과 연접해서 설치된 봉산 제방이 강 수위가 계속 올라갈 경우 붕괴될 위험이 있다는 것이다.

---

10) 지류(천) : 강의 원줄기로 흘러들어 가거나 갈려 나온 물줄기
11) 장마철이나 비가 많이 오는 때가 되면 하천이나 강의 수위가 높아지면서 물이 배수로를 타고 지반이 낮은 곳으로 거꾸로 흐르게 된다. 이런 역류현상을 방치하면 강둑이 넘쳐서 물이 인근 도시나 주거지로 흐르게 되고 대규모 피해가 발생하기 마련이다. 배수펌프장은 이런 곳에 수문을 설치해서 빗물을 강이나 하천으로 흘려보내는 역할을 하게 된다.

봉산제는 낙동강 본류와 지천인 '회천'의 합류부에 위치한 제방이다. 과거에도 홍수로 인한 제방 유실이 자주 발생했던 곳이다. 2000년 9월 하천개수 공사를 시행하고 있던 중에 태풍 '사오마이'의 피해를 입어서 제방이 무너지고, 인근 농경지 160ha가 침수되는 등 크게 사회적 이슈가 되었던 곳이기도 하였다. 그래서 그해 말, 부산지방국토청에서 복구 예산 16억 원을 투입해 2001년 6월까지 차수벽(遮水壁)[12] 및 제방 보강 공사를 완료했었다.

경북 고령군 우곡면 객기리 일원에 위치한 봉산 제방 및 근처 제내지

---

12) 차수벽 : 댐에서 물이 새는 것을 막기 위하여 만든 벽

● 봉산제 붕괴 일촉즉발

 나는 즉시 현장으로 출발했다. 이미 강 주변 도로가 침수되어 있어서 먼 길을 돌고 돌아 겨우 우회로를 찾았다. 고령군 우곡리 봉산 제방 내측에 위치한 포동펌프장에 도착해 보니 이미 날이 저물어 가는 오후 6시경이 되었고, 급하게 주변 상황을 조사했다.
 상류 지역 댐 방류로 인해 인근 지역의 낙동강 본류 수위는 벌써 위험 수위까지 차올라 있었다. 제방 내측으로는 약 45헥타아르의 경작지와 마을이 자리 잡고 있는데, 이곳의 침수를 막기 위해 거대한 용량의 배수장 펌프가 최대 용량으로 가동되고 있었다. 농경지의 물을 낙동강 쪽으로 퍼내기 위해 필사적인 노력을 기울이고 있었지만, 하천 수위 자체가 위험 수위로 계속해서 유지되다 보니 배수장 가동도 별 소용이 없어 보였다. 더군다나 낙동강 하천으로 뿜어내는 배수 유량 때문에 제방이 유실될 가능성이 한층 가중되고 있는 상황이었다.
 부연 설명을 하면 이렇다. 낙동강은 '천정천(天井川)' 구간이 많다. 강바닥의 토사가 쌓여 제방 내측 농경지보다 강바닥이 높다는 뜻이다. 따라서 물이 제대로 흐르지 않아 홍수기에 범람할 우려가 있으니 제방을 높이 쌓게 되고, 이를 반복하다 보면 제방은 점점 더 높아지게 된다. 학창시절 사회 시간에 배웠던 '네덜란드는 국토의 4분의 1이 바다 수면보다 낮다'는 사실을 떠올리면 된다. 강물이 마을과 논밭보다 높은 구조에서는 강둑이 터지면 마을과 농토가 물바다가 된다.

침수된 농경지 〈출처 : 4대강 백서〉

당시 낙동강 수위가 높아진 채로 시간이 오래 흐르다 보니, 폭이 두터운 제방도 약한 부분부터 물이 스며 나오게 되었다. 이곳도 제방 내측 농토 쪽 제방 비탈면 하부 쪽에서 강물이 스며 나오고 있었다. 이런 상태가 계속되면 점점 더 많은 양의 물이 나와 분수처럼 물이 솟구치면서 얼마 가지 못해 제방 전체가 붕괴된다. 이것이 바로 파이핑(piping) 현상이다. 긴급상황 임박! 바로 그 지경에 와 있었다.

펌프장의 제방 내측으로는 약 45헥타르의 경작지가 위치하고 있었다. 이 경작지의 침수를 막기 위해 대용량 배수장 펌프가 최대한 가동되고 있었다. 그러나 낙동강 수위가 높아지고 이런 상태가 장시간 지속될 경우에는 펌프 가동도 소용이 없다. 내부의 물을 펌프로 퍼내도 낙동강 본류의 수위와 수압이 높으니 물은 계속 스며 나올 것이었고, 붕괴 위험만 더 커질 상황이었다. 오히려 마을 쪽(제방 내측)의 수위를 높여 낙동강 본류와의 수위 차를 줄여야 제방으로 스며 나오는 물의 양을 줄일 수 있는 상황이었다. 그래서 펌프 가동을 멈추려고 했다. 펌프 가동을 멈추면 본류 쪽으로 물을 퍼내지 않아 지천의 물은 계속 차오르게 된다.

이는 곧 농경지를 인위적으로 침수시키는 것이 된다. 제방이 붕괴돼 일시에 범람하는 피해보다는 인위적으로 농지를 침수시켰다가 상황이 나아지면 얼른 물을 빼내는 편이 훨씬 피해가 적기 때문이다. 그러나 주민들은 당연하게도 눈앞의 농경지가 물에 잠기기 전에 지류 하천의 물을 빨리 낙동강으로 퍼내는 것이 도움이 될 것이라는 생각을 하고 있었다. 물론 주민들의 입장도 이해는 간다. 피땀 흘려 경작한 논밭이 눈앞에서 망가지는 것을 원하는 주민은 없을 것이다. 각자의 입장이 있기 때문에 제방이 터지면 걷잡을 수도 없이 더 큰 피해를 가져온다는 사실을 생각할 겨를이 없는 것이다. 논밭이라는 자신들의 생존권 앞에 생각이 짧다고 나무랄 수도 없는 노릇이었다.

주민들은 "침수되면 우리들은 모두 굶어 죽는다"면서 펌프장 가동을 계속하라고 요구했고, 펌핑 작업을 멈추지 못하게 낫과 곡괭이를 들고 관리실 앞에서 보초를 서고 있었다. 필자와 현장 실무자들이 판단하기에는, 이대로 펌핑 작업을 계속할 경우 이미 높아진 낙동강 본류 수위의 압력에 의하여 제방이 붕괴되는 참사는 불 보듯 뻔해 보였다. 제방이 붕괴될 경우 그 주변에 있는 우리들 역시 생명을 보장받을 수 없을 것이었다. 나는 일촉즉발의 이 긴박한 상황 속에서도 내심 무엇이 주민과 국가에 더 이익인지 판단을 하고 있었다. 경작지를 침수시키고 보상을 해주는 것이 나을까? 제방이 붕괴된 후에 수습하는 것이 나을까? 경작지가 모두 침수되어 농사를 망칠 때 보상 비용이 대략 45헥타르에 45억 원 정도라고 한다. 물론 제방이 터지면 그것과 비교할 수 없는 비용이 들어간다. 어떤 경우든 피해가 발생하면 보상은 보상대로 할 터이지만, 담당 과장으로선 참으로 결정하기 어려운 순간이었다. 당시 상황실에서 현황 관리를 하고 있던 부산지방국토관리청 허재준 청장께 전화로 상황을 보고하고, 어떤 선택을 해야 할지 결정을 요청했다. 답변은 간단하고 짤막했다. "현장에서 담당과장이 적절히 판단하여 처리하라!" 공무원들은 본능적으로 책임지는 것을 기피하는 경향이 있다는 것을 이해하긴 한다. 하지만 나는 너무나도 답답했다. 재난안전대책본부에서 근무하고 있던 차관에게도 연락을 했다. 상황이 급박하기 짝이 없는지라 에둘러 보고할 필요도 없이 단도직입적으로 보고를 했다.

"제방이 붕괴될 경우 사회적으로 큰 이슈가 될 뿐만 아니라, 국가 책임이 되어 막대한 복구 공사비와 보상 또한 감당해야 할 것 같습니다."
"그냥 침수만 될 경우 보상 비용은 얼마나 되나요?"
"대략 약 45억 원 정도로 추정하고 있습니다."

역시 답변은 예상대로 '현장에서 판단하여 적절히 처리하라'였다. 일선 공무원들이 현장에서 생사를 넘나들 만큼 악전고투하며 상황을 파악하고, 상부의 의사결정권자들에게 책임 있는 판단과 지시를 받고자 했지만, 상부의 대답이 이러하니 당시에는 매우 실망스러웠다. 하기야 웬만큼 간 큰 공직자가 아니라면, 그 상황을 판단하여 책임지고 최종 결정을 해줄 사람은 별로 없을 것이라는 생각도 든다. 그도 그럴 것이 일이 잘되어 아무 일 없이 넘어갔을 땐 표시가 나지 않겠지만, 나중에 문제가 불거지고 공론화되었을 경우, '45억 원 예산 낭비'라는 세간의 시비에 대한 책임 공방에서 자유로울 수 없을 테니까.

● 펌프 가동을 중단하라!

나는 운명으로 받아들일 수밖에 없다고 판단했다. "그래 현장에서 적절히 판단하라고 했겠다! 내 방식대로 하는 수밖에…" 속으로 그렇게 생각했다. 결국 모든 판단과 처리는 현장 상황에 따라 조치하기로 했다. 상부에 연이어 상황 보고를 하는 사이에 시간은 또 흘렀다. 배수펌프장과 제방 흙 사이로 물은 계속 스며 나오고 있었다. 일각여삼추(一刻如三秋), 한순간이 몇 년 같다는 말은 이럴 때 쓰는 말인가 보다. 초조하게 보내는 한두 시간이 몇 년보다 길게 느껴졌다.

어느덧 밤 10시경, 물론 그때까지 '소용없는' 배수펌프 가동은 계속됐다. 그동안 배수펌프장 운전실에서 보초를 서다시피 하고 있던 주민들은 밤 10시가 넘어서자, 펌프장이 지속적으로 가동되고 있음을 확인하고, 그제야 모두 집으로 돌아갔다. 필자는 담당 직원들과 함께 칠흑 같은 어둠을 뚫고 다시금 현장 주변 점검에 나섰다.

경작지 측의 하단 제방 쪽은 스며 나오던 수준이었는데, 이제 구멍이 커지면서 파이핑 현상이 악화되어 있었다. 물도 분수처럼 솟구치고, 금방이라도 콸콸 쏟아질 것 같았다. 이런 상황이라면 제방은 곧 터질 것으로 보였다. 만약 제방이 붕괴될 경우에 벌어질 사회적 파장을 생각해 보니 끔찍하기 짝이 없었다. 하지만, 결정을 더 이상은 미룰 수 없는 최후의 순간이었다. 밤 11시경, 결국 필자의 판단 하에 최종 지시를 내렸다. "펌프 가동을 멈추자. 모든 책임은 내가 질 것이다." 당시 현장 상황이 그대로 지속되었다면 제방 붕괴는 피할 수 없었을 것이고, 경작지 수위를 높여 낙동강 본류와 비슷하게 수위를 유지하는 것만이 차선책이라 판단했다. 그다음에 벌어질 걱정들은 생각할 겨를조차 없었다. 현장에 함께 있던 담당 직원들 어느 누구도 선뜻 움직이지 못했다. 나는 다시 한 번 분명하게 지시를 내렸다.

"펌프 가동을 중단하라!"

펌프 가동을 멈추자 경작지 측으로 물이 점점 차올랐다. 물이 새어 나오는 본류 제방의 구멍도 내측에서 물이 차오르면서 잠겼다. 본류와 농경지 측 수위 차가 줄면서 본류에서 가해지는 수압이 약해진 것으로 보였다. 물속에 잠겨 보이지 않지만, 분명히 파이핑 현상도 줄어들고 있는 것이었다. 제방 내측에서 물이 차오르니 당연히 45헥타르 경작지는 서서히 침수되기 시작하였다. 논밭의 작물이 물에 다 잠겼다. 제방 붕괴를 막고 나니 농경지 침수가 이제 현실이 되어 눈앞에 펼쳐졌다. 필자는 혼자서 깊은 고민에 빠졌다. 다음 날 아침, 농민들이 현장에 나와서 자기들이 피땀 흘려 가꾸어 놓은 농작물이 침수된 이 현실을 접했을 때 어떻게 할 것인가? 내가 성난 주민들에게 멱살잡이 당하는 것은 불문가지(不問可知), 물어볼 필요도 없었다. 삽이나 곡괭이로 두들겨 맞을 수도 있겠다는 참으로 별별 생각이 다 들었다. 성난 농민들에게 멱살을 잡혀 개 끌려가듯 하는 상황을 예상하고 있었지만, 그런 상황이 벌어진다 해도 내가 할 수 있는 말은 기껏해야 "정부에 보상을 건의하겠다"라는 답변뿐이었을 것이다.

● 하늘이 도왔다!

그러는 사이 자정이 넘어가고 새벽 1시경이 되었다. 현장을 점검하던 직원이 숨 가쁘게 뛰어 들어왔다. "과장님 강 수위가 점점 줄어들고 있습니다." 급히 낙동강 본류 제방 쪽으로 나가 보았다. 아니나 다를까 강 수위가 빠르게 내려가고 있었다. 상류 댐에서 방류를 중단한 것 같았다. '아이고 하늘이 나를 도와주고 있구나.' 나는 꽉 막혔던 가슴 한구석을 그제서야 남몰래 쓸어내렸다. 나는 얼른 배수펌프 재가동을 지시하였다. 강 수위가 계속 내려가고, 제내지 수위는 올라갔으니 강 본류와 제내지의 수압 차이는 줄어들었을 것이다.

지금부터 제내지 물을 강 본류로 보내도, 제방의 수압을 더 높이지도 않을 것이고 누수도 심하지 않을 것으로 보였다. 나는 "최대효율로 펌프를 가동해 제내지의 물을 빨리 배제시키라"라고 지시했다. 일반 용어로 풀어 쓰자면, 농경지를 일부러 침수시킨 물을 빨리 빼내라는 뜻이다. 초조하게 밤을 지새우고, 아침이 밝았다. 주민들도 모두 나와서 주변 경작지를 돌아보고 있었다. 제내지의 물을 모두 빼낸 뒤라 농경지의 작물은 겉보기에 멀쩡한 모습이었다. 농민들은 낙동강 수위도 많이 내려가고 경작지 침수도 없으니 안도하는 것 같았다. 사실 침수 시간은 1~2시간에 불과했지만, 워낙 빠르게 펌프를 가동하여 배수를 하여 침수 흔적도 없었다. 물에 잠겼던 건지, 비에 맞은 건지 분간도 안 됐다. 아무도 물에 잠겼었다는 말을 하지 않았으니, 농민들은 알 턱이 없었다. 나중에 전문가들에게 들어보니 그 정도의 단시간 침수는 수확에도 큰 지장이 없다고 했다. 참으로 천만다행이 아닐 수 없었다. 물론 이 순간까지도 백산 제방 붕괴 사고 발생 여부에 대해서는 전혀 알지 못한 상태였다. 하지만 '경작지 침수' 혹은 '봉산제 붕괴'라는 파괴적 재난 상황이 현실화 되었다면, 아마도 경남지역 담당과장이었던 K과장과 같은 봉변을 당하지 않았을까? 삶의 터전이 무너져 내리고 노도(怒濤)처럼 밀려드는 성난 민심 앞에서, 재난의 경중을 따진다는 것 자체가 무의미했을 것이다. 이런 급박한 상황들은 현장에서 몸소 겪어 보지 않으면 실감할 수가 없다. 이런 상황을 경험하면서, 필자는 '우리 강(江)이 안고 있는 본질적 문제가 무엇인가?'에 대하여 관심을 가지지 않을 수 없었다.

● 한바탕 소동을 겪고 나서 다시 절감한 우리 강(江)의 문제

이 일 이후, 우리나라 하천의 문제점이 무엇인가를 곰곰이 생각해 보았다. 우리나라 하천들은 그동안 내륙 개발·산업화 과정에서 강으로 흘러들어온 토사 등 각종 부유물의

퇴적이 심화되어, 강바닥의 높이가 과거보다 상당히 높아져 있는 것을 확인하였다. 폭우가 내리면 강에서 받아주는 물의 양이 적어졌다. 즉 홍수 시 물을 담아줘야 할 물그릇이 줄어들어 금세 수위가 상승했고, 그 압력 때문에 제방이 붕괴될 위험성이 높아졌으며, 실제로 제방이 붕괴돼 막대한 피해를 입히고 있는 현실을 눈앞에서 목격한 것이다.

  결론은 지속적으로 제방만 높일 것이 아니라 하천에 퇴적된 토사를 걷어내고, 하천 내의 홍수터 공간(고수부지 등)도 최대한 확대해 홍수위를 낮추는 게 근본적인 해결책이었다. 피 말리며 악전고투한 현장 체험이 훗날 '4대강 살리기 사업'을 기획하고 진행할 때 그대로 반영되었다. 이제는 웃으면서 말하지만, '봉산제 터질 뻔한 일'은 지금 생각해도 아찔하다.

3. 도대체 매년 강(江)에서 어떤 일이 벌어지길래

필자는 산업화 과정에서 국토 건설 분야에 몸담아 왔던 공무원으로서, 우리나라의 자연재난 재해를 수십 년 동안 진저리 날 만큼 보고 또 봐 왔다. 김대중 정부 시절에 태풍 '루사'(2002년), 노무현 정부 시절에는 '매미'(2003년)가 연거푸 한반도를 강타하여 막대한 인명과 재산의 손실을 가져왔었다.

이러한 대형 재해가 발생할 때마다 행정부, 정치권, 언론계 등에서는 '근본적인 대책을 세워야 한다'거나 '일본은 재해 예방에 예산의 90%를 쓰고 복구에는 10%만 쓰지만, 우리는 반대로 한다'며 떠들썩하게 목소리를 높인다. 그러나 언론 및 정치권에서는 며칠이 지나고 다시 햇볕만 들면 모두가 조용해지면서 다른 정치적인 이슈에 밀려 잊어버리고 만다. 정부 대응도 별반 다르지 않았다. 특별기구를 설치하고, 감사원이 대책 수립이라는 명분 아래 특별 감사를 실시하며, 그때마다 새로운 대책을 내놓곤 했다.

하지만 이와 같은 치수 사업 관련 대책들은 막대한 국가 재정이 따라 주어야 하기 때문에, 정작 예산 편성 시기가 되면 예산을 책정하는 부서나 국회에서 다른 정치적 이슈에 밀려 흐지부지 끝나버리기 일쑤였다. 이렇게 허울뿐인 '정부 정책'이나 '대책'들이 다람쥐 쳇바퀴 돌리듯 요란하게 반복되고 또 반복되는 것을 목도해 왔다.

낙동강 영향권의 지역뿐 아니라 우리나라의 주요 강가의 주민들은 홍수 때마다 절망하게 된다. 어쩔 수 없이! 바로 눈앞에서 재산이 쓸려 나가는 것을 볼 수밖에 없는 데, 가족과 친지의 목숨마저도 왔다 갔다 하기 때문이다. 화재의 경우 불에 탄 흔적이라도 남겠지만, 수재는 주변 모든 것을 쓸어버려 흔적조차도 없다. 수재는 개인적으로도 막심한 피해를 가져오지만, 국가적으로도 다른 어떤 재해보다 더 심각한 후과를 낳는다.

행정자치부 중앙재해대책본부의 국무회의 보고자료
「제15호 태풍 '루사' 피해 상황 및 복구 대책」

2002년에 전국을 공포의 도가니로 몰아넣었던 태풍 '루사'와 같이, 우리나라는 해마다 한두 회 이상 큰 태풍이 몰려와 바람이나 폭우로 전국을 덮친다. '4대강 살리기 사업'이 착수되기 직전 10년간 주요 태풍 피해를 보면 그 심각성을 잘 알 수 있다.

그 유명한 '루사'는 1904년 기상관측 개시 이래 가장 많은 하루 강우량(강릉 870.5㎜)을 기록하면서, 약 5조 1,479억 원 정도의 직접 피해를 남겼다. 복구비는 이보다 무려 10조 원이 더 들었다. 인명 피해는 무려 246명이었고, 이재민은 전국적으로 6만 3천 명이 넘었다. 물론 당시 강원 산간 지역에 비가 많이 와서 피해는 우리나라 동쪽 지역에 더욱 집중되기도 했다.

2003년에 발생한 태풍 '매미'도 약 4조 2,225억 원의 직접 피해를 가져왔다. 이재민도 경남 남해, 마산, 대관령, 전남 고흥 일대를 중심으로 61,800여 명이 발생했다. 인명 피해도 131명이었다. 2006년 에위니아는 중부 지방에 집중 호우를 몰고 왔다. 전국적으로 2조 원 이상의 재산 직접 피해를 입었다. 인명 피해도 62명이나 나왔고, 이재민도 2,790명이나 생겼다.

태풍이 아니어도 집중 호우만으로도 큰 피해를 입는다. 2005년 8월 2일부터 11일 사이 경기, 충북, 전북, 경북, 경남에 뿌린 집중 호우로 이재민이 1,173명이 나왔고, 재산 피해액도 3,677억 원이 발생했다. 인명 피해도 19명이나 됐다. 최대 일 강수량이 광주 382.0㎜, 장수 285.5㎜, 양평 303.5㎜ 등을 기록했던 폭우였다.

물론 '4대강 살리기 사업' 이전 10년 동안이 아닌, 더 오래된 과거에도 강가의 주민들에게 수재는 늘 공포의 대상이었다. 그 이전의 태풍 피해 역시 기록만 봐도 공포스러웠다. 2011년 기상청 국가태풍센터에서 발간한 태풍 백서에 따르자면, '올가'(1999.7.23.~8.4) 때는 1조 490억여 원의 피해를 입었다. '재니스'(1995.8.19~30) 때는 4,562억여 원의 피해를 가져왔다. 1987년 '셀마'(3,913억 원), 1998년 '예니'(2,749억 원), 2000년 '프라피룬'(2,521억 원), 1991년 '글래디스'(2,357억 원), 2007년 '나리'(1,592억 원) 등도 재산 피해가 큰 태풍으로 기록되어 있다. 대한민국 정부 수립 이후, 인명 피해 기준으로는 1959년 9월 중순 한반도를 강타한 '사라'가 최악의 사례로 꼽힌다. 태풍 '사라'의 영향으로, 나흘간 849명이 숨지고, 2,533명이 실종됐으며, 37만 3,459명의 이재민이 발생했다.

인명피해 및 재산피해 순위

(기간 : 1904~2009년)

순위	인명			순위	재산		
	발생일	태풍명	사망·실종(명)		발생일	태풍명	피해액(억원)
1	'36.8.20~28	3693호	1,232	1	'02.8.30~9.1	루사(RUSA)	51,479
2	'23.8.11~14	2353호	1,157	2	'03.9.12~9.13	매미(MAEMI)	42,225
3	'59.9.15~18	사라(SARAH)	849	3	'06.7.9~7.29	에위니아(EWINIAR)	18,344
4	'72.8.19~20	베티(BETTY)	550	4	'99.7.23~8.4	올가(OLGA)	10,490
5	'25.7.15~18	2560호	516	5	'95.8.19~8.30	재니스(JANIS)	4,562
6	'14.9. 7~13	1428호	432	6	'87.7.15~7.16	셀마(THELMA)	3,913
7	'33.8. 3~5	3383호	415	7	'98.9.29~10.1	예니(YANNI)	2,749
8	'87.7.15~16	셀마(THELMA)	343	8	'00.8.23~9.1	프라피룬(PRAPIROON)	2,521
9	'34.7.20~24	3486호	265	9	'91.8.22~8.26	글래디스(GLADYS)	2,357
10	'02.8.30~9.1	루사(RUSA)	246	10	'07.9.13~9.18	나리(NARI)	1,592

● 태풍과 집중 호우의 참상들

　태풍이 오면 어떤 피해가 생길까? 불어난 강물로 하천변 도로가 파괴되거나, 산사태로 인해 인명 피해를 입거나 도로 단절 피해를 입는 것이 가장 일반적이다. 그러나 이 피해 규모는 국지적이다. 그러나 대하천과 지류(支流)의 범람은 피해 양상이나 규모 자체가 다르다. 대규모 침수와 인명 손실에 이어 많은 이재민도 발생 된다.

　'범람'은 수위가 일정 규모 이상으로 오르다 위험 수위 이상으로 높아지면, 제방을 넘어 강물이 농경지와 민가로 밀려든다. 또한, 강 하류 해수면의 만조 시간과 겹칠 때는 하류인 바다 쪽에서 역류가 발생한다. 즉 바다 쪽으로 물이 빠지지 않아서 지천의 물 흐름이 정체되거나 지류와 본류가 만나는 합류부의 흐름이 정체되면서 제방이 붕괴되는가 하면, 한편으로는 주변 저지대의 침수 피해가 동시에 유발된다.

　2002년 태풍 '루사' 때는 강릉, 동해, 속초 등 강원 지역과 특히 낙동강이 위치한 경북 지역이 피해를 많이 입었다. 당시 낙동강 본류 유역 주변에 위치한 도시 김천, 구미, 고령, 합천, 함안, 의령, 창녕 지역에서 제방 붕괴와 대규모 침수로 인한 많은 피해가 발생했다.

　2003년 태풍 '매미' 때는 경남지역 낙동강에 큰 피해를 가져왔다. 산업시설 밀집 지역이라 피해가 더 컸다. 2003년 9월 18일 자 중앙일보의 태풍 피해 관련 기사를 살펴보자.

> 중앙재해대책본부가 18일 오후 현재까지 잠정 집계한 피해액은 4조 5,697억 원으로 루사(5조 4,696억 원)에 비해 아직 9천억 원가량 적은 것으로 나타났다.
>
> 그러나 재해대책본부의 피해 집계는 다리, 도로 등 공공시설과 주택, 비닐하우스 등 생계형 재산 피해만 포함하며, 정부 보상 대상이 아닌 공장, 빌딩, 상가, 공산품 등의 피해는 제외되었다.
>
> 이와 관련, 산업자원부는 18일 산업계 피해액을 9,500여억 원으로 잠정 집계했다. 여기엔 5백여 억 원으로 추정되는 부산항 부두 운영사의 크레인 붕괴 피해는 제외된 것이어서 이를 포함할 경우 산업계 피해액은 1조 원을 넘어설 것으로 보인다.
>
> 이는 지난해 루사의 산업계 피해액(2천억 원)의 다섯 배에 해당하는 것이다. 이번 태풍이 산업계에 이처럼 큰 피해를 준 것은 강원 지역에 주로 피해를 줬던 루사와 달리 부산, 마산, 울산, 대구 등 공단, 기간시설이 밀집한 지역을 강타했기 때문이다.

읽기만 해도 참혹한 광경이 눈앞에 선명하게 떠오르지 않는가? 언론 보도에서는 비로 인한 피해뿐 아니라 태풍 자체로 인한 피해의 중요성도 강조했다. 실제로 태풍이나 집중 호우 때에는 대규모 산업시설뿐 아니라 중소 도시 공장 지대의 피해도 무시 못 할 정도로 크다. '4대강 사업'이 마무리되던 2011년에도 기록적인 폭우가 내렸다. 하지만 과거와 같았던 침수 피해는 없었다. 단골 '수재 지자체'인 의령군과 함안군의 군수들이 한결같이 말하는 바가 있다. "농경지 침수가 안 된 것도 다행이었지만 공장 침수가 없었던 게 천만다행이다." 수재는 농경지 들판만 망가뜨리는 게 아니라, 산업시설에 미치는 피해도 자못 심각하다.

4. 지방청 비리 사건 해결사로 투입

● 하루 만에 발령받은 부산지방국토관리청

2002년 5월 27일, 건설교통부 국토계획국 '산업입지계획과'에서 근무하고 있을 때였다. 오후 4시경 건설교통부 총무과장 이재홍 (이명박 정부 당시 청와대 국토해양비서관)으로부터 "차관님께서 찾는다"는 전갈이 왔다. 호출 이유는 이랬다. 건설교통부 부산지방국토관리청 사업국(하천국) 직원 상당수가 비리 사건에 연루되어 부산청 전체가 업무 마비 상태에 놓일 지경이라 했다. 공사 집행 및 관리 감독 과정에서 업체 관련 비리에 연루된 일부 직원은 이미 구속되었고, 검찰 조사가 계속되면서 공무원 비리에 대한 언론 보도가 연일 이어지자, 민원 업무뿐만 아니라 여름철 장마, 태풍 대비를 위한 긴급 사업 업무까지 마비되고 만 것이다. 본부 차원의 긴급 대책 회의 결과, 부산청 사태 수습을 위해 지방청 근무 경험이 있고 사고수습 해결능력이 있는 지방청 과장급을 현지에 급파하기로 하고 필자가 바로 그 적임자로 결정되었다는 통보였다. 마른하늘에 날벼락 맞는 기분이 이런 것일까?

사태가 얼마나 시급했던지 통보를 받은 당일, 부산청 공사과장으로 발령이 났다. 그리고 "현조직을 재편하여 빠른 시일 내에 업무를 정상화시키고, 여름철 홍수 대비에 만전을 기하여 주변 지역 주민들에게 피해가 가지 않도록 하라"는 명령이 떨어졌다. 한 마디로 줄이자면, 발등에 떨어진 불부터 끄고, 곧 들이닥칠 재난도 예방해서 사회적 파장이 더 이상 커지지 않도록 알아서 막으라는 것이었다.

공무원은 반드시 명령을 따라야 한다. 인사명령서 한 줄로, 그날 밤 11시 55분 부산행 열차에 무작정 몸을 실었다. 4시 무렵, 총무과장으로부터 호출받은 지 단 몇 시간 만에 속옷 보따리 하나 달랑 들고 임지(任地)로 출발한 셈이다. 사실 필자는 '현장 전문가'로서 풍부한 경험을 쌓았다. 지금은 기억하는 사람이 드물겠지만, 박정희 대통령의 국가개발 핵심사업 중 하나였던 '경주 개발 사업'[13]을 비롯해 낙동강 연안 개발 사업, 대전 세계박람회장 건설, 남북 연결도로 건설 등 여러 대형 국책 건설 사업에 참여했으며, 도로와 하천

---

[13] '경주종합개발계획'은 박정희 정권이 집권기 내내 의욕적으로 추진한 경제개발과 국토종합개발계획의 중요한 부문이었다. 일종의 산업 육성 차원에서 경주 개발을 추진했으며, 외국인 관광객 유치를 통해 경제개발에 필요한 외화를 획득하자는 경제 논리도 깔려 있었다. 이 계획에는 1972년부터 10년간 세계은행차관 자금을 도입하는 등 228억 원을 투자해 사적 지구 정비와 보문지구 관광 개발 사업, 도시기반 시설 및 환경 정비 사업을 포함하고 있다. (출처: https://www.archives.go.kr/)

등 국가 기반 시설물에 대한 건설 공사 감독 업무를 담당하면서 전국의 대형 SOC 바닥 현장을 누구보다 많이 누볐다고 자부한다. 더군다나, 1993년 한강 행주대교 건설 현장에서 발생했던 교량 붕괴 사고 당시에 현장 수습을 위해 긴급 투입되었던 경험이 있었기 때문에, 촌각을 다투는 상황 앞에서 건설 현장의 현실을 꿰뚫고 있는 '현장통'을 달리 찾기도 쉽지 않았을 성싶다. 5월 28일 새벽 5시경, 부산지방국토관리청에 도착했다. 상황 파악을 해보니, 하천국 직원 전체 약 20명 중에 하위직 3~4명 외에는 모두가 사건에 연루되어 검찰 조사를 받고 있었고 업무는 거의 마비 상태에 있었다. 참담하고 한심스러운 상황이었다.

2002년 5월 30일, 대구지검 김천지청은 부산지방국토관리청 하천국 하천공사과 과장을 포함한 직원 4명을 구속하고, 3명을 불구속 기소했다. 고급 술집에서 시공업자가 무릎을 꿇고 충성을 맹세하면서 술을 따르고 향응을 받았다고 하여 일명 '충성주 사건'으로 불렸다. 사건 내용을 파악해 본 결과 예상했던 대로 과거부터 관행적으로 내려온 비리 사건이었다. 조직이 초토화되었고, 같은 공무원으로서 부끄럽기 짝이 없는 일이었다. 시대 변화의 흐름을 직시하지 못한 공무원들의 그릇된 행동이 안타까웠다.

● 홍수 대비에 만전을 기하다

사건 수사가 계속되는 동안 6월로 접어들었다. 계절상 우리나라는 6월부터 여름철 장마, 7~9월에는 태풍 계절에 접어든다. 국토관리청 업무 편제상 여름 장마와 태풍을 대비하여 사전에 점검하고 취약 지역을 찾아서 하천 주변을 개선하는 업무가 시급했다. 구속 및 조사 대상 공무원의 빈자리를 보충하여 각종 민원과 재해 업무에 만전을 기하지 않으면 더 큰 문제가 발생할 수 있다고 판단하였다.

우선 조속한 업무 정상화를 위해 현장 경험이 많고 조직 관리 능력이 우수한 공무원을 전국에서 차출해 주도록 본부 총무과에 요구하였다. 다행히 본부에서는 사태의 심각성을 인식하고 있었고, 필자가 요구한 대로 전국에서 전문성과 현장 업무 추진 능력을 갖춘 인력들을 조기에 보충할 수 있도록 배려해 주었다. 업무 정상화를 위해서는 압수된 서류들을 돌려받는 것이 급선무였다. 수사가 진행 중인 김천지청에 여름철 방재 대비의 중요성과 필요성을 들어 이해시키고, 업무 공백으로 인해 야기될 또 다른 재난, 재해에 대비하게 해 달라고 설득했다. 현장 공무원의 진심이 통했던 것일까? 마침내 검찰에 압수된 승용차 2대 분의 서류를 회수하여 새로이 조직된 직원들과 업무 정상화 준비를 시작할 수 있었다.

앞으로 들이닥칠 장마, 태풍 대비를 위하여 밤잠을 설쳐야 하는 고난의 여정도 함께…

우여곡절 끝에 부정에 연루된 국장, 과장, 직원 등 몇 명이 구속되고 이 사태는 원만히 수습됐다. 당시 이 사건을 수습한 뒤, 필자는 공직자 윤리 규정을 철저히 지키면서 직원들과 함께 조직을 정상화시킨 공로를 인정받아, '반부패 우수공무원'으로 선정되어 김대중 대통령 표창을 받기도 했다. 그해 8월, 조직이 안정되고 사태도 수습이 되어갔다.

'우수공무원' 김대중 대통령 표창

아니나 다를까! 걱정했던 것처럼 초대형 태풍인 루사가 엄청난 강우량으로 전국을 강타했다. 수십 년 동안 공직에 몸을 담아 수많은 태풍을 대비해 왔지만, 이렇게 큰 태풍은 처음 겪어 보았다. 인간의 무리한 개발로 인한 자연 훼손과 지구의 기후 변화가 원인이라는 학계 및 전문가들의 분석도 나왔다. 앞으로는 지구의 기후 변화로 과거보다 더 큰 자연재해가 발생할 것이라는 분석 결과도 잇달았다. 공무원 조직이 망가진 사태를 수습하러 왔다가, '루사'라는 대형 태풍이 몰고 온 국토와 민생 파괴의 엄청난 현장을 직접 생생하게 목격하게 되었다. 당시 태풍 '루사'는 수많은 인명과 피해액 6조 4천억 원 이상의 재산 손실을 가져왔다. 그 위력이 어느 정도였을지 가히 짐작할 수 있다.

이듬해 8월 또다시 태풍 '매미'가 내습했다. 1년 만에 또 덮친 태풍 '매미'는 야속하게도 전국에 약 4조 8천억 원 이상의 재산 피해와 함께 엄청난 인명 피해를 안겨 주었다. 조직 해결사로 내려간 부산 생활은 내게 다시 태풍, 강 범람과의 싸움이라는 새로운 도전을 가져다 주었다.

태풍 루사의 피해 현장 사진
〈출처 : 강릉 경인수 기자, 민동용 기자, 「외딴 섬」 강릉…정전-전화불통 '암흑'」, 「동아일보」, 2009년 09월 17일 14:28 https://www.hankyung.com/article/201807059948H〉

● '충성주 사건'의 나비효과

충성주 사건은 나에게 있어서만큼은 또 다른 의미를 지니고 있다. 사건의 처리를 위해 부산청으로 밤을 새워 달려갔고, 그곳에서 근무하는 동안 예상치 못했던 공포의 태풍을 두 번씩이나 겪었으니 말이다. 우리나라가 안고 있는 치수[14]의 문제점을 체계적으로 정리하고 분석해야만 한다고 마음먹는 계기가 되었으니, 나에게는 '충성주 사건'이 몰고 온 일종의 '나비효과'가 아닌가! 부산청의 기억은 그래서 잊지 못할 기억이 되었다.

태풍 '루사'와 '매미'가 할퀴고 간 재난의 최일선에서 하천공사과장, 도로공사과장, 도로계획과장의 직무를 마치고, 2004년 1월 1일 자로 건설교통부 감사관실로 전보되었다. 감사관실의 주요 업무는 건설교통부의 예산 집행 관리, 부실 공사, 공직 기강 등에 대한 적정 유무를 감사하는 것이 주요 업무이다.

감사의 궁극적인 목표는 국민의 혈세를 적정하게 집행했는지, 행정 집행을 하면서 국민에게 부담을 주지는 않았는가 하는 것들을 중점적으로 살피는 것이다. 이에 잘못이 있으면 책임을 물어 문책하거나 처벌하고, 해당 정책에 대한 제도 개선도 함께 추진한다. 이런 감사관실 생활이 훗날 '4대강 살리기 사업'의 씨앗이 될 줄은 당시엔 미처 몰랐다.

---

14) 치수(治水) : 수리 시설을 잘하여 홍수나 가뭄의 피해를 막는 일.

CHAPTER_2

방법을 찾다

수해의 참상 속,
상식적인 대책을 찾다

방법을 찾다
수해의 참상 속, 상식적인 대책을 찾다

1. 임시변통 재해 대책

● 강바닥 준설, 상식 속 정답

우리나라는 대형 수재(水災)가 일어날 때마다 끓어오르는 여론에 등 떠밀려 대책을 마련한다. '수해 상황실'이다, 무슨 '위원회'다 하며 시작은 항상 거창하다. 그러나 홍수가 지난 뒤 햇빛만 비치면 어느새 흐지부지된다. 국민 사이에서도 금세 잊힌다. 우기가 지나고 휴가철이 되고, 또다시 가을로 접어들면 작년에 일어난 일인지, 한 달 전 여름에 일어난 일인지 까맣게 잊는다. 수해 피해를 입지 않은 국민은 남의 일인 듯 잊고 일상으로 돌아가며, 휴가지로 떠난다. 여론이 가라앉으면서 정부의 '비상 대책 서류'도 다시 서랍 속으로 들어가기를 반복해 왔다. 그러니 몇 년 전 수해를 입은 곳에서 또다시 수해가 나고, 작년에 수해를 입은 곳이 올해 다시 엉망이 되는 일이 다반사인 것이다. 특히 낙동강엔 주요 대형 침수지가 있다. 함안 의령 창녕 고령 등 저지대 농지가 많은 곳이다. 해마다 일강우량 200mm만 넘으면 배수펌프의 용량이 부족해 지류 주변의 농경지는 물에 잠기기 일쑤다. 비만 많이 오면 재해가 난다는 것을 주민들도 알고, 공무원도 알고 정치인도 안다. 그 지역에선 아이들도 비가 오면 무슨 일이 일어날지 안다.

침수 사태가 지나고 나면 배수펌프 용량을 늘리거나 제방을 높이고 보강하는 대책이 이어진다. 그러나 배수펌프 용량은 최고 위험을 대비하는 것이 아니라, 일정 정도까지의 강우량에 대비하도록 설계된다. 그렇다고 수백 년에 한 번 올까 하는 빈도의 강우를 대비한다고 대규모 투자를 하는 것은 비용 면에서 낭비이다. 확률적으로 그렇다는 것이지 100년 동안 안 올 수도 있고, 당장 내년에 올 수도 있다. 사용할지 안 할지 알 수 없는 시설의 투자를 과하게 하는 것도 비합리적이다.

누구든 생각할 수 있는 제방(堤防)을 보강한다고 해보자. 작년에 넘쳤으니 조금 높인다. 올해 또 넘치면 또 높인다? 물이 넘칠 때마다 높이고, 넘치면 또 높인다. 한없이 올라갈 수도 없다. 그럼 어떻게 해야 하나? 근본적인 대책은 따로 있었다. 비전문가들도 조금만 관심이 있으면 다 아는 상식 속에서 정답을 찾을 수 있었다. 토사로 꽉 찬 대하천(大河川)의 바닥을 긁어내면 간단한 것이다. 강바닥 준설 외에는 근본적 해결책이 없는 것이다.

태풍루사(수해) 피해 지역 복구작업 농촌 일손돕기 〈출처 : 국토부 보고서〉

● 태풍 루사 때 '민간 전문가' 지적에 뜨끔

2002년 8월 17일 태풍 루사가 지나간 뒤, 한 신문에 어떤 독자가 홍수 대책에 대해 썼던 글이 가슴을 찔렀다. 당시 맑은 물 되찾기 운동연합회에서 활동하던 최용택 씨라는 분이 조선일보에 쓴 글은 이랬다.

> 낙동강의 수해 방지와 수질 관리를 위해 제안을 하고 싶다. 20세기 전반 우리나라는 제방이 없거나 극히 낮았지만, 하천은 골짜기형으로 매우 깊었다. 그래서 호우 시에도 저지대 농경지나 주택지 일부만 침수됐을 뿐이다. 또 갈수기에도 낙동강은 수심이 깊어 화물을 실은 배가 내륙 깊숙이 안동까지 왕래했으며 수량이 풍부했다. 하천이 깊은 골짜기형 구조여서 강바닥이 주변 지하수 수위보다 월등히 낮아 많은 지하수가 하천으로 모여들었기 때문이다.
>
> 그러나 산림 파괴로 산사태가 발생하고, 개발이 계속되면서 흘러내린 토사가 하천에 쌓여 주변 농경지와 거의 평평하게 강바닥이 높아졌다. 이에 따라 지금은 비가 조금만 많이 와도 강물의 수위가 주변 농경지보다 높아져 주변이 침수 된다… 그러나 하천 구조를 회생하지 않고서는 이런 문제를 근본적으로 해소하기 어렵다. 그동안 수해 방지 대책으로 호우 시 범람 방지를 위해 제방 축조, 빗물 펌프 설치, 다목적댐 건설 등이 추진됐다. 그러나 시설 확충에도 피해는 오히려 증가하고 있다.(중략) 호우 시에 바다로 많은 물이 단기간에 빠지게 하는 것이 더 근본적인 대책이 될 것이다.
>
> 우선 토사로 메워진 하천을 준설이나 골재 채취 등으로 퇴적 토사를 들어내 원래대로 골짜기형 구조로 만들어야 할 것이다. 골짜기형 구조가 되면 호우 시에도 수위가 높아지지 않는다. 또 가뭄에도 주변의 많은 지하수가 하천에 모여 건천이 없어지고, 항상 맑은 물이 흐르게 할 수 있다. 현재 낙동강 물관리 종합 대책비는 매년 2~3조 원이 들지만 물 문제는 차츰 악화되고 있다. 무엇이 낙동강을 살릴 수 있는 근본적인 대책인지 생각해봐야 할 것이다.[15]

신문에 실린 이 독자의 글을 보면 한 자도 틀린 내용이 없다. 해마다 아슬아슬한 위기를 넘기던 낙동강 물을 볼 때마다 공무원으로서, 토목 전문가로서 생각해 왔던 대책의 핵심을 어떻게 그렇게 잘 짚어 주었을까? 우리나라 강의 고질적인 문제를 일거에 해결할 방법은 이렇게 간단한 원리였던 것이다. 누구나 알고 있었지만, 누구도 손을 대지 않고 방치한 채 여름이면 또 '누가 희생됐는가?', '몇 명이 목숨을 잃었나?', '어떤 안타까운 사연이 있는가', '몇 천억 원 피해를 입었는가?' 같은 레파토리를 놓고 부질없이 계산하고 있었던 것이다.

---

15) 조선일보 2002.08.17. 여론/독자/7면, 독자투고: 낙동강 '골짜기형 구조' 되살리자

2. 용두사미 특별기구

홍수가 한번 지나가면 이어지는 대책도 많다. '재난 방지 부서도 정비 한다', '비상 연락망을 짠다', '위험 취약 지역 데이터베이스를 만든다', '상습 위험 지역을 국가가 수용하고 이주시킨다'는 대책도 쏟아져 나오고, 근원적인 수해 방지 대책을 세우겠다며 특별기구도 만든다. 하지만 비상 연락망을 짜 봐야, "물 넘칠 것 같으니 피하라"는 정도밖에 역할을 더 하겠는가? 특별기구를 만들고, 재난 방지 부서를 정비한다면, 여기저기에서 잘 알 것 같은 공무원들을 모으고, 민간 용역을 주고, 시간이 지나 용역 보고서를 받은 뒤 여론을 살피고 예산을 따지다 흐지부지될 뿐이다. 대책을 세워도 암환자에게 진통제 주는 격의 대응밖에 안 될 뿐이다. 2002년 태풍 루사가 왔을 때도 마찬가지였다. 주요 재해 대책은 김대중 대통령의 국민의 정부 1999년, 노무현 대통령의 참여정부 2003년, 2007년 범국가적으로 세워졌다. 회의하고 보고서 만들고, 서랍에 넣고, 또 재해가 닥치면 그 보고서 다시 꺼내 살붙여 대책 세우고, 시간 지나 여론이 잦아들면 다시 서랍에 들어가고… 이를 끝없이 반복한 것이다.

수해방지대책기획단 현판식

1999년 12월에 발표된 수해 방지 종합 대책에 따르면, 도시 계획 등 각종 개발 계획 단계부터 수해 방지를 위한 제도적 장치가 미흡했고, 관계 기관 간의 유기적 협조 체제도 미흡했다. 또 수해 방지를 위한 투자에도 무관심했을 뿐만 아니라, 방재에 대한 국민적 인식도 결여되어 있었다고 진단하고 있다. 그리고 대책 수립의 기본 방향으로 내세운 것 중 하나가 바로 '근원적인 수해 방지'에 역점을 둔다는 것이었다.[16]

노무현 정부 초기인 2003년 4월, 국무총리 국무조정실 수해 방지 대책기획단에서도 범정부 차원의 '근원적 수해 방지 대책'을 세우겠다고 했고, 2007년 소방방재청이 중심이 된

---

16) 대통령 비서실 수해방지대책기획단(1999), 〈수해방지 종합대책 백서〉

신국가 방재시스템 백서에서도 후진적인 반복·상습 재해를 '근원적으로 차단'하겠다고 했다. 2003년 수해 방지 대책 세부 계획으로 제시되었던 주요 대책들을 정리해 보면 다음과 같다.[17]

> 각 수계의 치수/ 수해 상습지 개선
> 제방 보강/ 소하천 정비
> 농경지 배수 개선/ 수리 시설 개보수/ 농업용 저수지 기능 강화
> 신규 댐 건설/ 기존 댐 보강
> 재해 위험 지구 정비/ 사방 댐[18] 건설
> 하수관거[19] 증설·정비/ 홍수 예보 능력 강화

하지만 1997년 수재, 2002년 루사, 2003년 매미, 2006년 중부 지방의 에위니아, 그 대책 보고서가 1999년, 2003년, 2007년 세 차례 나왔지만, 그 뒤에도 같은 대형 수재는 어김없이 계속됐다. 굳이 먼 역사를 찾아볼 필요도 없다. 국가 지도자의 확고한 의지가 없으면, 예방 위주의 국토 정비 재해 예방 사업에 실제로 막대한 예산을 투입하기란 결코 쉽지 않은 것이다.

---

17) 문화체육관광부(2013), 〈이명박 정부 국정백서 제7권: 녹색뉴딜 4대강 살리기와 지역상생〉
18) 사방 댐 : 산사태나 홍수를 막기 위한 둑.
19) 하수관거 : 여러 하수구에서 하수를 모아 하수 처리장으로 내려보내는 큰 하수도관. 적절한 물매를 가진다.

3. 혁신 아이디어

● 매년 국민세금 5천억 아낄 수 있는 '토석 정보 공유 시스템' 개발

 노무현 대통령의 참여정부, 초기부터 '혁신'을 정책 이슈로 강하게 밀어붙이던 시절이다. 뼈를 깎는 고통으로 사회 전반에 부적절한 부분들을 개혁하자는 정책 방향이었다.
 '감사(監査)'라는 말은 접하게 되면 대부분이 '잘못을 적발하여 합당한 처벌을 한 후 바로잡는 것'을 떠올리게 마련이다. 하지만 필자는 참여정부의 혁신정책을 바탕으로 정부에서 발주되는 모든 건설 공사에 대하여 과거부터 내려오던 부적절한 관행 척결과 제도 개선을 통하여, 국가 정책을 발굴하는 기획 감사를 하겠다는 업무방침을 득하였다. 감사실에 전보되면서 과거 수많은 현장 경험을 바탕으로, 밑바닥의 문제점과 제도 개선이 필요한 부분을 세심하게 선별했다. 그리고 제도 개선을 위한 1차 과제로 '토석 정보 공유 시스템' 개발을 추진했다. 이는 당시 강동석 건설교통부 장관에게 그 필요성을 설명하고 별도 지침을 받은 사업이었다.
 '토석 정보 공유 시스템'이란 말 그대로 토석(土石)의 정보를 이해 관계자들이 공유하는 시스템이다. 전국 각각의 건설 공사 현장에서 발생하는 토석의 상황을 적절히 파악해 서로 정보를 얻기 위한 시스템이다. 정부, 지방자치단체, 공기업, 민간 기업, 개인 등에서 이뤄지는 각종 사회 간접 시설(SOC) 공사 현장에서는 산을 깎아 토석을 제거해야 할 때도 있고, 어느 곳은 지대가 낮아 다른 곳의 토석을 원거리에서 구해 와 메워야 하는 경우도 생긴다. 버려야 하는 지역과 메워야 하는 지역에 대한 정보가 공유되지 않으면, 별도의 임야 등에 대해 토취(土取) 허가를 받아 멀쩡한 산을 절취하고, 흙을 파서 채워야 한다. 반대로 산을 깎거나 평탄화하는 공사 현장은, 이에 따라 발생한 토석을 돈을 주고 버려야 하는 일들이 허다하게 생긴다. 이렇게 공사 과정에서 발생하거나, 부족한 토석을 인터넷 정보 공유 시스템으로 한눈에 알 수 있게 하여, 서로 가까운 곳의 토석을 상호 활용함으로써, 국가 예산을 절감하는 정보 시스템을 만든 것이다.
 국토개발연구원과 국토부 기획감사팀이 합동으로 약 1년에 거쳐 전국의 공사 현장 자료를 분석·취합하고, 국토개발연구원은 인터넷상에서 공유할 수 있는 시스템을 구축하는 작업에 들어갔다. 원리는 간단하다. 전국 각종 건설 현장에서 발생하는 토석을 토석 정보 공유 시스템 상에 의무적으로 등록하도록 한 것이다. 이렇게 상호 이용하면 매년 5천억 원

> **정책 >**
>
> # 한해 예산 5000억 아낀 공무원의 아이디어
>
> 김철문 사무관 … 건설현장 흙 자갈 정보 공유시스템 개발
>
> 나지홍기자
> 입력 2005.03.24 18:23 | 수정 2005.03.24 19:25
>
>
>
> 쓰레기 취급받던 건설현장의 흙과 자갈이 한 공무원의 노력으로 소중한 재활용 자원으로 탈바꿈하게 됐다. 건설교통부 김철문(金哲文·52·사진) 사무관은 전국 건설현장의 흙·자갈 정보를 입력하는 토석(土石)정보공유시스템을 개발한 공로로, 24일 기획예산처로부터 예산성과금 금상(상금 2600만원)을 받았다. 토석정보공유시스템(www.kiscon.net)은 토석이 발생한 건설현장과 토석이 필요한 현장 정보가 입력돼 있다. 따라서 토석 수요자들이 사업장과 가까운 곳에서 토석을 공급받을 수 있어 연간 5000억원의 예산을 절감하게 됐다는 것이다.
>
> 김철문 사무관
>
> 올해로 공무원 생활 27년째인 김 사무관은 20년을 공공 공사현장에서 보낸 현장통이다.
>
> 그는 "공사현장 감독 시절 바로 인근 공사장에서는 토석이 없어 돈을 주고 구입하는 사례를 수없이 목격하면서 정보공유시스템의 필요성을 느꼈다"고 말했다.

2005년 3월24일자 조선일보 기사

 이상의 국가 예산이 절감되는 것으로 분석되었다. 이 과정에서 건설업계에서 많은 욕을 먹기도 했다. 왜냐하면 정보 공유 시스템이 가동되면 공사비가 엄청나게 삭감되어 예산이 줄어든 만큼 업계 매출액도 줄어들기 때문이었다. 그 말인즉 반대로 국민의 세금은 그만큼 절감할 수 있다는 뜻이다.

 토석 정보 공유 시스템 개발로, 연간 5천억 원이라는 예산을 절감하게 만든 공으로, 그 해 기획예산처 예산 절감 최우수 금상을 수상하고, 성과금도 최고액 2천만 원과 최고 상금 6백만 원을 받았다. '공무원 중앙 우수 제안'[20]으로 선정되어 대통령상까지 받았다.

---

20) 공무원 제안 규정(대통령령)
 제1조: 이 영은 「국가공무원법」 제53조에 따라 국가 공무원의 창의적인 의견이나 고안(考案)을 행정 운영의 개선에 반영함으로써 행정 운영의 능률화와 경제화를 촉진하기 위한 공무원 제안 제도의 운용에 필요한 사항을 규정함을 목적으로 한다.
 제2조의 5: "중앙우수제안"이란 행정안전부 장관이 자체 우수 제안 중 그 내용을 심사한 후 채택한 것을 말한다.

감히 이런 상상도 했다. 어떤 기업에서는 비용 절감액의 3%를 성과금으로 지급한다는 이야기를 들었다. 만약 같은 기준을 적용하면 연간 5천억 원의 절감액 중 3%인 150억 원의 성과금을 받을 수 있지 않을까? 그러나 '공무원의 직무 발명에 대한 국가 승계 원칙'[21]에 따라 국내 특허, 국제특허 모두가 필자의 이름으로 등록되었지만, 그 권리는 대한민국으로 귀속되었다. 관련 내용의 일부는 당시 조선일보에서도 보도된 바 있다.

지금은 국토개발연구원에서 토석 정보 공유 시스템을 관리하고 있으며, 전국의 모든 건설 공사 현장에서 설계 시작부터 의무적으로 활용하도록 하고 있다. 국토부 감사실에서는 정부 및 공공기관에서 추진하는 모든 사회 간접 시설에 대하여 지속적인 모니터링을 실시하고 있고, 설계 단계부터 정착된 토석 정보 공유 시스템을 이용하여 막대한 국가 예산을 절감하고 있다.

---

21) 공무원직무발명보상규정(대통령령)
    제2조의 1: "직무발명"이라 함은 공무원이 그 직무에 관하여 발명한 것이 성질상 직무를 집행하게 하는 자의 업무에 속하고, 그 발명을 하게 된 행위가 공무원의 임무에 속하는 경우를 말한다.
    제3조 (권리의 국가승계) ①국가는 발명자가 한 직무 발명이 실용 가치가 있어 국가 산업 발전에 기여할 수 있다고 인정할 때에는 특허를 받을 수 있는 권리를 승계한다.

4. 수십 년간 반복되는 하천재해

● 참여정부 혁신과제 '국가하천 문제점 기획과제 선정'

2002년 태풍 루사 피해 현장에서 겪은 수재의 무서움은 앞서도 소개했다. '자연재해로 인한 국민의 생명과 재산 손실을 어떻게 하면 최소화할 수 있을까?'라는 질문은 태풍 '루사'를 겪은 이후로 필자가 항상 가슴에 묻어두었던 숙제였다.

매년 홍수로 인해 막대한 인명과 재산 손실이 되풀이됨에도, 정부의 정책은 본질을 직시하지 못한 채 땜질식 탁상행정(卓上行政) 혹은 사후약방문(死後藥方文)식 대응에 머물고 마는 것이 엄연한 현실이었다. 피상적인 피해 집계만으로는 한계가 분명해 보였다. 피해 발생 원인을 철저하게 수재 현장 위주로 조사·분석하여, 본질적 문제 요소를 드러내 보이지 않는다면 백약이 무효일 수밖에 없었다. 과거 수해 대책 마련 방안에서 한결같이 되뇌던 '근본적 대책'을 제시하려면, 인과관계의 고리들을 꿰뚫어 볼 수 있는 통찰력과 남다른 사명감이 필요했다.

수재 현황은 누가 따로 설명해 주지 않더라도, 그간 현장에서 생생하게 보아 오고 가슴 속에 응어리로 묻어두었던 터였다. 전국에 분포된 '국가하천을 어떻게 정비해야 할까?', '어떻게 하면 근본적 재해 예방을 할 수 있을까?'… 끊임없이 이어지던 고민은 결국, 문제의 본질과 근원적 대책을 찾기 위한 '기획 감사 과제'로 귀결되었다. 2004년 8월에서 이듬해 4월까지 진행된 이 기획 감사 과제의 정식 명칭은 '국가하천 환경 복원을 통한 하도 정비 활성화 방안'이었다.

이 방안을 기획 감사 과제로 선정하여 당시 장관으로부터 방침을 받아 필자가 반장이 되었다. 전국 지방국토관리청, 광역시도, 지자체에 협조받아 관계자 등 공무원들과 전국에 분포된 국가하천 현장을 누비며 약 9개월에 걸쳐 현장 실태를 조사했다. 이 감사는 당시 참여정부 시절 혁신 과제로 진행한 것이다.

이 감사의 핵심은 5대 국가하천 (한강, 낙동강, 금강, 영산강, 섬진강) 본류와 지류의 문제점을 지자체와 합동으로 조사 분석하고, 우리나라 하천 주변의 홍수와 가뭄에 따른 재난 근본 원인을 분석하여 해결책을 마련하는 등, 지리적 영역이나 정책적 범주에서도 매우 광범위한 것이었다.

● 홍수의 구조적 원인, 해결의 열쇠는?

우리나라 큰 강들의 실태는 거의 파악하고 있었고, 홍수가 날 때마다 빈번하게 그 참상을 목격하기도 했다. 하지만 체계적으로 조사해 보니 실제 현실은 더 충격적이었다. 우리나라의 하천과 저수지의 실태는 상류에서 흘러내리는 토사가 퇴적되어 '물그릇' 역할을 하지 못하고, 집중 호우나 홍수 시에 하천이 범람하고 제방이 붕괴하는 등 수십 년간 똑같은 패턴으로 국민을 괴롭혀 왔다.

또한 과거 우리나라가 경제 성장기를 거치면서, 폐기물 투기 등으로 하천 수질이 크게 오염되었고, 하천부지는 영농 행위로 거름 악취가 진동하기도 했다. 현지 조사 과정에서 확인해 보니 광주광역시 광산구 지역, 영산강 상류 지류 하천인 황룡천 주변은, 하천 바닥에 퇴적물이 쌓이고 썩은 동물의 사체가 널려있어 심한 악취가 진동하는 상태였다. 한마디로 하천 주변의 오염이 극심해서 황룡천으로 접근하기가 곤란할 지경이었다. '4대강 살리기 사업' 이후, 현재 이 지역은 깨끗하고 아름다운 생태 공간으로 탈바꿈했고, 지역 주민들의 산책 운동 공간으로 유용하게 사용하고 있다.

국가하천 실태 조사 결과, 하천 바닥의 퇴적토가 쌓여 하상(河床)[22]이 높아지면서 하천의 담수 능력이 떨어진다는 것이 매우 심각한 문제로 확인되었다. 이런 상황에서 폭우로 인해 하천 내의 수위가 상승하게 되면, 제방까지 물이 차올라 쉽게 붕괴할 가능성이 커지고, 이런 우려가 현실화한다면 막대한 피해가 발생할 수밖에 없다는 사실은 명확했다. 그뿐만 아니라 강바닥이 퇴적토로 가득 차 있으니, 갈수기[23]에는 물이 말라붙어 강 구실을 못 하는 게 어찌 보면 당연했다. 우기[24]에는 홍수가 생기고, 갈수기에는 물이 없어 생활, 공업, 농업용수 공급에 큰 문제가 있음에도 매년 임시 조치로 끝났다. 속된 말로 그때그때 '땜빵식'으로 그 위기만 넘긴 채 그대로 방치하고 있었다.

그 당시, 문제의 근원은 우리나라의 지형적 특성에서도 찾아볼 수 있었다. 우리나라는 국토의 65%가 산지로 이뤄져 있다. 이는 필연적으로 하천의 경사도를 가파르게 만들 수밖에 없다. 급한 경사면을 따라 형성된 우리나라 5대 국가하천의 경우, 상류 지역의 개발은 토사가 하류로 급격하게 밀려 내려오는 구조적 원인이 되기도 했다.

---

22) 하상 : 하천의 바닥
23) 갈수기 : 명사 한 해 동안에 강물이 가장 적은 시기. 우리나라에서는 겨울철과 봄철이 이에 해당한다.
24) 우기 : 일 년 중 비가 많이 오는 시기.

하지만 치수 개선 사업들이 피상적 대책으로 추진되면서 제방을 높이는 데만 치중했다. 경제 성장기 이전부터 헐벗은 내륙의 산에서 오랜 기간 토사가 흘러 하천에 쌓였고, 경제 성장 과정에선 산지와 초지(草地)가 개발되면서, 다시 토사가 빗물을 타고 유입돼 하천의 퇴적을 심화시키는 악순환을 막기에는 역부족일 수 밖에 없었다. 과다한 퇴적으로 강바닥이 높아지자, 비가 오면 물이 금세 차올라 홍수터인 둔치를 덮어버리고, 수위가 높아지면 제방을 위협하는 것이다. 태풍이 아닌 집중 호우만 와도 홍수가 날 정도였다. 또한 평소에도 강바닥에 물이 없으니 수 생태계도 크게 위협받는 지경에 이르렀다는 게 당시 하도 정비 활성화 기획 감사의 핵심 결론이다. 쉬운 말로 강에 물이 없으니, 물고기도 못 살고 물에 사는 다른 생명체도 찾기 힘들다는 말이다.

농업폐기물로 인해 오염된 하천 (출처 : 국토부 보고서)

폐수 무단 방류로 인한 하천 오염 (출처 : 국토부 보고)

게다가 수년째 지구 곳곳에서는 자연재해가 대형화되는 추세였다. 태풍 '루사'와 '매미'의 경우 약 10조 원 이상의 천문학적 피해를 기록했고, 복구비만도 15조 원에 달했다. 이렇게 피해가 계속된다면 안 써도 될 예산을 쏟아붓게 돼 국가의 경쟁력까지 떨어질 것이라는 암울한 예측도 나왔다. 이런 하천을 근본적으로 바꿔야 한다는 것은 전문가들 사이에 오래전부터 상식이었다. 정부도 해마다 반복되는 풍수해를 최소화하기 위해 지속적으로 하천 정비 사업을 시도해 왔으나, 일부 정치인들과 진보 성향 환경단체들의 경우, 생태계 훼손을 명분으로 비논리적인 반대 투쟁을 함으로써, 사업 시행이 지연되거나 백지화되는 등 풍수해 대책이 단편적이고 소극적으로 이뤄지게 되는 원인을 제공하기도 했다.

그 외에도, 70년대 경제 발전 초기 단계에 실시된 농경지 증대 정책 또한 영향을 미쳤다. 농경지 확보를 위해 하천 둔치에 비닐하우스를 설치하는 곳이 늘어났고, 농경지 증대 정책으로 하천 둔치는 차츰 경작지로 변모해 왔다. 이는 결국 강물의 흐름을 막을 뿐만 아니라 농업폐기물과 퇴비(축분, 닭똥) 등이 태풍, 장마, 집중 호우 시에 강으로 흘러들면서 수질 오염의 주요 원인이 되었다.

무엇보다 경작지가 생김으로써 폭우 때 하천으로 몰려든 물을 받아내야 하는 홍수터의 면적 자체가 잠식됐다는 게 문제였다. 물 흐름도 막게 되었고, 물을 담을 그릇도 작아졌고, 한마디로 홍수만 나면 속수무책인 구조적 요인이 산적해 있다는 것이 현장 조사의 결론이었다.

5. 소형댐 26개보다 효과 좋은 하도정비

해마다 반복되는 수재 상황을 근본적으로 바꾸기 위해 마련한 것이 '국가하천 관리 개선 방안'이다. 2001년 당시 전국 수자원개발 장기 계획에 따르면, 우리나라 댐 건설 계획이 전국적으로 26개였다. 모두 건설하면 5조 3천억 원이 소요되고, 총 6,830만 톤의 물을 확보할 수 있는 것으로 예상됐다. 그러나 하도 정비로 고수부지와 퇴적토를 정비할 경우, 5억 500만 톤의 저장 효과가 있었다. 비용도 3조 7천억 원에 불과했다. 그러니 신규 댐 건설이나 기존 댐 보강 공사비의 70%만으로도 약 8배가 넘는 홍수 조절 능력이 생기는 것으로 감사 결과 분석됐다.

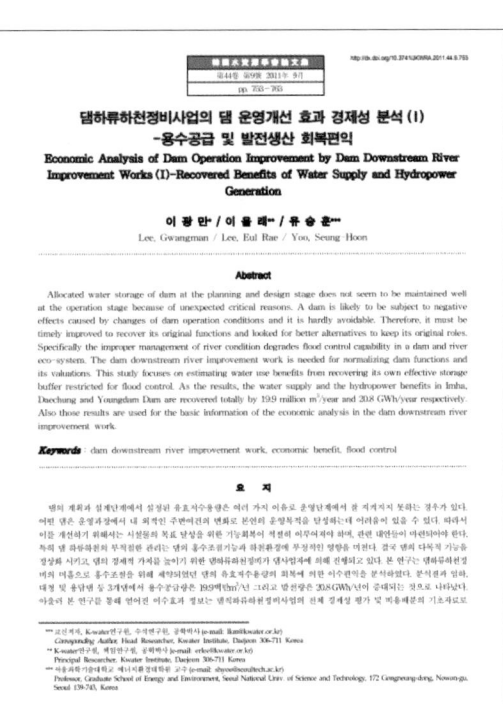

댐 하류 하천 정비 사업의 댐 운영개선 효과
경제성 분석에 대한 논문
(출처 : 유승훈, 이광만, 이을래, 「댐하류하천정비사업의 댐 운영개선 효과 경제성 분석 (II) –경제적 편익 및 비용분담률 분석」, 『한국수자원학회 논문집』, 한국수자원학회, 2011.09, 765-776p.)

CHAPTER_3

평생 꿈꿔왔던
과업이 시작되다

국가지도자의 하천정비 사업의 대한 혜안

평생 꿈꿔왔던 과업이 시작되다
국가지도자의 하천정비 사업의 대한 혜안

1. 4대강 살리기 사업의 씨앗이 뿌려지다

● 잠자고 있던 기획 감사 결과를 소개할 기회를 얻다

2008년 새해가 되자 이명박 정부로 넘어가는 대통령직 인수위원회가 구성되고 행정부 각 부처에서는 인수위 보고 등으로 분주한 분위기였다. 그러나 나는 한직에 근무했으므로, 마음조차도 다소 한가해 좀이 쑤시는 느낌이었다. 따라서 여동생이 살고 있는 필리핀 수빅으로, 아내와 함께 일주일 겨울 휴가를 출발하였다. 필리핀 공항에 도착하여 휴대전화를 열어보니 부재 중 전화가 여러 통이 와 있고 메시지도 많이 와 있었다. 그중에는 대통령 선거 캠프에 있던 박영준 비서에게 온 기록도 있었다. 이명박 대통령 집권 당시 '실세 비서'로 '왕수석'이라 불리며 훗날 정권이 바뀌면서 언론과 정치권에서 많은 시달림을 받은 인물이다. 그러나 4대강 사업추진 시 나에게는 직간접적으로 많은 도움을 준 사람이기도 하다.

필리핀 현지에서 박영준 비서와 통화 연결이 됐다. 박영준 비서로부터, 국토부에서 앞으로 한반도 대운하 사업을 추진할 국장급, 서기관급, 사무관급에서 유능한 3명 정도 인수위원회로 우선 추천하고 필자도 청와대로 출근하라는 전갈이 있었다. 전화를 받는 순간부터 가슴이 쿵쾅쿵쾅 뛰었다. 한편으로는 '일복 많은 놈은 모처럼 받은 휴가도 제대로 찾아 먹지 못하는구나' 하고 신세 한탄도 해보았다. 사안이 시급한지라, 우선 국토부에서 한반도 대운하를 추진할 수 있고 전문성이 있는 현직 공무원 이재붕 국장, 김형렬 서기관, 이정기 사무관을 실무 적임자로 전화상으로 추천하고 필자는 휴가 도중에 귀국하였다. 귀국하자

마자 바로 출근해 우선 그동안 축적해 놓은 자료를 챙겼다. 대통령 공약이었던 한반도 대운하 사업을 성공적으로 수행하려면 그동안의 자료를 정리하고, 보강해야만 했다.

그러나 좌파들의 날조된 광우병 선동 후에 한반도 대운하 사업추진이 무산되고, '4대강 살리기 사업'으로 기사회생한 한반도 최대 국책 사업은 바로 이 순간에 그 씨앗이 뿌려졌다.

이명박 대통령이 대선 후보 시절, 나를 안국동 후보 캠프로 불러 우리나라 하천 실태에 관해 설명을 요청했던 일화는 그 중요성이 컸던 만큼 이 이야기의 첫머리에서 이미 언급한 바 있다. 하지만 몇 가지 구체적인 상황과 당시의 정황 등을 추가하여 이편에서 다시 소개하고자 한다.

앞서 들어가는 말에서도 언급한 바 있지만, 2007년 9월 어느 날, 한나라당 대통령 경선 주자인 이명박 후보 선거 캠프에서 박영준 비서와 김두진 비서로부터 연락이 왔다. 노무현 참여정부 시절의 국가하천 정비 기획 감사 내용을 설명해 달라는 요청과 함께 가능한 한 전문가들을 많이 모시고 오라는 전갈이었다. 아마도 국가하천 정비 기획 감사 보고서를 본 것 같았다. 이명박 대통령 후보는 서울의 중심부에 있는 청계천을 성공적으로 정비하여 국내외에서 두루 호평 받은 바 있었고, 그 당시에 이미 한반도 대운하 건설을 공약으로 내 걸고 있던 터라 우리나라 하천에 대한 과거 정권의 정책 방향과 실태를 적극적으로 파악하는 중이었던 것 같았다.

필자는 한반도 대운하를 하게 된다면 국가하천의 정비는 자동으로 해결될 수 있다는 판단을 하였다. 기획 감사 이후 홍수 피해와 가뭄을 해결할 수 있는 해답은 마련됐지만, 대책은 여전히 서랍에서 잠자고 있었다. '대통령 후보에게 잠자고 있던 기획 감사 결과를 소개할 기회를 얻었구나!' 나는 이명박 대통령 후보를 난생처음 대면할 생각에 몹시 긴장되고 흥분됐다.

대선 캠프 회의실에서 오전 11시부터 30분의 시간을 할애 받았다. 필자와 동행한 설계 엔지니어링 회사 전문가 몇 명이 참석한 자리에서 이명박 대통령 후보에게 직접 만들어간 브리핑 차트로 설명을 하였다. 7~8명의 캠프 관계자들도 배석하였다. 나는 잔뜩 긴장한 채 떨리는 목소리로 설명을 시작했다.

"국가는 국민의 생명과 재산을 보호해야 하는 의무가 있습니다."

"치수 사업은 도로나 철도와 같이 길을 내는 것이 아니므로 단기간에 직접 효과를 보지 못할 수도 있습니다."

"과거의 역사에서 보더라도 치수 사업은 국가 지도자의 의지가 있어야 사업을 성공시킬 수 있습니다."

"또한 우리 국민의 소득이 2만 불 수준에 도달했는데, 하천은 50~60년대 경제 성장 과정에서 그대로 방치되어 홍수에 취약하고, 오염되고, 훼손되어 있습니다. 우리 주변의 하천 환경도 서울의 양재천, 청계천처럼 정비를 해야 합니다."

"과거 정부 시절 수많은 대책을 세웠지만, 제대로 시행된 바 없습니다. 이러한 사업은 국가 지도자의 확고한 의지가 있어야 합니다."

필자는 '국가 지도자'가 어떻고, '대통령'이 어쩌고 하는 도발적 표현까지 서슴지 않았다. 겁도 없이! 브리핑 내내 흥분했다. 30분 시간을 할애받았지만 약 1시간 열변을 토했다. 때로는 덜덜 떨면서, 때로는 나도 모르게 흥분한 채로.

● 현실을 꿰뚫는 이명박 후보의 높은 식견

이명박 후보가 어떤 인물인가?
현대건설이라는 굴지의 기업에서 40여 년간 사원에서부터 사장, 회장까지 역임하면서 국내 및 세계의 건설 시장을 두루 경험한 그 내공이 신의 경지에 이르는 분 아닌가? 나보다 몇 배나 현장 경험과 이론이 다져진 분 아닌가?
가뜩이나 긴장한 채 브리핑하고 있는데, 그가 중간 중간 던지는 질문 하나하나가 나를 더 주눅 들게 하였다. 역시 나보다 생각하는 사고와 수준이 몇 단계 높다는 느낌이 들었다. 질문이라기보다는 이미 알고 있는 내용을 다시 확인하는 느낌이랄까. 예를 들어 이런 식이었다.

"운하 건설을 하면 강바닥이 낮아져 홍수 예방은 저절로 될 것 아닌가?"
"고수부지 비닐하우스를 정리하면 환경오염도 막고 물 흐름도 좋아질 것 아닌가?"
"준설 과정에서 저절로 강바닥의 쓰레기도 건져낼 것 아닌가?"
"청계천을 복원해 보니 저리 시민들이 좋아하고… 청계천 사례처럼 큰 강에 물이 많고 맑아지면 그 자체로 볼거리가 되어 관광 자원이 되지 않겠나?"
"운하 건설을 하면 하천도 정비되고 그동안 골칫거리였던 상습 수재, 오염 문제 등등 모든 것이 한 번에 해결되겠지. 아닌가?"

"어차피 시급히 해야 될 사업이고, 지금 아니라도 언젠가는 누군가 해야 할 사업이라면서!?"

정확한 표현과 다소 차이가 있을지라도 대략 이런 식의 언급이었던 것으로 기억한다. 또한 질문을 하면서 유럽 등 선진 외국의 물관리 상황을 예로 들면서 국내 하천의 문제점을 지적하기까지 하는데, 어떤 부분에서는 브리핑을 하는 나보다 오히려 우리나라 하천에 대한 문제점을 더 깊이 꿰뚫고 있다는 느낌이었다.

필자는 기획 감사 과정에서 전국의 하천을 실제로 두루 돌아다녔고, 고질적인 우리나라 하천의 치수, 이수, 환경, 유지·관리 등에 대한 문제점을 나름대로 통달하고 있다고 자부하기도 했다. 게다가 그 보고서가 나온 지도 2년 남짓 지난 시점이라 기억도 생생한 터였다. 그런데도 이런 느낌을 받았다니, 지금 생각해도 당황스럽지 않을 수 없었다. 당황한 상황에서도 자신 있게 보고를 마치고 나니 후보께서는 마치 알고 있던 내용을 확인한 듯한 표정으로 고개를 끄덕이면서 "수고했어"라고 짧막하게 말했다. 그러면서 지금 가지고 온 보고서와 자료를 줄 수 있느냐고 물었고, 나는 이에 "당연히 여기에 두고 가겠습니다"라고 상기되어 답변했다.

훗날 4대강 사업지원국장으로 국토부에서 4대강 현장을 누빌 때, 대통령과 같은 동지상고 출신이라고 의혹이 제기됐지만, 나는 이때 처음으로 이명박 후보를 대면했다. 그것도 매우 긴장된 채로. 좀 과장해서 말하면 '덜덜 떨면서' 보고한 것이 첫 대면이었을 뿐, 동지상고 인맥이니 토목 커넥션이니 하는 의혹 제기는 수준 이하의 음해일 뿐이었다.

● 한반도 대운하의 꿈

당시 후보는 서울시장 시절 청계천을 정비하여 국민의 지지와 전 세계적 찬사를 한 몸에 받는 상태였다. 그 당시 필자의 느낌으로는, 만약 이분이 대통령이 된다면 과거 약 70년 동안의 산업화 과정에서 훼손되고 오염됐던 우리나라 국가하천의 여러 문제들이 한반도 대운하 건설을 통하여 단칼에 해결될 것만 같았다. 후보의 발언 하나하나도 그런 의지가 역력해 보였다.

이 일이 있은 뒤 10개월 뒤인 2007년 12월 19일 대통령 선거에서 이명박 후보가 대통령에 당선됐다. 10년 진보 정권이 끝나고 보수 정권이라는 정치 사회적 의미도 있었지만, 내게는 뭔가 기대감이 몰려오는 '사건'이었다. 10년간의 진보 정부에 대한 반감과 변화 필요성에 공감한 국민이 보수 진영의 후보에게 표를 던진 것이다. 근본적인 정책 변화에 대한 기대가 사회 전반에 퍼졌다. 하지만 그런 것 못지않게, 말단 공무원으로 일선 현장 바닥에서 시작하여 하천의 수많은 문제점을 보아왔던 필자에게는 하천 분야에서 무언가 실천적인 정책이 나올 것이라는 기대감이 사실상 더 컸다. '대운하' 공약이 있었기 때문이었다.

이명박 당선인의 공약 중에서는 '한반도 대운하 사업'이 핵심 중의 하나라고 할 수 있었고, 정치·사회적 논란을 발생시킬 가능성이 잠재된 커다란 시한폭탄과도 같았다. 당연히 불안한 느낌도 없지 않았다. 실제로 운하는 좁은 국토에서 경제성이 없을 것이라는 우려가 사회 전체적으로 우세했다. 시각에 따라 극단적으로 찬반이 갈리는 정책이었다.

여러 분야의 전문가들이 계산해서 타당성을 내보이거나, 또는 반대 근거를 대며 다투고 있었다. 나는 하천 실무 전문가로선 '대운하'야말로 하천을 제대로 손볼 수 있을 뿐만 아니라 우리나라 물류 운송체계를 획기적으로 바꿀 수 있는 절호의 찬스가 될 것이라는 생각이 앞섰다. 운하의 물류 효과에 대해 여러 상반된 의견들이 교차되는 상황에서, 나는 운하 논란보다는 강(江) 자체에 더 큰 관심이 있었던 것이다. 그래서인지, 대통령 선거 경선 때부터 나는 이명박 후보의 운하 사업에 대해 막연한 기대라도 갖지 않을 수 없었다. 왜냐하면 한반도 대운하 사업은 물류 운송은 물론, 한강. 낙동강. 금강. 영산강의 상류에 위치한 대도시 국민이 운하 물길을 따라 남해로 서해로 드나들 수 있기 때문이다. 우리 국민도 선진국인 유럽이나 미국과 같이 강을 통하여 삶의 질이 한층 달라질 수 있겠구나, 하는 기대감을 가졌던 것은 사실이었다. 무엇보다도, "운하만 완성되면, 그동안 농경지나 마을보다도 높아진 하천 바닥을 다 긁어낼 수 있겠구나" "지긋지긋한 국가하천 주변의 물난리와 물 부족 문제는 한 방에 잡을 수 있겠구나" 이런 생각이 강렬히 들었다. 홍수와 가뭄이 몰아닥친 뒤 현장에 갔을 때, 피해자들에게 천재지변이라고 아무리 설득해도 "정부의 관리 부실"이라며 곡괭이와 낫을 들고 공포 분위기를 조성하고, 멱살잡이로 끌려가 협박을 당했던 악몽의 기억들이 머리에 맴돌았다. 국가의 관리 부실로 몰아가야 피해 보상이 가능하기 때문이었을 것이다. 나는 이런 지옥 같은 상황을 떠올리면서, '하천 정비를 하게 되면 어디를 어떻게 해야 할까' 생각하며 김칫국부터 마시고 있었다.

2007년 12월 19일, 이명박 후보가 당선되고 12월에 인수위가 구성되면서 한반도 대운하 건설 추진을 위한 조직으로 출근 준비를 하라는 전갈이 왔다. 우선적으로 정권 인수위에 필요한 인력도 추천하라는 요구도 있었다. 웬 기회냐 싶었다. 행정 업무 능력과 전문 기술 능력이 있는 국장급(이재붕) 1명, 과장급(김형렬) 1명, 사무관(이정기) 1명을 추천했다. 그리고 필자는 대통령 취임식 전날인 2월 24일에 국토교통부에서 현장 실무전문가로 자격으로 청와대 국정기획 국책과제비서실로 출근하게 되었다.

 이후, 팀원들은 2005년 노무현 정부 당시 전국 국가하천 실태 조사 기획 감사 자료는 물론, 각 분야 전문가와 국가 기관, 민간 연구 기관, 공기업 등에서 연구·검토한 내용들을 망라해, 대운하 추진 기본 골격과, 추진 시 예상되는 문제점 등을 기록한 검토 보고서 작성에 밤잠을 설치며 매진했다.

2. 대통령의 확고한 의지

'정권 초 한반도 대운하 사업 계획이 시련을 겪다가 좌초되고, 다시 4대강 살리기 사업으로 재탄생하는 과정은 다음 장에서 자세히 소개된다. 청와대 팀이 구성된 내용을 소개하는 참에 하천 관리 활용에 대한 대통령의 의지가 강할 수밖에 없었던 단면을 먼저 잠깐 소개한다.

'4대강 살리기 사업'은 대통령의 의지가 컸다. 대통령 자신이 치수(治水, 홍수 방지), 이수(利水, 물 이용), 하천 환경 복원의 필요성 등에 대해 누구보다도 더 잘 알고 있었다. 청계천 복원 사업에 들어갈 예산을 사업 전부터 거의 비슷하게 예측한 것도 대통령이었다. 전 세계의 각종 토목 건설 현장에서 잔뼈가 굵은, 우리나라 건설 성장기의 산증인인 것은 자타가 공인하는 바 아니던가? 한국형 뉴딜 정책인 하천 정비는 그래서 이명박 대통령도 깊은 관심을 가졌을 수밖에 없었고, 정권 핵심 인사들도 상당수 하천 정비에 깊은 관심과 식견이 있었다. 그래서 사업 착수 결정도 어렵지 않았을 것으로 생각했다.

● '일석오(五)조' 국가하천 하도 정비 사업

사실 대통령은 4대강 재해 재난 방지 대책으로써만 하도 정비 사업을 보았던 것은 아니다. 우선 사업 취지에서부터 드러나 있듯이, 글로벌 경제 위기라는 초유의 비상사태에 직면하여 무언가 생산적인 분야에서 돈이 돌게 할 필요가 있었다. 게다가 하천 정비 사업은 일단 완료되면 한두 가지 효과가 나오는 것이 아니다. 홍수 방지는 기본이고, 수십 년간 오염되고 훼손된 하천 환경도 복원되고, 보를 설치하면 약 12억 톤의 수자원을 확보하는 효과도 덤으로 얻을 수 있다. 뿐만 아니라, 국민의 건강 및 정서적 측면이나 관광·레저 자원 개발 측면에서도 큰 효과가 있다. 방치된 하천 둔치를 정비하여 국민의 건강 증진 및 레저·휴양 활동을 위한 공유 자원으로 활용할 수 있고, 중장기적 안목을 가지고 체계적인 개발을 하게 되면 미래 관광·레저 분야의 또 다른 생산 유발 효과로 이어진다는 사실을 대통령이 누구보다도 잘 알고 있었다.

하지만 정권의 핵심 사업이었던 만큼 진보 진영의 반대도 또다시 시작됐다. 그들이 주도한 광우병 미국 소 수입 반대 집회는 점점 커지고, 결국에는 대운하 사업까지 포기해야 하는 지경에 이르렀다. 하지만, 글로벌 금융 위기 확산이라는 국가의 명운이 달린 절체

절명의 순간에 그 예방 대책으로 '4대강 살리기 사업'이 시작되었음에도, 대통령은 가끔씩 '대운하' 구설에 휘말려야 했다. 어떤 행사 자리에서 "선진국에서는 강을 활용해 내륙 물류를 효과적으로 이동시킨다"는 취지로 무심코 이야기하다가 반대 단체의 집중 공격을 받는 적도 있었다. 반대 진영에서는 그런 발언을 빌미로 삼아 "4대강 사업은 대운하의 속임수"라는 식의 공격을 사업추진 기간 내내 해왔다. 따지고 보면 대통령의 이런 발언도 강이 사회 경제에 미치는 광범위한 효과를 세계 곳곳에서 직접 확인한 '전문가' 입장에서, 체험했거나 확인했던 사례를 통해 자연스럽게 소통하려다 보니 생긴 해프닝이라고 할 수 있다.

전문가적 식견을 갖춘 대통령이 아니라도, 사실이지 해외여행을 가본 사람이라면 누구나 마주치는 것이 있다. 미국이나 유럽의 강들은 강이 넓건 좁건 배가 다닌다는 점이다. 수많은 보를 통하여 수위를 조절해 크고 작은 배들이 꼬리를 물면서 상·하류로 화물을 운반하는 것을 볼 수 있다. 뿐만 아니라 전 세계에서 몰려온 관광객들도 실어 나른다. 유럽의 대도시들은 어디나, 각양각색의 배들이 도시 안의 강을 떠다니는 것을 볼 수 있다. 어떤 지역은 화물선이 강 하구에서 깊숙이 위치한 내륙항(內陸港)을 드나드는 게 너무도 일상화되어 있다. 도시 안이건 호수나 강이건, 어김없이 요트와 유람선이 춤을 춘다. 유명 휴양지엔 물이 없는 곳이 없다. 산업화 이전엔 농업을 위한 수자원 확보 차원으로 강이 더 중요했지만, 지금은 농업은 물론 관광 운송 휴양 등 모든 분야에서 강과 하천이 활용된다. 고대 문명만이 아니라 21세기형 도시 문명도 강가에 형성되는 현장은 전 세계 어딜 가도 자연스럽게 확인할 수 있다. 반면 우리나라의 강은 수재 위험만 있는 게 아니라 평소에도 수질이 나빠 악취가 진동하니 물이 있어 유람선을 띄운다 해도 사람이 올 리 없는 처지이다. 과거부터 우리나라 연평균 강우량(약 1300mm)중 70~80%가 우기인 여름에만 비가 집중되어 있고, 그 기간이 아니면 강엔 물이 없어 개천과 다름없다. 그러니 강 주변에서도 농사나 공장에 필요한 물을 양수기로 겨우 뽑아 쓰는 아슬아슬한 형편이다.

● 대통령, 하천 정비 사업의 꿈에 날개를 달아주다

이명박 대통령은 사실 이런 현실을 누구보다 잘 아는 전문가다. 강을 정비하면 수재를 예방할 뿐 아니라, 보를 통해 확보한 물을 활용하니 매년 물 부족으로 난리를 겪지 않아도 된다. 그 외 부차적으로 국민에게 돌아가는 기대 효과는 활용도를 감안할 때 대여섯 가지 또는 그 이상으로 늘어난다는 것을 잘 알고 있었다. 그러니 4대강 사업에 대한 대통령의 의지를 꺾는다는 것은 누구라도 애초부터 불가능했을 것이다. 대통령의 전문가적 식견과 의지로 사업이 추진된다는 점이 국가적으로도 더할 나위 없이 다행스러운 것이리라. 그렇지만 내겐 오랫동안 품어온 하천 정비 사업의 꿈을 실현하게 해준 특별한 지도자라는 점에서 감사하는 마음이 남다를 수밖에 없었다. 대통령의 그런 의지와 식견에 놀라움과 존경심이 들었다. 하지만 나는 그 이전부터 수십 년간 몸소 체험을 통해 이 문제를 겪었던 현장 실무자로서, 대통령과는 조금 다른 각도에서 하천 문제를 세밀하게 알고 있었다고 자부한다.

또한 강이 바뀌면 강 주변에서 수많은 연쇄적 변화가 촉발된다는 점도 대통령과 마찬가지로 일찍부터 체감하고 있었다는 점을 꼭 말하고 싶다. 그러나 실무자가 잘 알고 있었다고 한들, 지도자의 의지가 없으면 혁신적인 변화를 기대하기 난망한 상황인데, 최고 지도자가 굳은 의지로 추진을 결정했으니 그 고마움을 어찌 말로 다 할 수 있을까?

하천의 문제점은 이미 많은 사람이 알고 있었다 하더라도, 개선하기 어려운 특성이 있다. 특히 하천 관련해서는 최고 통치자의 결정이 아니면 아무리 좋은 결과가 예상되어도 전국적으로 실행되기가 어렵다는 것이다. 고속도로 같은 육상 인프라 사업은 지자체 의견이 갈려도 부분적으로 건설해서 사용할 수 있다. 그러나 하천은 부분적으로 정비하면 효과가 제한적이다. 도리어 어떤 구간은 정비를 하고 어떤 구간은 그대로 뒀다간 더 큰 위험에 빠질 가능성이 높다. 이런 특성이 있는 하천을 두고 여러 지자체가 스스로 의견을 조율하기란 사실상 불가능하다. 효과가 당장 나오는 것도 아니고 선거에서 표로 이어지지도 않는다. 그래서 하천 사업은 정치적으로 매력적인 사업이 아니다. 이 때문에 국가에서 최고 통치자가 미래를 보고 결정하고 이끌어갈 수밖에 없는 것이다.

● 일사천리 기구 구성

4대강 사업의 방향이 정해지자 사업은 점점 속도가 붙었다. 여러 지자체장이 모인 자리에서 대통령이 분명하게 강조했듯이 이 사업의 첫째 축은 당면한 글로벌 경제 위기 극복 대책의 일환이었고, 두 번째는 과거 우리나라 경제개발 산업화 과정에서 오염되고 훼손된 채 수십 년 방치된 국가하천을 정비하여 기본적으로 홍수 방지 및 가뭄 해결을 하고, 정비 과정에서 하천 생태계 환경을 복원하면서 복원된 하천 주변의 여유 공간들을 활용, 휴식 및 레저 공간(생태 산책로, 자전거 도로 등)으로 제공하여 국민의 건강 증진을 도모하고, 지역 경제까지 활성화하는 일련의 과정이 이어진다. 종국에는 복합적인 문제를 한꺼번에 해결할 수 있는 꿩 먹고 알 먹는 일석오조(一石五鳥) 이상의 기대 효과가 있었기 때문이다.

● 청와대에서 낙동강 담당 국장으로 보직 이동

2008년 11월경, 국토부 산하 지금의 한강홍수통제소에 4대강 살리기 TF가 구성되었다. 국토부 전문공무원, 건설기술연구원, 엔지니어링 용역사 등에서 전문가 그룹이 집결했고, 필자는 TF팀에 4대강 살리기 개념과 철학을 전파하고, 기본 계획을 수립하기 위해 밤잠을 잊고 업무에 매진했다. 4대강 살리기 추진본부 조직 구성도 착착 진행되었고, TF팀에서 어느 정도 4대강 살리기 사업의 초안이 나오자, 주요 사항들에 관해서는 대통령에게 보고도 이루어졌다. 사업을 본격적으로 추진하려면, 계획 수립과 동시에 현안 과제 및 대처 방안 등에 관해 사전 검토해야 할 사항들만 해도 가히 산더미처럼 많았다. 필자가 판단하기에, 대통령 임기 내에 이 사업을 마무리하려면 더 이상 청와대에서 지시, 감독만 하고 있을 수는 없는 노릇이었다. 국토부로 돌아가서 새로 조직된 4대강 추진본부로 가느냐, 아니면 4대강 사업에서 사업량이 가장 많은 낙동강을 관리하는 부산지방국토관리청으로 가느냐. 또 한 번 선택의 갈림길에 섰다.

이런저런 고민을 하던 와중에도, 필자에게는 부산청으로 가는 것이 1순위였다. 낙동강은 4대강 중에서도 하천 유로(流路)연장이 약580㎞로 가장 길고 사업의 규모 역시 방대했다. 부산청은 낙동강 전 유역을 관리하고 있었기 때문에, 각종 현안 과제가 유형별로 잘 드러나 보일 수 있었고, 그만큼 해결 방안을 직접 마련할 기회도 많을 것으로 판단했다. 물론, 담당 업무의 양과 질이 유별한 만큼 부담도 클 수밖에 없었지만, 조기에 성공적으로 사업을 완료해야만 하는 하천 사업의 특수성을 감안한다면 누군가는 감당해야 할 일이기도 했다. 고심 끝에 부산지방국토관리청 하천국장으로 가기로 했다. 부산청으로 부임하자마자 사업 발주를 위한 현안 사항들을 정리하는 동시에, 계획 기간 내에 사업을 마무리하는 데 혹시라도 장애 요인이 있지나 않은지를 확인하기 위해 정말로 불철주야 일에만 집중, 또 집중했다. 그러는 사이 정부에서도 4대강 사업의 총예산이 정해졌다. 당시 4대강에 투입 예정 예산은 15조 4천억 원이고, 그 외 예산은 4대강 주변에 기존 사업으로 시행 중인 환경부, 농림부 예산이 더해져 22조 3천억 원으로 계획됐다. 환경부, 농림부 예산은 어차피 순차적으로 집행이 계획된 예산이었고, 추가 4대강 예산도 수자원공사에서 부담하는 8조 원을 빼고 나면, 순수 세출 예산은 7조 4천억 원이었다. 어찌 되었든, 국토부에서 주도하는 4대강 사업 예산은 사실상 15조 4천억 원에 불과했다. 이미 몇 차례 언급한 바 있지만, 나는 국토 건설 현장에서 그동안 우리나라의 자연 재난 재해를 참으로 많이도 겪고 또 겪었다.

특히 2002년, 엄청난 폭우를 동반하고 들이닥쳤던 태풍 루사, 이듬해 강한 바람을 동반했던 매미가 연거푸 우리나라를 강타하면서 막대한 인명과 재산 손실을 보아왔던 그 참혹했던 현장에 있었다. 강둑이 붕괴하여 가옥과 농토가 침수되고, 사육하던 소, 돼지 등이 강물에 떠내려가는 광경과 이재민들의 망연자실한 모습들을 직접 내 눈으로 직접 봐야 했다. 주변 공사 현장의 각종 중장비를 총동원하여 피해 현장을 긴급 수습하기도 했고, 침수 현장 강둑 마루에 고립되어 생명의 위협을 느끼면서까지 재난 수습을 위해 악전고투도 해보았다.

이러한 대형 재해가 할퀴고 갈 때마다 정치권과 언론은 근본적인 대책을 세워야 한다면서 온 나라가 떠들썩하도록 정부를 질타한다. 그리고 늘 그래왔듯이, 언론과 정당으로부터 엄청난 비난을 받은 정부는 매번 대책을 수립하고 또 수립한다. 특히, 언론과 정치권의 질타가 빗발치는 그 당시에는 총리실이라든지 혹은 힘 있는 부서에 'OO특별기구'라는 전담 조직을 설치하고, 감사원이나 유관 부서의 전문 인력을 파견 받아 '근본 대책' 혹은 '종합 대책' 수립이라는 명분을 내건다. 자연재해라 하더라도 혹시 인재로 발생한 부분은 없었는지 확인해야 한다면서 '특별 감사'를 실시하고, 어느 정도 시간이 경과하고 나면 드디어 '근본 대책', '종합 대책'이라는 것을 만천하에 내놓고는 한다.

그러나 이를 어쩌랴! 그 다음의 장면 역시도 옛날 영화의 한 장면이었던 것처럼 기시감이 드는 궁극적 결론으로 끝맺음하기가 일쑤였다. 라스트 엔딩! 대책 발표 후 며칠이 지나고 반짝이는 가을 햇볕이 대지 위에 내려앉을 때 즈음이면, 언론도 정치권도 추억하고 싶지 않은 재난의 기억 자체를 조용히 접어 두거나 망각해 버리고 만다. 그래서 결론은 어쨌든 잘 마무리된 해피엔딩으로 포장되지 않았던가.

2002년 노무현 정부가 시작되면서부터는 과거 청산 기치 아래 혁신을 위한 많은 의제들이 등장하였다. 이에 필자는 국가하천에 대한 근본적인 문제점을 심층 조사·분석하여, 실질적인 개선 방안을 도출해야겠다는 내용을 혁신 과제의 일환으로 추진했다. 과제 추진에 대해 장관에게 방침을 받은 후, 주관 부서를 감사관실로 지정하고 필자 스스로 반장의 직무를 맡아 기획 감사를 실시했다. 전국 각 시도에 조사·분석에 관련된 자료협조 공문을 보내고, 관련 공무원들의 실무적인 협조를 받아가며 약 8개월에 걸쳐 전국 하천을 직접 현지 확인하면서 개선 방안을 마련하였던 것이다.

이처럼 현장을 보다 꼼꼼하고 치밀하게 조사·분석하고 확인한 결과 보고서가 바로 '국가하천 하도 정비 활성화 방안'이었다. 이렇게 준비된 분석 자료들과 개선 방안들이 이전의 관행대로 또다시 사장될 뻔도 했다. 하지만, 시대적 소명이 있었기에 '4대강 살리기'라는 이름으로 부활했고, 이명박 정부의 글로벌 금융 위기 타개를 위한 '뉴딜정책 사업'의 일환으로 반영된 것이었다. 4대강 사업의 초기 검토 골격은 그 출발점이 너무나도 분명하다. 재난 현장의 경험과 여러 수많은 실무 공무원들의 헌신적인 협조로 마련된 기획 감사의 핵심 내용이, 훗날 '4대강 살리기 사업'의 골격이 된 것이다.

CHAPTER_4

드디어 때가 왔다

4대강 사업이 국책 사업이 되다

드디어 때가 왔다
4대강 사업이 국책 사업이 되다

1. 광우병 촛불에 녹아버린 '운하'의 꿈

청와대 출근 후 상황은 생각만큼 순탄하지 않았다. 대통령이 취임하자마자 불어 닥친 광우병 촛불 때문이었다. 광우병 촛불 시위는 2008년 4월부터 서울 한복판을 거의 무정부 상태로 만들었다. 1980년대 민주화 운동 이후 최대의 혼란기였다. 당시에도 보수 진영에선 이 사태를 좌파 진영의 우파 공격 차원의 선동이라고 보았다. 온갖 유언비어와 선동이 인터넷 등을 통해 들불처럼 번져나갔다. 촛불의 불씨를 당긴 'MBC PD수첩' 프로그램은 '주저앉는 소' 화면을 내보내 광우병 공포를 자극했다. 이 방송 프로그램은 전국 곳곳으로 공포를 확산시키는 불쏘시개 역할을 했다. 이 화면은 광우병과 상관없는 화면을 이용해 제대로 서지 못하고 주저앉는 소가 마치 광우병에 걸린 소인 것처럼 시청자들에게 인식시킨 '악마의 편집'으로, 훗날 법정에 가기도 했다. 진보 매체들은 먹이를 만난 듯 선동적인 기사를 쏟아냈고, 심지어 광우병 시위 중 누가 맞아 죽었다는 유언비어까지 버젓이 기사화되기도 했다. 수도권은 물론 강원도에서도 원정 시위대가 몰려들었다. 중학생, 유모차 부대까지 광화문 촛불 북새통의 주인공이 됐다.

이렇게 새 정부는 힘을 써보지도 못한 채 초장부터 일격을 맞았다. 많은 정책이 주춤했다. 가뜩이나 찬반 논란이 있었던 운하를 진행시킬 수 있는 동력도 꺼져갔다. 대통령이 청와대 뒷산서 '아침이슬' 노래를 생각했다는 소식이 전해지고, "광우병 난장판을 초기에 제어하지 못해 촛불 세력에 밀렸다"며 보수 진영으로부터도 비난을 받았다.

6월 초 광화문에서 청와대로 들어오는 길에는 시위대가 진입하지 못하도록 경찰버스 차벽이 설치되었고, 연일 시위가 이어지는 바람에 청와대에서 출퇴근하는 것조차 힘들었다. 부슬비가 내리는 늦은 퇴근길에 같이 근무하는 김형렬 행정관과 시위대를 피하여 골목길과 청계천을 따라 10km 이상 걸어서 중랑천으로 나왔다. 북새통을 빠져나왔다는 안도감 때문이었을까? 아니면 갑자기 어린 시절처럼 치기가 돌았던 것일까? 갑자기 김 행정관이 청담동 카페에 용한 점쟁이가 있다는데 하며 운을 뗐다. 시위대를 피해 여기까지 걸어 왔는데, 머리도 식힐 겸 재미 삼아 점집을 찾아가기로 했다. 30분 정도 기다리니 용하다는 점쟁이가 우리가 앉아 있는 테이블로 왔다. 필자에게 "사장님이 점을 보려는 것입니까?" 물었다. "아니요. 내가 볼 것이 아니라 광우병 파동으로 시청광장에서 불만 세력들이 현 정권을 무너뜨리려고 저렇게 시위하고 있는데, 현 정권이 장래에 어떻게 될 것인가를 보러 왔습니다."라고 말했다. 점쟁이 왈, "사장님, 강남 쪽에서 어디 한 곳 촛불 시위하는 것 보았습니까? 이명박 정권은 분명히 성공하는 정권이 될 겁니다. 걱정하지 마십시오." 라고 말하는 것이 아닌가? 또 "내년 6월 이전에는 모든 것이 정상화되고, 이 정권은 성공한 정권으로 남을 것입니다."라고 잘라 말하는 것이다. 답답해서 보는 점이고 보니 잠시나마 가슴이 뚫리는 기분이었지만, 한편으로는 당시 사회가 돌아가는 상황을 보아하니 기가 찰 노릇이 아닐 수 없었다. 얼마나 답답했으면 정권의 성패를 두고 일개 직원인 내가 점을 보러 갔을까.

이튿날 필자와 같이 근무하는 국정기획수석실 비서관, 행정관들과 점심을 먹으며 전날 점을 본 이야기를 하였다. '이명박 정권은 성공한 정권으로 남을 것이다. 내년 6월 이전에는 모든 것이 정상화될 것이다'라고 했다는 말을 전하니 허경옥 비서관이 응수했다. "그러면, 앞으로 1년이라는 시간 동안 어떻게든 더 시달려야 하겠네." 비서관과 행정관들은, "그 점쟁이를 다시 찾아가 "복채를 넉넉히 드릴 테니 정상화 시기를 앞당길 수 있도록 해 달라고 부탁하자"며 농담을 주고받으며 시름을 잠시 덜어 보기도 했다. 좌파 정권에서 우파 정권으로 정권이 바뀌면서 그 당시 청와대에서 근무하는 모든 직원이 얼마나 시달렸으면 이런 에피소드까지 생기고 지금까지도 생각이 나겠는가. 그만큼 그 시절 답답했던 심정을 상징적으로 전해주고 싶어서이다. 결국 대운하 사업은 광우병 촛불로 인해 무산되고 말았다. 그런 상황에 '논란'이 된 정책을 밀어붙일 여력이 없는 상황이 됐다. 그 이후 '한반도 대운하'는 공식적으로 물 건너가게 됐다.

나는 낙심했다. 그 이유는 단순히 운하 중단 때문이 아니었다. 강바닥을 모두 정비할 꿈에 부풀었는데, 완전히 김이 샜다. '운하 계획이 폐기되면서 하천 정비 계획이 다시 흐지부지 되는 것은 아닐까?' 그게 걱정일 뿐이었다. 노무현 정부 때도 정치적 소용돌이에 부푼 꿈이 안개처럼 사라졌으니, 또다시 그때의 악몽이 되살아나는 것만 같았다. 낙심하고 맥 빠진 채

시간을 보내다가, 결국 원 소속인 국토해양부로 원대 복귀해야겠다고 마음먹었다. 당시에도 대운하 사업을 무산시킨 광우병 촛불은 잘 기획된 진보주의자들의 작품이었다는 주장이 일각에서 나오기도 했다. 또 4대강 살리기 사업이 시작되고 나서는 광우병 시위를 주도했던 세력들이 4대강 반대 선동의 선봉에 선 것으로 나는 생각한다.

2. 글로벌 금융 위기가 가져온 4대강 정비

4대강 살리기 사업을 재해 예방 및 환경 개선 사업 등 수많은 선한 목적으로 시행되었다는 것을 아는 국민은 많지만, 이 사업이 뜻밖에도 미국의 리먼 브라더스(Lehman Brothers) 사태 덕분에 시작되었다는 것을 아는 이는 많지 않다. 4대강 살리기 사업의 최초 논의는 미국으로부터 불어 닥친 글로벌 금융 위기를 벗어나기 위한 일종의 긴급 경제 대책 차원에서 시작되었기 때문이다.

'가짜 광우병 촛불 시위' 당시, 나라 밖에서도 우리나라와는 전혀 다른 형태의 위협 요인이 발생했고, 거의 폭발 직전에까지 이르고 있었다. 2008년 8월부터 미국 월가로부터 비롯된 글로벌 금융 위기가 몰아닥쳤다. '광우병 촛불' 사태를 겨우겨우 지나가는가 싶더니, 이번에는 대외적인 위기로 인해 나라의 경제가 곧 파탄날 것 같은 공포감이 또 한 차례 심각하게 몰려왔다. 자칫, 1998년도 IMF 구제 금융 사태 같은 위기가 몰아닥칠 경우, '경제를 살리겠다'는 공약으로 국민에게 선택받은 '경제 대통령'이 이런 국제적 위기에 대처를 못하면 말이 아니게 될 것이기 때문이다. 이렇게 되면 정치, 경제, 사회적으로 총체적인 위기가 닥칠 것은 불을 보듯 뻔한 사실이었다.

나라마다 내수 경제를 살리기 위하여 '금리를 내린다', '화폐를 찍어 낸다' 하며 위기 타개에 골몰했다. 일본은 돈을 국민에게 나눠줘 소비를 진작시킨다는 소식도 들려왔다. 일본 국민이 다시 돈을 안 쓰고 저축을 하니 상품권으로 나눠준다는 이야기도 전해졌다. 우리나라의 사정은 선진국들과는 달랐다. 나눠 줄 돈도 없고, 있다고 해도 그런 방식은 분명 정상적인 대책은 아니었을 것이다. 안팎의 상황은 어려웠고, 갓 정권을 인수한 정부로서는 깊은 고민을 하지 않을 수 없었다. '미국이 기침하면 독감이 걸린다'는 한국의 경제 상황을 고려해 보면, 이와 같은 글로벌 금융 위기 상황은 엎친 데 덮친 격의 시련이었다.

필자의 소속인 국정기획 수석실에서는 뭔가 실물 경제에서 돌파구를 찾아 대안을 내놓아야 할 상황이었다. 1997년, IMF 직전에도 그러했듯 돈이 돌지 않아 유동성 위기에 빠지면 멀쩡한 경제도 파탄날 수 있다는 사실을 우리는 미리 경험했다. 또다시 실물 분야에서 돈이 돌지 않는다면, 대한민국은 걷잡을 수 없는 나락에 다시 빠질 수밖에 없는 상황이 차츰 전개되고 있었다. 이제는 1998년 IMF 위기 당시처럼 국민들이 장롱에서 금붙이를 꺼내 도울 수도 없는 상황이었다. 우선 국내 상황은 내수 경제를 살려 국민의 팍팍한 삶을 활성화시키면서 금융 위기를 넘길 수 있는 방법을 찾아야만 할 상황이다.

앞에서도 서술했지만, 이명박 대통령은 국민에게 경제를 잘 이끌어나갈 경제 대통령으로 지지를 받아 당선되었다. 그러나 세계적인 금융 위기 앞에서 자원이 없는 우리나라의 경우는 솔직히 속수무책 다름없었다. 대통령 주재로 이른바 '지하 벙커 회의'가 매일 열렸다. 각 부처마다 경제 위기를 타개할 아이디어를 모으고, 대책 마련에 연일 골몰했다. 필자도 대통령을 보좌하고 있는 입장에서 난국을 타개하기 위한 아이디어를 내놓아야 했다. 하지만 아이디어가 있다고 해도 대통령께 보고하기까지의 과정이 결코 쉬운 일은 아니었다. 아무리 좋은 대안이 있어도 비서관으로부터 수석비서관 등 모든 보고 계통을 거쳐서 기회를 얻기란 생각보다 어려운 게 현실이었다.

● 뉴딜 정책으로서의 국가하천 정비 사업

당시 필자는 국토 건설 분야에서 제안할 수 있는 아이디어가 여럿 있었지만, 1929년 미국의 대공황(大恐慌) 발생 당시에 추진되었던 '뉴딜 정책(New Deal)'이야말로 우리나라 상황에서 고려해 볼 수 있는 가장 현실적이고 불가피한 대안 중의 하나라는 생각이 들었다. 물론 '뉴딜 정책'이 정치, 경제, 사회, 문화 등 제반 분야에서 현재적(顯在的)으로나 잠재적(潛在的)으로 정확히 어떤 영향을 미쳤는지, 깊은 학술적 논의까지 이해하고 있었던 것은 아니다. 다만 세간에 널리 알려진 바와 같이, 대공황이라는 긴급한 경제적 난국을 타개하기 위해 정부가 경제 활동에 적극 개입해서 경기를 조정해야 한다는 기본 방침을 가지고 있었고, 결과적으로는 미국이 초유의 경제 비상사태를 극복하고 오늘날 초강대국으로 발돋움하는 토대를 만드는 데 일조했다는 정도로 이해하고 있었다. 어쨌든, 전 국토에 골고루 분포된 '국가하천 정비 사업'은 어느 정부가 나서더라도 반드시 해결해야 할 국가 과제임에 틀림이 없었고, 이런 대단위 사업추진을 위해 국가 재정을 동원할 경우 단기적인 내수 경제 활성화 효과뿐만 아니라 중장기적으로 전 국민 대다수가 혜택을 볼 수 있을 것으로 판단했다.

강(江)이란 것이 원래 구조적으로 구불구불해서 전 국토를 두루 지나가게 마련이다. 이는 곧 사업추진의 효과 역시 방방곡곡에 골고루 미친다는 의미로 생각해 볼 수 있다. 언젠가 더 큰돈을 들여서라도 반드시 추진해야 할 국가하천 정비라는 국가 숙원 사업을 완성하는 것뿐 아니라, 위기 상황에 직면한 내수 경제의 활성화 효과까지 기대할 수 있으니, 그야말로 꿩 먹고 알 먹을 수 있는 가장 실효성 높은 사업이라고 필자는 판단했다. 대통령에게 어떻게든 보고가 되기만 하면 그 뜻을 단번에 이해할 것 같았다. 그러나 문제는 어떻게 보고할 것인가였다. 계통을 거쳐 보고하기는 거쳐야 할 단계가 너무 많고 높았다. 하지만 이 아이디어는 꼭 전달되어야만 한다고 생각했기에, 언젠가 대통령께 뜻을 전할 기회 바라보면서 며칠 밤을 새워가며 수도 없이 보고서를 다듬고 또 다듬었다.

그러던 어느 날 보고할 방법을 겨우 찾아냈다. 개인적으로 친분이 있던 민정비서실 김두진 선임행정관이 보고서를 전달해 줄 만한 위치에 있는 것으로 여겨졌고, 필자는 곧장 그에게 찾아가 아이디어를 설명하고 자문을 구하였다. 내용은 대략 다음과 같다.

'한반도 대운하 사업'이 차질 없이 추진되었을 경우, 우리나라 하천 정비는 자동으로 이루어질 것이다. 그러나 현재 대통령 공약인 '한반도 대운하 사업'은 이미 극렬한 반대로 물거품이 된 상태이다. 글로벌 금융 위기를 타개하기 위하여 우선 내수 경제를 살려야 한다. 하지만 정부 입장에서는 일본에서 내수 경제를 살리기 위해 시도했던 바와 같이, 서민들에게 직간접적으로 지원해 줄 수 있는 국가 재정 여력이 그리 넉넉하지는 않을 것이다. 그렇다면 언젠가는 필히 국가에서 예산을 투입하여 추진해야 할 사업이 추진 대상 사업으로 선정되어야 한다. '국가하천 정비 사업'은 언젠가는 추진해야 할 필수 불가결한 사업에 해당한다. 더구나 오래전부터 재해가 발생할 때마다 언론에서도 정비의 필요성을 수없이 제기해 오기도 했다. 강은 구불구불 전 국토를 흐른다. 전국 5대 강(한강, 낙동강, 금강, 영산강, 섬진강)에 하천 정비사업 예산을 투입하여 그 자금이 내수 경제에 흐르기 시작하면, 그 효과는 전국 곳곳에 골고루 확산되어 경기 활성화의 효율성도 매우 높다고 할 것이다. 헛돈 쓰는 것이 아니고 꼭 해야 할 사업을 추진해서 결과물이 남게 되니, 이것만큼 최적의 뉴딜 사업이 또 어디 있겠는가?

● 아이디어, 드디어 대통령에게 전달되다

대통령께 보고서 전달방법을 찾던 중 민정비서실 친인척 담당 김두진 선임행정관에게 상의를 하였다. 자못 심각하게 설명을 들은 다음, 금융 위기타개를 위해 아주 좋은 아이디어이자 대안이 될 수 있을 것이라고 이해했다. 김 행정관과 나는 3장으로 요약했던 보고서를 다시 최대한 압축해서 한 장짜리로 만들었고, 대통령 내실로 전달하는 문서 목록에 포함시켰다. 긴장 속에서 하루가 지나갔다. 아니나 다를까, 그 다음날 오전에 바로 지시가 내려왔다. 필자와 이재붕 선임행정관, 민정비서실 김두진 선임행정관 모두 깜짝 놀랐다. 대통령은 바로 기획재정부장관(강만수), 국토해양부장관(정종환)에게 이 사업의 재정과 사업추진 방안을 즉시 검토해 보라는 지시를 내린 것 같았다. 내 예상이 적중했다. 그런데 이렇게 빨리 핵심 관계부처에 지시까지 이루어지다니! 보고서를 읽은 대통령께서 이렇게 판단하신 것이 아닐까? 즉, 국토 전반에 두루 분포해 있고 언젠가는 반드시 추진해야만 하는 하천 정비 사업을 통해 돈을 풀어 내수 경제를 활성화 하는 한편, 그 파급 효과를 극대화함으로써 글로벌 금융 위기라는 난국을 타개하기 위한 최적의 돌파구를 마련하겠다고 판단한 것이 아닌가 추측된다.

대통령의 지시가 떨어지자 발등에 불이 떨어졌다. 사업추진 실무 부서인 국토해양부의 정종환 장관으로부터 필자가 근무하는 청와대 국책과제 비서관실 이재붕 선임행정관에게 전화 연락이 왔다. 대통령님 지시 사항을 연락받았다면서 담당 수자원 국장을 청와대로 보낼 터이니 상세 내용을 설명해 주라는 내용이었다. 필자와 이재붕 선임행정관은 국토해양부 수자원국장에게 글로벌 금융 위기 극복을 위한 뉴딜 정책 추진의 불가피성과 함께 이번 기회에 국가하천 정비 사업을 추진해야만 하는 이유에 대해 상세하게 설명하였다. 하지만 사업 간 연계성과 사업추진의 불가피성에 대해 심각하게 설명했음에도 국토부 국장의 반응은 시큰둥하기 짝이 없었다. 매년 하천 정비 예산을 투입하여 부분적으로 정비를 해오고 있다는 것이었다. 급기야 이재붕 선임행정관의 언성이 높아지면서 왜 사안의 긴급성과 심각성을 제대로 인지하지 못하냐고 호통을 치는 일까지 벌어지기도 했다. 국가 과제 추진에 대한 업무 이해도가 어느 정도 수준인가에 따라 보는 이의 관점이 얼마나 차이가 날 수 있는 것인지 실감하는 순간이었다.

실무진들이 세부 추진 과제와 방안에 관해 연구하는 동안 국토해양부에서도 인사이동이 있었고, 수자원 국장도 바뀌었다. 청와대와 국토해양부 등 정부 조직 내에서 4대강 사업의 추진을 위한 초기 진용이 차츰 갖춰지기 시작하자 비서진과 실무진 사이에서는 긴박한 회의들이 간단없이 연일 이어졌다. 논의 초기 당시에는 추진 사업의 목표에만 착안하여 '국가하천 정비 사업'이라는 이름이 붙여져 있었다. '4대강 살리기'라는 이름이 생기기 훨씬 이전이었다.

3. 왜 하필 하천 사업이었나

앞서 설명했지만 '4대강 살리기 사업'은 이렇게 2008년 글로벌 금융 위기의 공포가 확산되어 가던 와중에 잉태됐다. 당시 국가 경제 위기 타개를 위한 경제 정책의 전제 조건은 이랬다.

1. 언젠가는 국가에서 꼭 해야 할 사업이어야 한다.
2. 국민 전 계층에 고루 영향을 미쳐야 한다.
3. 전국에 고루 분포되어 내수 효과가 골고루 퍼지는 것이어야 한다.
4. 효과가 일시적이지 않고 지속적이어야 한다.
5. 효과가 신속해야 한다.

이 암묵적인 원칙을 충족시킬 만한 뉴딜 정책 과제는 거의 없어 보였다. 이런 원칙적 측면을 고려해 볼 때, 철도는 적절한 대안이 아니었다. 철도는 노선을 따라 선형으로 형성되어 있고 대부분의 효과가 도시에 집중되는 경향이 있다. 계획과 준비, 건설 기간도 오래 걸린다. 또한, 전국의 철도를 고속철화 하는 장기 구상도 이미 진행 중이었다. 도로도 마찬가지 이유로 더 이상 경기 부양을 할 수 있는 수단은 아니었다. 주택 경기를 부양할 수도 없는 상황이었다. 대부분의 토목 사업은 건설 기간도 길고 효과도 제한적인 것으로 판단됐다. 더욱이 '한번 예산을 나눠 쓰는 일회성 사업'이 아니고, '생산적이고 지속적으로 효과가 나타나는 사업'은 기존 분야에선 찾을 수 없었다.

이런 조건에 딱 맞는 사업을 할 곳은 하천이었다. 실제로, 홍수와 가뭄 때문에 매년 고통을 받고 있었음에도 임시방편으로 대처하고, 근본 대책은 수립·시행되지 못해 왔다. 따라서, 오래된 숙원 과제를 해결하는 동시에 내수 경제 활성화에 기여할 수 있는 사업이라고는 하천 정비 사업 이외에 마땅히 조건을 충족할 만한 사업이 없었다고 판단했다. 특히, 과거 수십 년 전부터 거의 모든 정권이 대대적인 하천 정비의 필요성을 주장해 왔고, 모든 정권이 시도만 하다가 한 번도 제대로 실행에 옮기지 못했던 '국가하천 정비 사업'은 이 조건에 딱 맞았다.

하천 환경을 정비함으로써 홍수를 방지하여 국민의 생명과 재산을 보호해 주고, 물을 확보하여 물 부족에 대비하고, 과거 산업화 과정에서 오염되고 훼손되었던 하천 생태를 복원하고, 강 주변의 공간들을 깨끗하게 정비하여 인근 주민은 물론 다른 지역에 사는 국민에게도 편익을 제공하고 삶의 질을 높일 수 있다면..! 꿩 먹고 알 먹고 알 껍질 까지 우려 먹는 1석5조, 1석10조의 사업이 또 있을까? 또한, 전국에 골고루 분포되어 있는 국가하천의 대대적인 정비는 언젠가는 해야 할 사업을 당겨서 하는 것이니, 전혀 불필요한 예산낭비사업이 아니다. 이보다 더 적절한 사업이 있을까?"

도로처럼 곧게 뻗은 강이 있는가? 강은 생김새 자체가 구불구불 굴곡을 이루면서 수많은 지역을 굽이굽이 지나간다. 전국 대부분의 지역은 5대 주요 강에 직간접적인 영향을 받게 되어 있었다. 5대 강은 한강, 금강, 낙동강, 영산강, 섬진강이었다. 이 주요 하천들은 언젠가는 국가에서 최우선적으로 정비해야 마땅한 곳이었다.

4. 드디어 때가 왔다

● 국가 하천 정비 사업이 국책 사업으로!

필자가 기획 감사를 통하여 노출한 국가하천의 문제점 결과인 '국가하천 하도 정비 활성화 추진 방향'이라는 최종 결과가 글로벌 금융위기 타파하기 위한 국책사업으로 전환되었다.

● '5대강 살리기'가 '4대강 살리기'가 된 이유

사업 방침이 정해지자 마음이 바빠졌다. 수십 년간 근원적이고 체계적인 관리가 부족했던 탓에 시민들로부터 외면 받았던 강을 되돌리는 것이 핵심인 이 사업의 당초 명칭은 '국가하천 하도 정비 사업'이었다. 하지만 어느 날 '4대강 살리기 사업'으로 명칭이 변경되었다. 이름이 바뀌게 된 계기는 나중에 전언으로 들었다. 당, 정, 청 관련 회의 석상에서, 정부 부처의 모 차관이 "(하천 정비 사업으로 명명하면) 너무 공사판을 연상시키는 것 아닌가"라고

한 말이 사업 명칭 변경의 계기가 된 것으로 알려졌다.

5대 국가하천을 정비하는 일이니 5대강 살리기라고 해야 하겠지만, 섬진강은 다른 강에 비해 상대적으로 수질이 깨끗한 편이었다. '강 살리기'라는 이름으로 추진되는 사업에 한 축으로 포함되면 무언가 어색했다. 당초 오염되고 망가진 하천을 정비하는 것을 명분으로 시작한 사업인데 섬진강이 일부라도 포함되고, 이름까지 '강 살리기'라고 하면 사업을 반대하려는 측에서 '죽지 않은 강을 왜 살린다고 파헤치냐'라고 공격해 올 것이 분명했고, 대응이 궁색해질 가능성이 있었다. 결국 '4대강 살리기'로 이름을 붙이고 한강, 낙동강, 금강, 영산강 등 지금의 4대강을 사업의 중심축으로 내세우게 된 것이다. 섬진강은 지리산 자락에서 형성되어 흐르는 탓에 큰 오염원이 거의 없고, 주변 경관도 수려하여 개발을 최소화하기로 의견이 모아졌.

즉, 주민들의 건강 레저공간으로 사용할 수 있도록 자전거 길을 설치하고, 수변공원을 조성하고, 강의 일부를 정비하는 정도까지 사업을 추진하기로 했다. 한강의 북한강 구간도 비슷한 경우이다. 공식 명칭 '한강'은 영월, 충주, 여주, 양평 등을 거쳐 내려오는 세칭 '남한강'과 화천, 춘천, 가평, 양평으로 이어지는 '북한강'을 포함한다. 북한강 구간도 자전거 도로와 수변공원 등 일부 정비가 이뤄졌다. 굳이 북한강을 별도의 강으로 본다면 섬진강과 함께 6대 강 정비 사업이라고 할 수도 있겠다. 내용상으로 북한강의 사업과 섬진강의 사업 내용을 살펴보면, 그동안 전국에서 지속적으로 수행해 온 하천 유지 관리 사업 정도라고 보면 될 것이다.

● 글로벌 금융 위기의 나비 효과

우여곡절 끝에 4대강 살리기 사업의 예산 15조 4천억 원이 책정되었고, 나머지 6조 9천억원은 환경부, 농립부 등의 부서에서 기추진 중인 '수량 확보 및 수질 개선' 관련 예산을 포함하여 전체 22조 3천억 원 규모의 새로운 '국책 사업' 추진이 결정되었다. 이때부터 '4대강 사업'은 '대통령에 대한 공격'의 대상이자 제물이 되었고, 본격적으로 정치적 반대 세력의 '먹잇감'이 되기 시작했다. '4대강'이라는 단어는 곧 이명박 정부의 상징으로 자리 잡았으며, 진보 세력을 중심으로 정권을 공격하기 위한 수단이 되었고, 갖은 트집과 음해에 끊임없이 시달려야만 하는 얄궂은 운명에 직면하게 되었다. 결과적으로 미국에서 시작된 글로벌 금융 위기가 한국에서 대운하 사업 대신 '4대강 살리기'를 추진하는 계기가 되었으니, 지금 돌이켜보면 국민들에게는 뜻밖의 나비 효과였다고 할 수 있다. 하지만 당시에는 미처 깨닫지 못했다.

필자는 2011년 12월, 남한강 이포보에서 4대강 사업의 준공식을 마친 후 공무원으로서의 소임을 다하고 명예퇴직하였다. 개인적으로 추측해 보건대, 4대강 사업 초기 계획 수립 당시에 반대 입장을 가지고 있었고, 인사이동과 관련해서도 사적으로 불편한 심기를 가졌던 인물들이 없지 않았을 것이다. 아마도 그런 사람 중 일부가 훗날 정권이 바뀐 후 진보 성향 언론 등에 4대강 사업을 폄훼하고, 왜곡할 만한 정보를 준 것은 아닐까 하는 의구심을 떨칠 수 없다.

 어찌 되었든, 필자는 정권이 바뀐 뒤인 2013년 박근혜 정부에서도 감사원 감사에 시달리는 신세가 되었고, 2017년 문재인 정부가 집권하면서부터는 4대강 사업 효과에 대한 폄훼가 한층 더 심해져 갔다. 심지어 홍수 방지와 물 이용을 위해 건설된 보의 철거를 주장하는 등, 4대강 사업을 둘러싼 논란이 더욱 거세졌다. 필자의 경우, 퇴직한 후 8년이 지난 2019년까지 감사원 감사와 진보 언론의 추적에 시달려야 했고, 이로 인해 개인 생활의 말 못할 피해가 이만저만이 아니었다.

CHAPTER_5

정치권,
반대를 위한 반대

4대강 사업을 반대하는 이들과의 논쟁과 입증

정치권과
시민단체의 반대
4대강 사업을 반대하는 이들과의 논쟁과 입증 · 반대를 반대하다

1. 예기치 못한 복병들

● 일부 정치인, 시민단체 악의적 프레임,
'4대강 사업'이 '한반도 대운하 위장 사업이라고'?

호사다마(好事多魔)라고 했던가? 좋은 일에 마가 끼는 법일까? 어떤 일에나 뜻하지 않은 상황이 벌어져 곤란을 겪게 되는 것은 일을 추진하다 보면 흔히 겪게 마련이다. 한편, 달리 생각해보면 아무 일 없이 일이 잘 되기만 한다면 인생이 얼마나 재미없을 것인가 싶기도 하다.

나는 사실 4대강 사업에 참여하면서, 공무원으로 33년 동안 겪은 것보다 더 많은 일을 경험했다. 국가사업을 하다 보면 실무자들이 겪는 고초는 많다. 사업 중 일어나는 통상적인 사고 처리도 괴로운 일이지만, 사업을 시작해 보기도 전에 겪게 되는 민원이야말로 정신적으로 가장 큰 고초이다. 때문에 어떤 사업의 경우, 골치 아픈 악성 민원은 그대로 갖고 있다가 시간이 흘러 다음 실무자에게 넌지시 떠넘기는 일도 없지 않다.

하지만 예산 규모에 따라 연차적으로 장기간 수행하는 사업과 달리, 4대강 사업은 자연재해를 대비하기 위한 사상 최대 규모의 사업으로, 최단기간(2009~2011년)인 3년 내에 준공하도록 계획된 대통령의 국책 사업이었다. 언젠가 어느 정부에서라도 전 국토에 골고루 분포되어 있는 국가하천 정비에 국가 예산을 투입해야만 하는 사업이었으며, 내수 경제 활성화라는 당장의 시급한 국가 현안을 해결할 수 있는 사업이면서 동시에 국민 다수가 혜택을 받을 수 있는 사업으로 판단했던 것이다. 따라서 정권의 명운을 걸로 추진해야 하고, 정권 임기 내에 끝내야 한다고 판단한 것이다.

예상한 대로, 야당과 진보 언론 및 시민단체들은 4대강 사업이 한반도 대운하 사업의 위장 사업이라고 몰아붙이며 극렬 반대를 외치기 시작했다. 하지만, 이런 저항은 옳고 그름의 시시비비를 가리기 이전에, 정부가 설득하면서 풀고 가야 할 운명적인 요소도 없지 않다. 준공일이 정해졌으니 반대하는 쪽에서도 극렬하게 나올 수밖에 없었을 것이다. 그러나 정부 입장에서는 반대에 밀려 사업추진을 주춤거린다거나 실제로 사업 자체가 심각하게 지연되는 사태를 맞이할 경우, 예상치 못한 손실이 발생하는 만큼 더 많은 추가 예산이 투입되어야 함을 의미한다. 그러니 정부에서도 반대에 마냥 밀리고 있을 수만은 없는 노릇이다. 결국, 심한 반대가 있더라도 국가 장래를 위해서는 사업추진이 필연적인 수순이라고 판단할 수밖에 없었을 것이다.

야당과 진보 언론과 반대 단체들이 '불통(不通)이다' '밀어붙이기다'라며 정부를 원색적으로 비난하더라도, 사업추진의 필요성과 당위성에 대한 확신이 섰다면 '해야 할 일은 해야 한다는 것'이 국정을 책임지는 바른 자세가 아닐까? 이미 국회에서 통과된 예산을 가지고 합법적으로 진행하는 사업이기도 했다. 그러니 더 이상 주저하고 있을 수는 없었으리라.

사실, 4대강 사업은 반대 단체와의 갈등보다도 언론의 '오해'가 더 큰 문제였다. 반대 단체의 주장은 전문가들 사이에서 이미 설득력이 부족하다는 평가가 나온 것들이니 논리 대결에는 문제가 없었다. 그러나 언론을 통해 잘못 알려진 내용을 바로잡기는 참으로 힘든 일이었다. 물론 일부 매체는 '오해' 했다기보다 일부러 '작정하고' 반대 논리를 전파하거나 잘못된 논리를 만들기까지 했다고 당시에 생각했다. 어찌 되었건, 한반도 대운하 사업이 중단된 이후 새롭게 추진되었던 4대강 살리기 사업에 대한 언론의 보도 태도는 언론사별 지향점에 따라 극명하게 다른 모습을 보였다. 사업 초기 단계에서 조선, 중앙, 동아 등 이른바 보수 언론들은 비교적 신중한 입장을 견지했으나, 한겨레, 경향 등의 진보 언론들은 반대 입장을 분명히 하였다. 예를 들어, 조선일보의 경우 2010년 4월경에 4대강 살리기 사업에 대한 기획 기사를 10회에 걸쳐 보도하기도 했고, 동아일보는 2010년 12월 물 산업에 대한 심층 기획 보도를 통해 4대강 살리기 사업의 타당성 검증을 시도하기도 했다.

● 반대 단체와 반대 언론의 침소봉대 식 반대 논리

하지만, 4대강 살리기 사업을 처음부터 반대하려 했던 언론의 보도 행태는 거의 일방적이었다. 보도의 시각뿐 아니라 사실 관계에 있어서도 왜곡 사례가 흔했다. 특정 매체들의 반대 입장 이면에는 4대강 살리기 사업의 반대를 주도하던 일부 '학자'와 '시민운동가'들이 조직적으로 연계된 것이 아닌가 하는 의구심을 지울 수 없었다. 이를테면, 거의 모든 반대 논조의 기사들에서 전문성이 부족해 보이는 특정 학자나 특정 시민단체 관련 인사들의 의견이 인용되었으며, 때로는 이들 스스로 일부 언론에 반대 의견을 적극적으로 기고하기도 했다. 한겨레와 경향신문을 필두로 내일신문 등의 중앙지는 연일 4대강 반대 관련기사를 실었다. 경우에 따라서는 하루에 7건의 4대강 관련 기사를 싣기도 하였다.(한겨레, 2011.5.31.)

한겨레 4대강 반대 기사

안전지침은 말 뿐이었다
4대강 사업으로 습지 훼손된 금강
아빠는 4대강에 묻혔다
공사 서둘러 공정률 높일 때 사고 터졌고 13명이 숨졌다
'4대강 반대 소신공양' 문수스님 1주기 추모식
KBS 기자 "국민 80%가 동의하는 것만 보도하라니..."
PD수첩 시청률 1위는 '4대강'편

디지털 미디어 시대의 도래와 함께 차츰 그 영역을 확장해 가고 있던 인터넷 공간에서도 역시 반대와 찬성이 극명하게 갈렸다. 한겨레신문이나 경향신문과 같은 매체들은 4대강 사업에 대한 우려와 부정적인 견해가 주류를 이루었으며, 조선일보나 뉴데일리 등은 반대 매체의 보도에 대해 부당성을 지적하거나 사업에 대한 긍정적 견해를 피력하는 식이었다.

그러나 사업추진 초기 단계를 지나고 사업의 성과가 가시적으로 나타나기 시작하면서 언론의 보도 태도는 미묘한 변화를 보였다. 특히, 2011년 집중 호우 발생 이후에 4대강 사업의 홍수예방 효과가 가시적으로 입증되면서, 그동안 다소 신중한 입장을 보이던 일부 언론들이 4대강 사업의 긍정적 효과에 대한 우호적 기사를 내놓기 시작하였다. 하지만, 반대 여론을 주도하던 언론들의 입장은 요지부동이었다. 사업의 긍정적 효과를 부정하는 보도를 지속하여, 공정 보도와 균형 보도라는 측면에서 언론의 사회적 책임에 대해 의문을 갖게 했다.

반대 단체는 적극적으로 언론을 이용했고, 언론은 또 이들 반대 단체와 특정 인물들의 입을 통해 반대 여론 형성을 주도하는 상황이 사업추진 기간 내내 반복되었다. 이런 상황에서 국민은 대다수 언론 매체가 대체로 반대하는 듯한 느낌을 받게 되지 않았을까? 국민의 입장에서 볼 때 명백하게 참과 거짓을 당장 구분하기 어려운 상황이 전개될 경우, 목소리가 큰 쪽, 주장이 선명한 쪽으로 기울게 마련이다. 찬성과 반대 입장에 선 언론 이외에 대체로 중립적 입장을 유지하고자 했던 매체들의 경우, 부분적으로는 사업에 대한 오해로 부정확한 기사를 낼 수도 있었을 것으로 생각한다. 하지만, 언론을 통해 보도되었다는 사실 만으로도, 부분적인 문제 부풀리기는 일반 국민에게 과도하고 자극적인 공포감을 증폭시킬 수 있었으리라. 의도했던 그렇지 않았든 간에 내가 보기에 결과적으로는 그랬다.

환경단체나 반대 단체 등이 중심이 되어 각종 소송을 제기하고, 소송이 제기된 사실이나 소송의 내용을 이슈화하면서 쟁점은 확대되고 논란은 계속 증폭되었다. 잘못된 내용이나 그들만의 주장을 부각시켜 이슈화하고, 소송이 시작된 뒤에는 '소송했다'는 내용으로 다시 부각시키고, 그 뒤에는 정치권에서 또다시 재이슈화하는 패턴이 '앵무새 사람 말 따라 하기'처럼 꾸준히 반복되는 듯했다. 어찌 되었든, 언론이 계속 기사화하는 것이 걱정이었다. 국민이 언론에 대해 가지고 있는 공신력을 감안해 볼 때, 설사 부분적이라 하더라도 '언론의 오해'는 가장 많이 신경이 쓰였다.

대표적으로 반대 뉴스를 쏟아낸 한겨레와 경향신문은 언론의 사회적 감시 기능이나 비판보도의 필요성을 십분 감안한다고 하더라도, '4대강 사업은 한반도 대운하를 하기 위한 꼼수'라는 프레임(frame)을 설정해 놓고 줄기차게 몰아붙였다. 이른바 진보 성향 매체로 알려진 미디어만 그런 건 아니었다. 주요 언론들도 악성 왜곡까지는 아니어도 교묘하게 반대 분위기에 편승하는 사례가 많았다. 일부 방송은 더했다. '녹색뉴딜은 희망인가', '4대강 살리기 사업 논란', '4대강 살리기, 홍수와 가뭄을 근본적으로 해결할 것인가?', '4대강 사업, 예산낭비 없이 국민에게 혜택을 줄 것인가?', '다시 불붙는 4대강 살리기 사업 논란', '4대강 수심 6m의 비밀', '4대강 부실공사 논란' 등등, 제목만 보면 그럴싸한데 실제 내용에는 사업과 관련한 왜곡과 침소봉대가 교묘하게 자리 잡고 있었으니, 일반 국민의 입장에서 볼 때 프레이밍(framing) 당하지 않을 방법이 있었을까 싶다. 원래 영상이미지의 특성상 글자보다 훨씬 직관적이고 자극적일 수 있다고 한다. 이런 방송 프로그램을 시청한 국민이 4대강 사업에 대한 오해를 사업추진 기간 내내 쌓아가고 있었을 것이라 생각하면 지금도 가슴이 답답하고 화가 난다.

2. '4대강 사업'에 대한 초기 반응

● 광역지방자치단체장들의 반응

결론부터 이야기하자면, 사업추진 초기에 야당 소속 일부 단체장만 빼고 각 지방자치단체장들의 입장은 대체로 '4대강 사업'에 대해 긍정적이었다. 영산강 유역인 전라남도의 박준영 지사는 야당 소속이면서도 "영산강 정비 사업은 도지사 출마 공약 사업이었다. 다른 강 사업은 몰라도 영산강은 우선 추진해달라"라고 적극적인 태도로 나왔다. 낙동강 유역권인 영남지역 경북지사(김관용), 경남지사(김태호), 대구시장(김범일), 부산광역시장(허남식), 울산시장(박맹우)은 "홍수와 물 부족 문제는 낙동강 유역이 제일 심각하다. 낙동강 사업을 추진하지 않을 시 영남 주민들 모두 청와대로 쳐들어가겠다"라고 엄포를 놓으며 4대강 중 낙동강 정비를 우선적으로 요구하였다. 금강 유역인 충청지역 정치권과 주민들은 화투 놀이에 빗대어 "충청도는 흑싸리 쭉정이냐? 금강 살리기를 하지 않으면 좌시하지 않을 것이다"라고 했다는 여론이 지방청으로부터 들려왔다.

● 불교계의 반응: 반대에서 지지로!

사업추진 초기, 낙동강 인근 지역의 불교계 내에서도 일부 반대 움직임이 있다는 소식이 전해졌다. 그러나 '09년 09월 18일 부산시에 위치한 범어사 주지인 '정여(正如)스님' 등 부산권 주변지역 사찰 주지스님 18명이 낙동강 하구언 현장으로 초청하였다. 선박과 차량으로 활용하여 낙동강 부산, 경남지역 현장의 실태를 살펴보고 나서는 반대 생각과 움직임이 달라졌다고 한다. 당시에 낙동강 하천 둔치는 각종영농을 위하여 온통 비닐하우스 밭이 되다시피 했을 뿐만 아니라 하천내의 경작으로 인해 축분이나 계분 등 온갖 퇴비들이 방치되고 영농폐기물들이 산더미처럼 쌓인 심각한 광경을 직접 목도한 후, 영남불교계 스님들도 4대강 사업의 필요성을 인정했다. 그리고 이후 영남불교계 주류의 반대 목소리도 잠잠해졌다.

물론, 영남 불교계의 목소리가 전체 불교계의 반응을 대변하는 것은 아니었다. 2010년 5월경, 4대강 사업을 반대해 온 한 스님의 분신 사건이 발생했고, 이를 계기로 삼아 그해 7월에는 스님들의 대규모 시국선언이 발표되기도 했다. 하지만, 그 내용을 찬찬히 살펴보면 맹목적이고 무조건적인 반대라기보다 '시범지역을 정하여 타당성 판단을 해보자', '충분한 국민적 동의를 확보하라', '환경파괴적인 무분별 개발에는 반대 한다' 등 나름의 대안과 국론 분열에 대한 염려가 느껴지는 대목들이 있었다.

"낙동강살리기 사업" 설명 광경

사업 설명 후 휘호증정 광경

김해지구 현장실태 설명 광경

하구둑전망대에서 현장설명 광경

정부가 대규모 국책 사업을 계획하고 추진하면서 환경 파괴를 목적으로 했겠는가? 그리고 가능한 다수 국민의 동의를 확보 한다는 것이 국책 사업을 추진함에 있어서 얼마나 중요한지 우리 모두 모를 리 없다. 다만, '충분한 동의'가 어느 정도를 의미하는지, '무분별 개발'이라는 말이 어떻게 선택적으로 해석되는지, 나는 사실과 진실과 우리를 둘러싼 '현실 인식의 재구성'이 서로 달라 보였기 때문이었을 것이라고 생각한다.

● 경부고속철도 반대 승려 지율이도 나섰다

'불교계'라고 꼭 표현할 수는 없지만, 4대강 사업 현장을 누비며 사업 진행을 방해하고, 이런 행위를 외부로 왜곡해서 전달하며 스피커 역할을 했던 한 승려는 사업 기간 내내 현장 실무진들을 괴롭게 했다. 이 승려는 2003년 9월에 정부가 천성산을 관통하는 서울-부산 간 고속철도(KTX) 노선을 확정하자 천성산에 서식하는 도롱뇽을 보호해야 한다는 명분으로 터널 건설을 적극 반대하고 나섰던 승려이다. 그해 10월에 '도롱뇽의 친구들'(원고 도롱뇽)이라는 이름으로 고속철도 천성산 구간 공사 및 착공 금지 가처분 신청을 제기하기도 했고, 오랫동안 단식 농성을 하며 거의 6개월간 공사를 중단시켜, 직접 피해액만 145억 원에 달할 정도로 엄청난 피해를 주었던 이력이 있다. 2010년 터널이 개통되고 8년이 지난 후인 2018년 10월, 조선일보에서 천성산 일대를 취재한 기사를 실었는데, 고속철도 개통 이후 천성산의 생태계가 파괴되기는커녕 도롱뇽과 습지 동식물이 번성하고 있더라고 한 것을 보면 참으로 아이러니하다.

한겨레신문은 4대강 사업과 관련해서 사업 초기 안동 구담보 관련 사진을 게재했다. 구담습지 공사 전후 사진이라며 그의 주장으로 소개하는 사진을 실었는데, 이는 편향된 각도에서 찍어서 마치 어마어마한 파괴가 일어난 것처럼 보이도록 한 자극적인 내용이었다. 나중에 이는 잘못된 기사라는 것이 판명되어 반론 보도로까지 이어졌다. 그리고 또 낙단보 주변 공사 현장에서 발견된 마애석불 구멍 사고에 관해서도 억지 주장을 펼치기까지 했다. 극단적이고 자극적이고 과격한 환경주의가 몰고 오는 사회적 폐단에 대해 다시 한 번 생각해 보게 된다.

3. 정치계, 종교계, 언론계의 진실 왜곡

공무원이 언론에 대해 언급하는 것은 보통 각오가 아니면 불가능하다. 국가 기관이나 권력 기관에 대한 사회적 감시 기능 또한 언론의 주요 역할 중 하나이니, 언론 매체의 보도 관점이나 시각을 왈가왈부하는 것 역시 일반적인 공무원의 태도가 아니라는 점 역시 충분히 동의한다. 그런 측면에서 필자가 지금부터 하려는 이야기는 언론의 존재 이유나 본질에 대한 논의가 아니라는 점을 미리 밝힌다. 악의적인 '억지보도'로 마음 고생했던 일들을 한참의 세월이 지나서 일부나마 기록으로 남기는 것이라 봐 준다면 좋겠다.

사실, 언론의 입장에서 볼 때 '4대강 사업'은 사상 최대의 큰 판 중의 하나가 벌어진 셈이라고 할만 했다. 대개의 사건, 사고들은 길어도 수개월이면 취재 대상으로서의 가치가 소멸하게 마련이다. 한동안 이슈 자체를 불태울 듯이 집중되었던 언론의 관심도 차츰 시들해지면 또 다른 이슈로 몰려가 취재 경쟁에 불이 붙는다. 대개 그래왔다. 하지만, '4대강 사업'은 그렇지 않았다. 사업 구간도 아주 넓었고, 소재도 다양했으며 등장인물도 차고 넘쳤다. 관련 이슈가 하나 등장하면 종교계, 학계, 정치계 모두 제각각 한 소리씩 한다. 쉴 새 없이 새로운 말이 나오고, 꼬리에 꼬리를 무는 것처럼 연쇄적 반응이 일어나다 보니 언론으로서는 그럴듯한 '취재거리'가 화수분처럼 생겼을 수도 있겠다.

그러나 일부 매체의 보도는 정상적인 언론이라기보다 괴담을 옮기는 수준에 불과했다. 배추 값 폭등, 침수 사고, 물고기 떼죽음, 흙탕물 재앙, 물고기 몰살 등 자극적인 말들로 가득 찬 기사들은 정제되지 않은 채 인터넷 언론, 블로그, 트위터 등 다양한 매체들을 망라해서 떠돌아다녔다. 뉴미디어나 SNS에서만 그런 것이 아니라, 신문, 방송 등 전통적인 미디어들도 마찬가지였다는 점이 화가 났다. 사실 보도를 기반으로 하여 정확성, 균형성, 객관성이라는 저널리즘 본연의 가치를 추구했어야 할 언론은 현실적으로 그렇지 않았다.

진실 추구와는 무관해 보이는 수준 낮은 기사들이 유통되는 사례를 들자면 대개 이런 식이다. 가령, 환경단체의 미확인 주장을 근거로 정치인이 한마디 던지면 진보 매체가 대서특필하고, 여러 인터넷 매체들과 개인들이 디지털 공간에 복사하듯 옮겨 적었다. 정치인이 어느 자리에서 한번 했던 말을 다른 정치인이 옮기면 그 말도 다시 기사화되고, 거기에 또 말의 말이 덧붙는 식이었다. 이 신문에서 떠들다 사그라든 내용이 저 신문에 또 나오니, 두더지 잡기 게임도 아니고 정말 미칠 노릇이었다. 사실(facts)을 전한다고 해서 항상 진실(truths)이 드러나고 알려지는 것은 아니겠지만, 그래도 언론이 객관적일 것이라는 막연한 신뢰감이, 기사거리가 생산되고 유통되는 현실 앞에서는 속절없이 무너지는 느낌이었다.

언론에 비친 바대로 이야기하자면, 종교인들의 반대는 실로 집요했다. 그런데 종교적 차원에서 반대하는 것이 아니라, 특정 종교인 개인이 반대하는 언행을 보이면 진보 매체 혹은 반대 매체가 이를 여과 없이 전달하는 방식으로 이뤄지는 보도가 많았다. 그렇다고 해서 '종교인의 반응'에 대해 섣불리 대응하기도 어렵거니와 실제로 거의 불가능했다. 야당과 반대 단체는 명동성당에서 반대 시위를 하기도 했고, 어떤 사람들은 삭발식을 거행했다. 대부분 언론이 이들의 사회적 영향력이나 저명성 등으로 인해 그 동향이나 개인적 발언까지도 상세히 보도하는 편이었다. 반대 측에서는 더더욱 감성적인 방법으로 이슈화를 시도하고, 언론은 자극적인 이미지나 영상과 함께 보도하게 되다 보니, 세간의 여론이 점점 불리하게 돌아간다는 보고가 연일 올라오고 있었다. 한마디로 분통 터질 노릇이었다.

누군가의 의도와 뜻이 좋다고 해서, 실제 행위에 대한 평가까지 모두 정당화할 수는 없지 않은가? 종교적 경험을 가지고 어떻게 과학기술을 평가한다는 말인가? 나는 그저 답답하기만 했다. 어떤 이는 성서(聖書)까지 멋대로 해석하며 4대강 사업 반대 논리를 주장했다. 이 중 목사라고도 알려진 한 인사는 진보 성향 인터넷 신문에 연일 말도 안 되는 기고를 하기도 했고, 심지어 한 토론회에서 4대강 사업의 수자원 확보 효과를 반박하며, "(우리나라가) 세숫물, 밥 짓는 물 모자랐냐? (우리는) 물 부족 국가가 아니다"라는 황당 주장까지 서슴없이 해 실소를 자아내기도 했다. 더군다나 이분은 '4대강 사업이 완공되면, 한강처럼 깊어진 강물에 자살도 늘어날 것'이라는 내용을 언론에 올려서 쓴웃음을 짓게 하기도 했다. 그뿐만이 아니었다. 사업 초기엔 강변의 금모래가 사라진다고 주장하더니, 사업 종료 무렵 즈음하여 준설한 강변에 모래톱이 생겨나자 '준설하나마나라는 듯이 모래톱이 생겨났다'라고 비판하는 글을 인터넷 신문에 올리기도 했다. 물론 어떤 목사님은 이들의 주장을 반박해 "성서의 내용대로 하더라도 4대강 사업은 정당하다"는 의견을 보내오기도 했었다. 하지만 소수 의견이었기 때문이든 혹은 콘텐츠의 제작·유통 환경에 잘 맞지 않아서였든 간에, 언론의 주목을 받지 못해 그저 안타까울 뿐이었다.

서울에서만 반대하는 게 아니었다. 앞서 언급한 바 있지만 극렬한 반대 인사였던 승려 지율은 낙동강 공사 현장을 지나다니며 공사 관계자들을 긴장시키곤 했다. 상주, 구미까지 오가며 반대 매체에 기행문을 쓰듯 기사도 올렸다. 본인이 쓴 것인지, 매체에서 그의 이름을 빌려 구성한 것인지는 몰라도 언론을 통해 낙동강의 소식은 부정적으로만 전국에 퍼져나갔다. 천성산 도롱뇽 사건으로 지율의 주장에 동조하는 국민이 사실상 많지는 않았을 것으로 생각했지만, 4대강 사업을 반대하는 매체에서는 그의 글을 수시로 옮기거나 기사화하는 등 여간 신경 쓰이는 게 아니었다. 천주교의 어느 성당은 주말마다 한강 여주 이포보 강천보 현장까지 신도들을 데리고 와 반대 시위를 했다. 공사 현장은 이들 불청객으로 북새통이었다. 심지어 어린이들까지 데리고 왔다. 여주 강천보 현장의 현대건설 관계자는 현장의 작업보다도, 주말에 종교인 반대 시위자들을 맞이하는 게 몇 배나 힘든 일이라고 푸념했다. 이런 시위자들 때문에 '일 못 해 먹겠다'라는 현장 관계자들의 호소가 거의 매일같이 올라왔다.

하지만 어찌하겠는가! 내가 할 수 있는 말은 "기다려라", "참아라"밖에는 없었다. 무엇보다도 종교계 인사들과 신도들, 그리고 현장 관계자들 사이에 예기치 못한 충돌이라도 발생한다면 또 다른 빌미가 될 것이 뻔했고, 말할 나위도 없이 더 큰 일이 일어날 수 있었기 때문이다.

명동성당 종교인들 집회 사진

〈출처 : 송진식·김지환 기자, 「4대강 사업 민주주의 부정」 명동성당서 시국미사」, 『경향신문』, 2010년 05월 11일 01:17) https://www.khan.co.kr/article/201005101823145

4. 정치인들의 정치공학적 셈법

2010년 6월 지방선거에서 야당이 승리하자 야권에서는 선거 결과가 마치 '4대강 사업'에 대한 심판인양 여세를 몰아 반대 투쟁에 열을 올렸다. 대표적인 반대 인사는 민주당계이지만 무소속으로 출마해서 당선된 김두관 경남도지사였다. 하지만, 당시 야당 소속이었던 안희정 충남도지사의 경우는 대처 방식이 조금 달랐다. 민주당의 당론에 따라 언론 등에 외부적으로는 반대 의사를 표명하는 척하면서도 실질적으로는 담당 공무원 등을 통하여 사업 진행에 큰 문제가 없도록 협조하는 분위기였다.

지방선거 이후 선거 결과에 대한 해석을 두고 갑론을박하며 그렇게 한 달 이상이 흘러갔다. 다행히 우기(雨期)여서 하천 내 주요 공사를 이미 중단했기 때문에 공정상의 큰 피해는 없었다. 그러나 우기가 끝나고 본격적인 여름철이 시작되면 작업에 차질이 생길 것으로 예상됐다. 경상남도의 경우, 낙동강 지류인 남강 47공구는 여전히 사업 발주도 안 된 상태였고, 낙동강 본류 7공구, 8공구, 9공구, 10공구 등 김해, 양산시 구간은 그냥 그렇게 세월만 보내고 있었다. 뭔가 분명한 대책이 있어야만 했다. 때마침 2010년 7월 28일 재보궐 선거에서 기존의 예상을 뒤엎고 한나라당이 승리했다. 서울 은평구을 선거구의 이재오 당선자 등을 포함하여 전국 8곳 재보궐 선거에서 여당이 5곳을 이겼고, 지방선거 패배의 후유증에서 벗어나 하반기 정국 주도의 계기가 마련되었다. 이런 분위기를 살려 김희국 4대강 살리기 추진본부 부본부장이 언론에 최후통첩 방침을 흘렸다. "경남과 충남이 국토해양부로부터 위임받은 4대강 공사를 할지 말지 8월 6일까지 답변해야 한다"는 내용이었다. 실제로 국토해양부에서는 29일 부산지방국토청장 명의로 경상남도에, 30일에는 대전지방국토청장 명의로 충청남도에 관련 공문을 보냈다. 두 지자체장에게 사실상 '최후통첩공문'인 셈이다. 김희국 부본부장은 "경남과 충남이 4대강 공사를 정당한 이유 없이 거부할 경우 계약조건 불이행에 따른 책임도 물을 것"이라는 취지를 밝히기도 했다.

● 실속 차린 충남지사 안희정

안희정 지사는 다소 유연했다. 8월 1일엔 트위터에 "최후 통첩하듯 공문 한 장 보내는 정부가 무례하다"라고 비난했다. 하지만 다음날인 2일에는 도청 브리핑룸에서 기자들을 만나 "(지방) 선거 공간에서 4대강 사업에 대한 중단을 요청한 바 있다. 하지만 이를 풀어

나가는 방법은 (선거 때와는) 다르다고 생각한다"라고 하면서 다소 융통성 있는 입장을 보였다. 또한, "주민 간 싸움을 줄이고 화합과 단결을 이루는 것이 좋은 행정이고 좋은 정치다. 정부와 논의를 차분하게 진행하고 불필요한 마찰을 피하기 위해 그동안 에둘러 왔고, 앞으로도 그렇게 할 것"이라고 했다. 발언이 선문답 같았지만, 강력하게 반대한다는 내용은 분명 아니었다. 그리고 "조만간 4대강 사업 재검토특별위원회 회의를 거쳐 공식 입장을 공문을 통해 회신할 것"이라고 말했다. 발언 내용을 모두 보고 맥락을 살펴보면 결국 반대는 안 한다는 것이다. 참으로 애매했다.

지자체장이나 지방 정치인들이 겉으로는 반대를 외치지만 속으로는 찬성할 수밖에 없는 속내를 읽을 수 있는 발언이었다. 비겁해 보였지만, 그 심정은 이해됐다. 실제로 충청남도는 정부로부터 많은 것을 얻어갔다. 안희정 지사는 때로 여우같았지만, 어찌 보면 실속은 간결했다.

● 고집불통 경남지사 김두관

이에 비해서 김두관 지사는 메시지가 장황하고 길었다. 무슨 말인지 모를 말꼬리가 이만 저만하게 긴 것이 아니었다. 말을 이리 돌리고 저리 비틀어 적극 반대는 아닌 것처럼 보이면 서도 끊임없이 정부를 공격해 이슈를 만들려 하고 있었다.

우선, 정부의 공문에 대해 "우리는 속도전은 하지 않기 때문에 6일까지 답하기 어렵다"라고 하면서 은근히 4대강 사업의 '속도'를 걸고 들어갔다. 또 "우리 쪽 요구를 정부가 수용해 주면 4대강 사업을 할 수도 있고, 그 수준을 어떻게 할지 고민이 필요하다"고도 말했다. 지극히 정치적인 언행이었다. "4대강 사업을 반대하는 것은 홍수 예방과 수질 개선, 일자리 창출 등 세 가지 효과에 대한 의견차 때문"이라고도 했고, "보를 설치하는 것보다 상류나 지천에 환경기초시설을 설치하는 게 물을 깨끗하게 할 수 있으며, 일자리 문제도 대형 건설업체들이 대부분 공사를 하기 때문에 지역 업체에는 큰 도움이 되지 않는다"라고도 말했다. 결국, 경상남도는 '낙동강(경남구간) 사업특별위원회'가 구성된 뒤 활동 결과가 나올 때까지 '통보 시한 연기 요청'공문을 부산지방국토관리청장에게 보내왔다.

참으로 답답한 일이었다. 그렇게 해야만 그에게 정치적인 이익이 생기는 것인지에 대해 나는 별 관심이 없었다. 하지만, 정말 모르는 것인지 약 올리는 것인지 불쾌했다. 준설[25]하지 않고 어떻게 홍수 예방을 할 수 있다는 말인가? 수위 조절이 가능한 보를 설치하지 않고 어떻게 수자원을 확보하고 홍수를 막는가?

김두관 지사는 "보를 만들지 말라. 환경기초시설을 설치하는 게 낫다"라고 했는데, 아니 마스터플랜도 안 읽어본다는 말인가. 준설을 하고 보도 만들지만, 환경기초시설을 신설하고 확충하는 것 또한 4대강 사업에 들어가 있다. 하수처리장 보강도 4대강 사업 중 하나라고 누차 밝혀왔던 바가 아닌가? 입만 열면 그들은 '토건사업 22조 원'이라고 얘기했는데, 반대 측이 말하는 이 액수에는 실제로 환경부 예산 3.9조 원도 포함돼 있었다. 그 예산이 바로 환경기초시설 확충에 의한 수질 개선비인 것이다. 또 대형 건설업체가 대부분 공사를 하기 때문에 지역 체에 큰 도움이 안 된다고? 한강, 금강, 낙동강, 영산강 등 4대강 정비 사업에 한해 지역 업체 참여 비율을 40% 이상으로 확대하도록 관계 법령이 정해진 것도 몰랐단 말인가?[26] 오히려 시공 능력과 관계없이 지역 업체를 참여시키는 바람에, 공사가 지지부진한 경우도 있었다. 더욱이 김두관 지사의 주변 인물들을 통해 '치수는 찬성하는데, 준설과 보는 반대 한다', '수질개선 시설을 안 해서 반대한다'는 식으로 사실관계를 잘못 이해하거나 모순된 발언이 연일 언론을 통해 쏟아져 나왔다. 준설 안 하고, 보 없이 어떻게 치수를 한다는 것인가?

사실 김두관 지사는 '최후통첩' 공문이 오가기 이전부터 이미 교묘하게 정부와 불편한 관계를 만들어 왔었다고 해도 과언이 아니다. 예를 들자면, 2010년 7월 14일 김두관 지사가 낙동강 47공구인 남강 살리기 사업의 발주를 보류했다는 소식이 지역 언론을 통해 흘러나왔고, 지방청에서도 보고가 올라왔다. "김 지사가 청와대의 광역지방자치단체장 모임과 7.28 재보선, 단체장 협의회 회의 등을 거쳐 조만간 정치권에서 4대강 사업에 대한 입장이 정리될 예정이니 조금 더 있어보자. 내 뜻을 따라 달라"라고 했다는 것이다.

그러더니 이튿날은 도 관계자가 나서서 "지사가 언급한 사항은 4대강 사업에 대한 전체적인 입장을 밝히고 도(道) 업무에 반영했으면 하는 부분을 제시한 것이지, 47공구 사업을 보류하라는 직접적 의미는 아니었다"라고 하는 식이었다. 어찌하겠다는 의미인가? 국책 사업의 진행 여부를 정치적인 수사 늘어놓듯이 애매하기 짝이 없게 무턱대고 던지고 보다니! '가면 가는 것이고, 멈추면 멈추는 것이고, 국가에서 위임받아 시행하기로 한 것을 하기 싫으면 내놓으면 되는 것이지' 이런 말장난이 어디 있는가.

---

25) 준설 : 물의 깊이를 깊게 하여 배가 잘 드나들 수 있도록 하천이나 항만 등의 바닥에 쌓인 모래나 암석을 파내는 일.
26) 2009년 4월 28일, 정부에서는 '4대강 살리기 사업 지역업체 참여확대 등을 위한 국가계약법 시행령 개정안'을 이미 입법 예고한 바 있으며, 기존에 시행하던 지역의무공동도급 제도를 개정해서 76억 미만의 일반공사에만 해당됐던 지역 건설업체 참여 대상을 공사 규모에 상관없이 일반공사로까지 확대 시행하기로 했다. 시행령 개정을 통해 일반공사 40% 이상, 턴키·대안 20% 이상 등으로 지역업체비율이 각각 늘어났다.

경남권 낙동강 살리기 사업은 경남 합천 덕곡면에서 김해 대동면까지 106㎞ 구간 18개 공구였고 이중 경상남도가 발주권을 가진 곳은 13개 공구다. 하도 준설, 생태하천 및 자전거 길 조성이 주요 내용이었다. 그중 47공구 사업은 남강 정비 사업으로 127억 원을 들여 함안 대산~군북, 의령 정곡~정암 89㎞에 산책로와 공원, 자전거 도로 등을 조성하는 것이다. 보가 있는 것도 아니고 강변 생태를 되살려주자는 것인데 무슨 명분으로 반대한다는 것인지? 시간은 하염없이 흘러가고, 피가 거꾸로 도는 느낌이었다. 내 마음 한 귀퉁이에서는 솔직히 "정치한답시고 말도 안 되는 반대하느라 애쓰고 있구나" 하는 측은함마저 들었다.

5. 전략적 인내보다는 설득과 추진 병행

● 경남, 안 하겠다면 강제 회수합시다!

  돌이켜보건대, 2010년 6.2 지방선거는 4대강 살리기 사업에서도 매우 중요한 사건이었다. 선거기간 내내 야당에서 4대강 사업을 쟁점화 했고, 선거 결과를 놓고 볼 때 낙동강 하류의 주요 구간이 통과하는 경상남도 지사가 야당 몫이 됐으니 더더욱 긴장하지 않을 수 없었다.
  김두관 경남지사는 4대강 사업에 대해 직접적인 언급을 아끼기도 했지만, 때로는 본인의 입을 통해 때로는 낙동강특위 등 본인의 지지 세력을 통해, 연일 4대강 사업을 집중 공격의 대상으로 삼았다.
  낙동강 사업의 경우, 남강의 47공구를 비롯하여 김해, 양산 등 주요 구간을 정부가 경상 남도에 위탁해 발주한 사업이었다. 즉, 정부로부터 해당 구간 사업을 위탁받아 가져간 경상남도가, 지방선거를 통해 도지사가 야당 소속 인물로 바뀌었다고 해서 사업을 진행 하지도 않고 이러지도 저러지도 못하고 있었던 것이다. 더군다나 남강 하천 정비 사업은 발주도 이루어지지 않고 있던 상태였다. 정부에서는 노골적으로 4대강 사업을 공격하는 경상남도와 충청남도에 대해서도 막후 접촉을 끊임없이 수시로 진행했다. 그리고 적당한 명분이 주어지면 정부 입장을 이해해 주리라 기대하고 줄곧 그 시기를 기다리고 있었다. 하지만, 6.2 지방선거가 끝나고 김두관 경남지사의 입만 보며 한 달 두 달이 흐르는 동안, 낙동강 일부 현장은 모든 공정이 거의 중단돼 가고 있었다. 정부가 할 공사를 직접 시행하 겠다면서 가져간 지자체(경상남도)가 공사 진행을 안 하고 있으니, 이게 21세기 현대 국가에서 있을 수 있는 일인가? 대한민국과 경상남도가 서로 다른 나라라도 된다는 말인가? 무엇인가 결단을 내려야만 하는 상황이 차츰 목전으로 다가오기 시작했다.

당시, 추진본부 내에서도 김희국 추진본부 부본부장과 필자는 사업권을 '강제 회수'라도 해야 한다는 입장이었고, 심명필 본부장 등 주요 간부들은 비둘기파였다. 청와대에서도 본심이야 어떠하든 간에 기본적으로는 "소통을 하자"는 쪽이었다. 하기야, 섣불리 건드려서 먼저 불을 지필 필요가 없으니 그런 태도에 대해서도 당연히 이해가 간다. 게다가 사업추진 초기부터 반대 단체들에게 워낙 시달리다 보니, 괜히 밀어붙이다가 일을 그르칠지 모른다는 우려도 없지 않아서 애초부터 강공(强攻)은 생각지도 못하는 분위기였다. 자칫하면 4대강 사업 자체가 틀어질 수도 있다는 막연한 불안감이 또.어느새 자리 잡고 있었기 때문이었으리라.

그렇지만 내 판단은 달랐다. 우선, '전략적 인내'라고 하는 대응 방식이 더 이상은 맞지 않다고 생각했다. 두세 달 억지 부리는 것을 참고 달랬으면 이미 충분했다. '매 맞고 빼앗기는 듯' 연출하고 피해자 흉내를 내어 정치적 이익을 보려는 의도가 충분히 짐작되는 상황이었지만, 그렇다고 사업을 할 의지가 애초부터 없는 사람에게 사업을 진행해 달라고 마냥 통사정만 하고 있을 수도 없는 노릇이 아닌가? 밀어붙일 때는 밀어붙여야 한다.

두 번째 이유는 하천 사업의 특성 때문이었다. 하천 사업은 한 군데를 빼놓고 하는 것 자체가 불가능하다. 수백 km 낙동강에서 중류 상류만 마치고 하류를 준설하지 않고 막힌 대로 두면 더 위험하다. 하천 공사에서 지류보다 본류 사업을 먼저 한 것도 그런 이유다.

세 번째는 반대하는 내용 자체를 받아들일 수 없기 때문이었다. 인근 지역의 수많은 주민들이 수십 년간의 숙원 해소를 기대하며 적극적으로 성원을 보내고 있다는 사실을 나는 누구보다도 잘 알고 있었다. 거대한 호수처럼 변해버린 논밭 앞에서 절망하는 것 이외에 다른 무엇도 할 수 없었던 이들의 눈빛을 나는 기억한다. 분노한 농민들로부터 위협 당하고 멱살 잡히는 심정이 얼마나 처참하고 복잡 미묘한지 겪어 본 나로서는, 반대 논리라고 주장하는 내용의 상당수가 본질적으로는 '정치적 계산이 깔린 수사(修辭)'로 밖에 보이지 않았다.

절망하고 분노에 찬 국민의 눈을 직접 마주해야 했던 현장 공무원 입장에서, '주민들이 바라고', '기술적으로도 가능하고', '명분에서도 옳은' 사업을 추진하는데 무엇이 두려우랴. 당시에는 그런 마음이 먼저 앞섰다. 하지만, 개개인의 생각이 다르니, 정치적인 고려나 개인적인 성향 등 여러 이유로 끝까지 설득해 보자는 입장도 당연히 이해 못할 바는 아니다.

그러나 애초부터 반대하기로 작심한 정치인들에게 중요했던 것은 '정치적 목적'을 달성하는 것이었을 뿐, 반대 주장의 '과학.기술적 근거'나 '논리적 정합성'이 어떠한가는 궁극적 관심사가 아닐 것이라는 의구심이 들었다. 오히려 일부 정황을 고려해 보면, 사업의 방향이 틀리지 않았음을 이미 알고 있었을 것이라는 생각마저 들었다. 왜냐하면, 표를 의식해야 하는 정치인이기에, 현지 주민들의 처지나 숙원이 무엇인지를 누구보다도 잘 알았을 것이기 때문이다. 반대의사 표명을 통해 정치적 지지 기반이 되는 환경 단체와 야권 인사들의 입장도 챙기고, 국책 사업이니 만큼 결국에는 진행될 테니 주민들의 원성을 살 일도 없지 않은가? 어쩌면, 정부가 억지로 사업권을 회수해 주기를 학수고대 바랐을지 모를 일이다. 그래야 피해자라는 동정도 받고, 소신을 지켰다는 평가도 얻을 수 있었을 것이다. 추진본부 내부나 청와대에서도 그렇게 영웅을 만들어 줄 필요가 있겠냐는 생각에서 끝까지 설득하려는 입장을 보인 측면도 없지 않았을 것이다.

그러나 실무 책임자의 입장에서 보면 그런 정치공학적 계산보다 훨씬 더 중요한 것이 바로 '사업 진척의 여부'였다. 이미 현장에 들어와 현장 사무소를 설치하고 작업 채비를 하던 하청 업체와 철거 업체들이 모두 다 손을 내려놓고, 기약 없는 대기 상태에 돌입해 있었다. 더군다나, 4대강 사업 각 분야에 참여한 작은 하청 회사들은 스스로 감당하기 어려울 정도의 손해를 뻔히 예상할 수 있는 상황이 아니었던가. 피가 마르는 심정으로 하루하루를 보내는 이들, 그리고 이들의 모습을 조마하게 지켜봐야 한다는 것 자체가 여간 숨 막히는 게 아니었다.

6. 낙동강 8공구 쓰레기 매립토 사건

● 경상남도의 막무가내 식 발목 잡기

김두관 지사나 그 측근 인사들과 지난한 말싸움이 이어지고 있는 동안, 사업 구간 부지 내 하천 둔치에서 쓰레기가 포함된 뻘 흙 등이 무더기로 쏟아져 나왔다. 이른바, '쓰레기 매립토' 사건으로 알려진 낙동강 8공구 이야기이다.

이 현장은 보 구조물 공사가 없어서 하천 정비만 하는 공구였으니, 사실상 별로 어려운 공사도 없었다. 하지만 2010년 6.2 지방선거에서 경남지사로 무소속 김두관 후보가 당선된 이후, 현장 실무자들은 일순간 '사업이 제대로 진행되지 않을지도 모른다'는 불안감에 빠졌다. 8공구 내 하천 농경지에는 복분자 등 농작물이 경작되고 있었다. 복분자, 배추, 무 등 작물별로 다른 수확 시기를 맞춰서 수용하고, 비닐하우스 등 간단한 농업시설물을 철거한 뒤 준설토 투기장을 만들 계획이었다. 준설토 투기장에는 강바닥에서 준설한 모래 등을 적치하게 된다. 그러나 도지사가 바뀐

낙동강 8공구

뒤로는, 지자체의 인허가 과정에서 담당 공무원의 싸늘한 분위기로 일을 하기가 여간 어려운 게 아니라는 보고가 올라왔다. 사실, 4대강은 '국가하천'이기 때문에 원래 국가에서 관련 사업도 하고 유지 관리도 책임지는 하천이다. 정상적으로 추진되어 오던 하천 관리를, 야당 자치단체장이 당선됐다고 해서 방해를 받고 있다는 것이었다.

게다가 설상가상으로 예상치도 못한 엉뚱한 일이 불거졌다. 지방선거가 끝난 지 한 달여가 지날 무렵인 2010년 7월경, 김해시 상동면 일대 하천 둔치에서 문화재 지표 조사를 하던 중 땅속에 묻힌 쓰레기가 발견됐다. 문화재 조사를 위해 표토[27]를 긁어내고 표본 발굴을 하는 과정에서 쓰레기와 흙이 함께 포함된 매립토[28]가 발견된 것이다. 이른바 '8공구 매립토

사건이다. 그때부터 이 현장은 전국적인 주목을 받게 되었다. 철거 업체는 일손을 놓고 이제나저제나, 언제 공사가 시작될지 김두관 경남지사 입만 쳐다보고 있어야 했다.

4대강 사업 중 김해시 상동면(8~10공구), 한림면(15공구) 하천 둔치 구간에서 발견된 매립토는 8공구가 가장 많았다. 이 구간들은 발주청인 경남도에 예산을 배정하여 시행하는 구간으로 상동면 구간은 문화재 시굴 중 7월 29일 매립토 존재가 확인되고, 한림면은 이에 앞서 14일 지역주민의 제보로 폐콘크리트가 발견됐다.[29]

낙동강 8공구 하천 둔치 내 비닐하우스 및 농작물 경작지

당시 8월 9일 한국건설기술연구원의 현장 육안 조사를 거쳐, 10월 3일부터 전문 기관 (건설기술연구원, 환경관리공단 등)을 통해 전문 검사 후 처리 방안을 마련하기로 하면서

8공구 공사 현장

시간은 하염없이 흘러갔다. 막후에서는 이 구간뿐 아니라 다른 공구의 사업을 빨리 진행해 주도록 경상남도에 요구했지만, 도지사 대신에 '낙동강 특위'가 전면에 나서서 연일 성명서를 내고, 무슨 조사 발표를 한다고 하면서 전국적인 뉴스거리를 만들어내는 데 열을 냈다. 3개월이 그냥 흘러갔다. 3개월이면 웬만한 보 기둥이 전부 올라갈 시간이다. 보 기둥 한 칸을 양생하는 데 일주일이 걸리니, 3개월이면 보 기둥을 모두 올리고도 남을 시간이다. 그러나 준설과 하도 정비처럼 단순한 공종만 있는 이 공구에 쓰레기가 발견되면서 공사는 전면 중단 됐다. '정밀 조사하자', '공사 중단하자', '원인 파악하자' 등등 갖은 이유를 들어 야당과 경상남도는 여론 선전전(宣傳戰)을 펼치기에 바빴다. 아니, 4대강 사업을 찬성하든 반대하든 그 누가 생각해도 답은 하나이지 않은가? 취수원 근처의 상수도 보호구역 내에서

---

27) 표토: 유적(遺跡)에 퇴적한 토층(土層)의 가장 윗부분
28) 매립토: 우묵한 땅이나 하천, 바다 등을 채운 흙
29) 4대강 전체 사업 착수 단계에서 16개 보 및 중요사업은 국토부 지방국토관리청 및 수자원공사에서 추진하고, 전국광역(시,도) 지방자치단체장은 4대강 사업에 적극적인 참여를 하겠다고 선언했다. 이에 따라, 강바닥 준설, 제방보강, 환경복원 및 레저공간 조성, 자전거 도로 등은 광역자치단체에 사업권을 주고 예산을 배정하여 추진하도록 하였다. 물론, 2011년 말까지 완공을 목표로 공사 추진이 부실하거나 사업추진 의사가 없을 경우에는 사업을 회수할 수 있도록 되어 있었다.

쓰레기가 발견됐으니 하루라도 빨리 파내는 게 상식이건만, 김두관 지사의 경상남도는 국토청 조사는 믿을 수 없다느니, 자체 정밀 조사를 하겠다느니, '낙동강특위'라는 곳을 앞세워 4대강 사업의 발목을 잡느라 한가한 소리만 해댔다. 그뿐만이 아니었다. 손학규 의원 등 야당 의원들도 정치권 사람들과 떼를 지어 내려와 쓰레기 흙을 채취한다며 난리였다. 공사가 제대로 될 리 없었다.

하천 둔치 내에 건설 폐기물이 매립된 원인을 살펴보니, 과거에 부산시, 김해시 등에서 지역 개발 과정 중 발생되는 각종 건설 폐기물을 그곳에 매립했던 것이었다. 정상적인 어떤 절차를 거쳤던 아니 거쳤던 그간의 과정이 어떠하든 간에, 당시 관련자들이 자기들 구역에 그냥 묻어 버렸다는 것이 사실 아닌가? 그리고 자기들이 저지른 과거 잘못을 찾아내고 또 국가 예산을 들여서 처리하겠다면, 지역민들을 위해서 반드시 필요한 일 아닌가? 4대강 주변에 숨겨지고, 방치된 매립 폐기물을 깨끗이 제거하여, 이제라도 하천 주변 환경을 복원하자는 것이 4대강 사업의 취지이자 목적이고, 그렇게 하는 것이 국가나 지자체 모두에게 더할 나위 없이 좋은 일이 아니란 말인가? 그저 정치적 이해득실에만 매몰돼서 정치 이슈로 부각시키고, 논리적 근거도 부실한 논쟁 거리로 만들어 세상의 이목 끌기에 매달린다는 것은, 그 자체만으로도 상식 이하라 하지 않을 수 없다. 안타까웠다.

하천 공사는 한 달 늦어지면 자칫 한 철이 늦어질 수 있다. 잠시 머뭇거리다 우기를 만나면 우기 내내 공사를 멈춰야 한다. 장마가 오기 전 끝낼 일을 장마 때까지 못 끝내면 8월 말까지 손을 놓을 수밖에 없는 것이다. 거기다 태풍까지 온다면? 공사 지연에 따른 피해는 상상만 해도 끔찍하기 짝이 없다. 4대강 사업이 '속도전'이라고 욕을 바가지로 들었지만, 수십 년 하천관리와 공사를 해본 필자로서는 '속도전'이야말로 하천 공사에서 '기본 중의 기본'이라고 인식하고 있었다.

청와대로부터 무조건 강행하는 것보다 '정무적 판단'으로 우선 경남지사를 설득하라는 명이 떨어졌다. 4대강 살리기 사업추진본부 차윤정 부본부장(홍보, 환경 담당)이 직접 경상남도에 내려가 내용을 설명하고 설득을 시도했다. 결과는 독자제현들이 이미 짐작하시는 바와 마찬가지였다. '헛수고'였다. 내 생각으로는, 4대강 사업이 성공할 경우, 그들이 설 자리가 없어져 결국에는 '반대를 위한 반대'를 하는 것이라고 판단했다. 막무가내로 발목을 잡고 반대를 하는데도 설득을 하라고 하니 기가 찰 노릇이었다.

현장 관계자들에게 낙동강 8공구 쓰레기 매립토가 얼마나 스트레스거리였던지를 떠올리게 하는 이런 일화도 있다. 어느 날 쓰레기 매립토가 발견된 현장에 '단골 손님'이었던 4대강 사업 반대 환경단체 인사들이 방문했다. 현장 관계자는 '사업 내용을 잘 홍보하라'는 추진본부의 방침을 의식해서 "쓰레기 매립토는 빨리 걷어내야 하는 것"이란 말을 열심히 쏟아냈다. 하지만 방문자들은 골수 환경단체 활동가들이었고, 결과적으로는 4대강 사업이 이런 문제 해결을 위해 반드시 필요한 것이라는 설명을 제대로 한 셈이 되고 말았다.

방문자의 성향도 모른 채 열심히 '사업 홍보'를 하는 동안 그 '단골손님'들의 눈살은 한껏 찌푸려졌고, 어색한 상황을 인지했을 때는 이미 돌이킬 수조차 없었으리라. 그들이 떠난 뒤 그 현장 관계자는 연신 줄담배를 피워댔다. 자신이 어마어마한 실수를 했다고 생각했던 모양이다. 내 생각은 다르다. 이 일화를 떠올리다 보면, 4대강 사업 관련 현장 관계자들이 얼마나 순수했는지, 사업에 대한 열정이 얼마나 남달랐는지 느껴질 뿐이다.

7. 경남 사업권 회수 않으면, 내가 나간다 배수진(背水陣)

손발이 묶이다시피 한 채, 천금 같은 공사 기간 3개월을 까먹었으니, 속이 타들어가다 못해 뒤집어질 정도가 됐다. 미칠 노릇이었다. 사업 마무리 예정 시기가 2011년 말이라는 점을 감안한다면, 준공 예정일까지 기껏해야 일 년 조금 넘게 남았는데, 도저히 참을 수 없는 지경에 다다르고 있었다. 공사를 해야 할 시간은 계속 흘러만 가는데 청와대에서는 경상남도 지사와 소통하면서 설득을 하라고 하니 가슴이 답답할 뿐이었다. 이렇게 정치적 논쟁에 하염없이 휘둘리다가는 당초 예정되었던 2011년 말까지 사업 마무리가 아예 불가능해 보였다. 필자가 현장 공사에 대한 총책을 맡고 있었던 사업지원국에서 지금까지의 제반 진행 상황을 검토하여 판단하기로는, 정부의 행정 지원이 없을 경우 더 이상의 사업추진은 한마디로 '불가능'했.

야당 측에서는 4대강 사업이 성공할 경우, 자기들이 다음 정권을 잡는 데 치명적으로 불리하다고 판단하는 것 같았다. '반대를 위한 반대'를 일삼는 그들을 대상으로 설득을 한다는 것은 사실상 어림 반 푼 어치도 없는 일이었다. 강(江)이라는 것의 특성이 철도나 도로와는 크게 다르다. 설사 한 구간만 개통하면 제대로 쓸 수 있기라도 한가? 홍수와 가뭄 방지를 위해서라도 한 번에 연속적으로 강을 정비하여 일사천리로 시작하고 끝내는 것이 상식 아닌가? 공사가 절반이 넘어간 시점에도 반대 측 곳곳에서 '순차적 사업' 소리가 나왔다. 자다가 봉창 두드리는 소리이다. 무슨 속셈이 있어서 그러는 것인지, 나는 속으로 짐작할 만했다. 가용할 수 있는 모든 행정력을 동원하고, 정책적인 지원을 한다 해도 결코 쉽지 않은 국책 사업임에도 불구하고, 뚜렷한 대책 없이 야당과 진보 단체들을 설득하라고만 하니 그저 안타까울 뿐이었다. 무엇인가 결단을 내려야만 했다. 실제로 일을 못할 지경에 처했으니 '내가 할 일이 더는 없어서 그만두겠다'는 으름장이라도 놓아야 했지만, 사표를 제출한다 해도 수리해 주지 않을 것이 뻔해 보였다. '경상남도에서 관장하고 있는 해당 사업권을 국토부 부산지방국토관리청으로 회수해서라도 사업이 정상 추진될 수 있도록 해야 한다'는 요청을 이미 여러 차례 전달하고 있었지만, 아무런 진척이 없던 상황이었다. 이럴 바에는 차라리 현장을 책임지고 있던 필자가 사업추진을 포기해버릴 수밖에 없는 노릇이었다.

"경상남도 김두관 지사와 4대강 사업추진 줄다리기를 하고 있는데, 즉시 사업권을 회수하지 않을 경우 나는 더 이상 나타나지 않을 것이다"라고 통보한 후 2010년 9월경 어느 날, 나는 그냥 잠적해 버렸다. 출근하지 않고 잠적하니 하루가 지나기 무섭게 난리가 났다. 전화기에 불이 났다. 4대강 추진본부 변재영 사업1팀장이 전화를 걸어왔다. "국장님 청와대에서 지명‚수배 내리라고 연락이 왔습니다." 변재영 팀장은 경찰대 출신이었다. 때문에 '지명 수배'라는 표현을 썼다. 속 터지는 와중에 웃음이 나왔다. "난 우리 큰 아들이 살고 있는 영국 런던으로 가련다"라고 응수했다. 나는 솔직히 몇 년 동안 휴가도 한 번 가지 못했다. 사실 몸과 마음도 지쳐있는 상태였다. 정치적인 이슈에 밀려 공사가 지속적으로 순연될 경우 대통령과 약속한 임기 내 준공이 물 건너가고, 마무리를 못 할 바에야 모두 잊어버리고 아들이 거주하고 있는 영국 런던으로 갈 생각도 해 보았다.

잠적한 지 하루가 지나니 청와대에서 정재용 수석행정관으로부터 전화가 왔다. "국장님, 출국금지 내릴 겁니다" 농담 반 진담 반 설득과 협박은 이렇게 오갔다. "원하는 것이 무엇입니까?"라고 묻기도 하였다. 나는 "경상남도에서 추진하고 있는 4대강 사업 전체를 회수하여 부산지방국토관리청에서 사업을 추진하도록 즉각 조치해 달라"는 요구를 하였다. 사업권 회수 조치를 하지 않으면 복귀하지 않겠다고 으름장을 놓았다. 사실 '사업권 회수'라는 말은 잘못된 말이다. 정부가 할 일을 지자체가 하도록 '대행 협약'을 한 것이므로 대행을 하지 못하면 협약을 해지하면 그만이다. 사업을 할 무슨 '권한'이 지자체에 있는 것이 아니란 말이다.

● 사업권 회수? 대행 협약 해제!

2010년 9월 3일 대변인을 하던 이재붕 부본부장이 새로 보직됐다. 청와대에서는 이 부본부장을 불러 "사업을 회수하더라도 설득하는 모양을 갖추고 하는 게 낫다는 것이 정무적인 판단이다"라고 했다. 청와대에서는 사실 "강제 회수는 위험부담이 있다"라고 했다. 나도 이해는 할 수 있었다.

무엇보다도 정치적인 순교자를 만들어 줄 가능성 때문이었으리라. 가뜩이나 4대강 사업을 '밀어 붙인다'는 이유로 공격하는데, 개별 사안을 밀어붙이면 어떤 대응으로 나올지 알 수 없었다. 비둘기파의 의견도 일리가 있었다. 결국 시간을 더 끌다 11월 15일 회수하기로 결정했다. 회수 결정에 앞서, 11월 4일 차윤정 부본부장이 경남도청을 찾아 강병기 부지사를 만났다. "정부가 압박하고 경상남도가 저항하는 등 양측이 싸우는 형상으로 비치면 모두에게 좋지 않은 선례가 될 수 있다. 나라에 국격(國格)이 있듯 경상남도에도 도격(道格)이 있는데, 도격에 비춰 바람직하지 않은 것 같다"라고 하면서 설득을 시도했다. 그러나 상대는 전과 마찬가지로 변화의 틈이 전혀 없었다.

차윤정 부본부장은 진이 빠진 채 돌아와 허탈하게 앉아 있었다. 경남도청 방문 당시의 현장 분위기를 전하는데 듣고 나니 더더욱 기가 찰 노릇이었다. 4대강 반대 언론 매체들과 누구인지 전혀 알 수 없는 이들이 우르르 몰려와서, 마치 죄인 취급하며 취조하듯이 정부를 압박해서 진땀을 흘렸다는 것이다. 분통이 터졌다. 더 이상 사업을 미룰 수가 없었다. 2010년 11월 15일, 회수 통보를 했다. 앞서 설명했듯이, '사업권 회수'로 알려진 이 절차는 정확히 말하면 낙동강 살리기 사업 중 경남도가 대행하도록 한 사업 부분을 무효로 하는 '대행 협약 해제'였다. 김두관 경남도지사가 해당 사업에 대해 발주도 안 하고, 지역 언론들을 통해 말장난만 늘어놓던 남강 47공구도 회수해 즉시 입찰에 부쳤다. 엄밀히 얘기하면 회수한 것도 아니다. 대행을 맡기는 계약을 했는데, 대행하겠다고 한 측이 이행을 안 했으니 협약이 원천 무효가 된 것일 뿐이다. 이렇게 되자 매립토가 발견되었던 '낙동강 8공구', 김해 상동 매리 지구 등에도 그제야 생기가 돌기 시작했다.

8. 비상식적인 낙동강 폐기물 매립토 처리 방식

낙동강 사업 7, 8, 9, 15공구인 김해 상동면, 한림면 일대 준설 구간에 매립된 폐기물에 대해, 건설기술연구원 등의 기관에 의뢰해 11월 3일 성분 분석을 끝내고, 11월 말 검사 결과를 발표하고, 12월 6일부터 처리를 시작했다.

폐기물 매립토 처리 시작 당시까지만 해도, 매립토가 가장 많이 묻혀 있는 8공구의 공정률이 불과 0.5% 수준에 머물러 있었다. 아직 발주되지 않았던 47공구를 제외하고 전국에서 가장 낮았다. 해당 공구의 준설 대상 218개 지점 중 205개소를 굴착해 분석한 결과, 매립토는 전체 471,550㎥로 나타났으며 대부분 오염되지 않은 저니토(底泥土)로 확인됐다. 저니토란 강바닥에 쌓인 점토 즉, 진흙을 뜻한다. 내용별로는 사업장 일반폐기물 18%(86,400㎥), 건설폐기물 17%(80,810㎥), 저니토(점토질) 65%(304,340㎥)로 나타났다. 한마디로 진흙, 곧 뻘흙이 가장 많았다. 폐기물량도 당초 추정한 58만㎥보다 11만㎥가 적은 47만㎥로서 특이 오염물질은 없는 것으로 확인됐다. 카드뮴, 수은, 구리, 6가 크롬 등 10여 개 항목이 모두 기준치 이하로 나와 유해하지 않은 것으로 나타났다.

처리 비용은 당초 사업장폐기물 78억 원, 건설 폐기물 58억 원 등 136억 원, 합계 270억 원 이상이 소요될 것으로 예상됐지만, 2011년 7월 처리 종료 시점에서 보니 220억 원이 소요됐다. 사실 개인적으로 판단해 보면, 유해성 검사로 시간을 끌 일도 아니었다. 그냥 강가에 있어선 안 되는 물질이므로 즉시 퍼내어 이동시키면 되는 것이었다. 물속에 있는 것도 아니고, 둔치에 묻어둔 것이므로 제거할 때 수질이 오염될 일도 없기 때문이다. 오염 물질이라면 강에서 재빨리 치우는 게 더 상식에 맞지 않겠는가? 그럼에도 국가적으로 소란스럽게 만든 정치권과 환경단체를 생각하면 우리나라가 너무 배부른 것이 아닌가 하는 자괴감도 들었다.

9. 연평도 포격 도발 와중에도 '정부 제소' 으름장

낙동강특위가 '사업권 회수'를 정치 문제화하고, 제소하겠다고 으름장을 놓으면서 4대강 사업 현장은 다시 움츠러들었다. 삽을 들려던 현장은 다시 어떻게 될까 불안해하며 지켜보자는 분위기로 바뀌었다. 지역 신문에서는 '경남도특위 정부 상대 제소 예정'이라는 기사가 이어졌다. 경남도 발주 구간이면서 낙동강의 불법 매립토가 발견되어 곤욕을 치렀던

8공구는 특히 고민에 휩싸였다.

2010년 5월, 경상남도가 조달청을 통해 발주한 이 공구는 낙동강 매리취수장 상류다. 복분자, 감자 등을 재배하는 비닐하우스의 농작물 수확을 위해 공사가 제대로 진행되지 않고 있었다. 7월 문화재 지표 조사 과정에서 매립토가 발견돼 공사 진행이 멈췄던 곳이다. 11월 말 전문 기관 정밀 조사 결과 발표와 함께 공사를 재개하려던 이 공구는, 경상남도가 다시 제소한다는 소식에 공사 자체가 중단될까 노심초사하는 상황이 되었다. 정부는 '회수했다'고 하는데, 경상남도는 '제소한다'고 하고, 공사 준비를 해야 할지 말아야 할지, 어느 장단에 맞출지 현장 소장이 걱정한다는 소식이 들려왔다.

결국 11월 23일 경상남도는 소송을 제기해 왔다. 더구나 이 날은 북한이 연평도에 포격 도발을 한 날이었지만 경남도는 이를 아랑곳하지 않고 법원을 찾았다. 국가적 위난(危難) 상황에서 '못 이기는 척' 그냥 넘어갈 수도 있었지만, 그들은 그러지 않았다. 혹시나 하는 기대를 했던 것 자체가 허망했다.

경상남도의 태도와 달리 경상북도의 시군 주민대표들은 4대강 사업 촉구 대회를 취소해 대조를 이뤘다. 북한이 멀쩡한 우리 영토에 대포를 쏜 국가적 위난 상황에서는 의미가 좋은 시위라도 자제하는 것이 낫다는 취지였다. 대구 경북 11개 지역 대표 1,000명이 당초 24일, 서울 여의도 국회의사당 앞에 모여 사업 촉구 결의 대회를 열 예정이었다. 이 행사를 기획했던 한 시민 대표가 "4대강 사업 촉구 결의 대회를 내일 열려고 했으나 북한 도발이라는 국가적인 불상사가 생겨 연기하게 됐다. 경상남도가 국가적인 위기가 발생된 상황에서도 소송을 제기한 것은 매우 유감스러운 일이며, 명분이 없는 일이다"라고 한 말이 언론을 통해 들려왔다. 사업에 찬성하는 시민들은 국가적인 위기에 '궐기 대회'를 취소하고, 국가 기관의 하나인 경상남도는 중앙 정부를 상대로 소송을 제기한 꼴이다. 외적이 쳐들어온 상황에 내부 총질한다는 게 바로 이런 경우 아닌가?

나는 그때 '저쪽 진영' 사람들에게 국난과 국익은 중요한 가치 판단의 기준이 아닌 모양이구나 하는 씁쓸한 생각마저도 들었다. 국가 기관의 처신이 국민의 상식에도 못 미친다니 통탄할 노릇이었다. 돌이켜보면, 정말 치졸한 '이슈 만들기'였다.

10. 중간에 끼인 지자체 공무원들의 애환

● 제발 열심히 일했다는 사실이 알려지지 않게 해 주세요!

　야당에서 선출된 지자체장이 정부와 신경전을 벌이는 동안, 지자체 소속 4대강 담당 공무원들은 4대강 추진본부와 최대한 협조하여 일을 원만히 진행하려고 애를 썼다. 겉으로는 전과 다름없이 진행됐다. 그러나 중간에서 겪는 마음고생도 이만저만한 게 아니었다. 직속 상관인 야당 지자체장은 강 주변 농민들의 민심을 거스를 수 없으므로 정치적으로 반대하는 입장이니, 드러내놓고 열심히 할 수도 없고, 사업을 생각하자니 열심히 안 할 수도 없는 입장이었다.

　충청남도는 기초단체장들이 사실상 여당이 아닌 곳이 많았다. 하지만 기초단체장들 역시 하천 정비의 필요성을 잘 알고 있었고, 개별적으로 하천 정비를 시도하려고 해도 막대한 비용 때문에 손도 못 대고 있던 터라, 애초부터 정부의 사업에 동조하고, 지원을 더 받아내려는 적극적인 자세를 보였다. 그러나 도 소속 공무원들은 입장이 참으로 난처했다. 직속 상관인 충청남도 안희정 지사의 경우, 산하 지자체가 원하는 사업이니 각 지자체가 사업에 협조하는 것은 묵인하면서도, 다른 한편으로 언론이 보는 앞에서는 '사업 반대' 모양새를 연출하곤 했다. 충청남도 소속의 한 공무원은 공식적으로는 사업에 열심히 협조하며 국토부 본부 공무원들과 함께 현장을 두루 누볐다. "원칙대로 하라", "철저히 하라"는 도지사의 지시가 있었을 뿐이지, "사업에 협조하지 말라"는 말이 없었으니 자신의 소신대로 그저 열심히 할 뿐이라고 했다. 그러나 현장에서 고생은 고생대로 다 하면서도, 지자체 내부에서는 열심히 하는 티도 못 내고, 입장이 매우 난처한 지경에 처해 있는 것이 누가 봐도 확연해 보였다.

　쉽게 말해서, 지자체 바깥의 현장에서는 맡은 바 소임을 열심히 다하지만, 안에서는 '이렇게 열심히 하고 있다'는 표를 낼 수도 없으니, '열심히 안 하는 척' 할 수밖에 없는 묘한 입장이었다. 실제로도 "상황이 참 답답하고 묘하다"는 말을 자주 했다. 이런 상황은 야당 인물이 지자체장을 맡게 된 경상남도의 경우도 마찬가지였다. 기초지자체는 사업에 적극적인 편이고, 광역지자체는 애매한 상태에 있으니 담당 및 현장 공무원들의 입장만 난처하기 짝이 없는 노릇이었다.

　하루는 도 소속 공무원에게 "열심히 일하면서 생기는 애환들을 언론에 좀 알려야 하지 않겠나. 현장의 노고를 중앙에서 잘 알 수 있게 해 보겠다"라고 말하자 정색을 하며 펄쩍 뛰었다. "열심히 일하는 사실도, 열심히 안 한다는 사실도, 절대로 알려지지 않게 해 달라!"라고 신신당부했다. 당시 지방자치단체와 4대강 사업 간의 관계를 이보다 함축적으로 드러내 주는 반응이 어디 있을까? 사람들은 저마다의 사정이 있는지라, 해당 공무원의 이름을 직접 밝히지 못하고, 관련된 사례를 더 소개하지도 못하는 점이 안타까울 따름이다.

11. 분위기 따라 '아무 말 대잔치'

● 정치인들의 4대강 사업 관련 발언들

사실 4대강 사업은 전문가들이나 강을 아는 사람들 사이에선 거의 의견이 모아진, 너무나도 상식적이고 시급한 사업이었다. 영산강 주변 지역에선 당시 호남 지역에 기반을 둔 야당 소속 지자체장들도 수십 년 전 부터 '영산강 살리기'를 공약으로 내세웠을 정도이고, 사업이 결정되었을 당시에 야당 소속 도지사가 이명박 대통령에게 4대강 사업추진에 대해 감사 편지를 썼을 정도이다. 이런 일로 인해 그들 진영 일부에서 손가락질을 받기도 했다.

같은 야권의 비판을 받으면서까지 '영산강 살리기'에 나섰던 이유는 무엇이었을까? '필요한 사업'일 뿐만 아니라 '시급한 사업'이라는 반증 아니겠는가? 그럼에도 반대가 끊임없이 일어났다는 것은 정치적인 의도라고밖에 볼 수 없다. 극렬히 반대하는 일부 언론들의 보도 태도와 기사의 면면을 봐도 그렇고, 4대강 사업 반대 성향의 기사에 달린 댓글을 찬찬히 살펴보아도 어렵지 않게 '정치적인 반대'라는 것을 알 수 있다. 그때마다 대통령에 대한 노골적인 험담은 빠지지 않는다. 급기야 북한의 선전 매체인 '우리민족끼리' 유튜브 동영상에도 '4대강'이 등장했다. 4대강 사업과 관련하여 대통령에 대한 극악한 험담으로 가득 찬 것은 두 말할 나위가 없을 것이다. 북한까지도 그럴진대, 국내에서도 야당이나 소위 환경단체 등은 정치적인 목적을 가지고 반대한다는 것이 아마도 상식적인 판단일 것이다. 정치권 인사들의 4대강 관련 언급과 관련한 에피소드들을 소개한다. 참고로, 김진애 당시 민주당 의원은 건축가 출신이기도 하다.

"4대강 사업은 위장된 대운하 사업이니 즉각 중단해야 한다. 4대강과 유기농 단지를 지켜야 한다(손학규, 민주당 당대표)"-2010.10.18. YTN

"대운하의 망령이 다시 판치고 있습니다. 국정감사에서는 관련된 문건을 공개했는데요, 내륙지역인 대구와 구미를 항구 도시로 추진한다는 내용입니다. 이 보고서에서는 대구와 구미를 '바다와 하천이 만나는 항구 구간과 대형 산업 단지를 통과하는 하천 구간'으로 분류하고 있습니다. 이는 대구와 구미를 내륙 항구로 만들겠다는 것이고, 4대강 사업이 바다와 육지로 배가 통과할 수 있는 사실상 운하 준비 사업임을 여실히 드러내는 것입니다(김진애, 민주당 비례대표 의원)"-2010.10. 국정감사 중 민주당 김재윤 의원과 함께 주장

"4대강 보에 갑문 설치가 불가능해 운하가 아니라는 정부의 주장은 거짓이다. 정종환 장관은 알베르트 슈페르(나치 독일 아돌프 히틀러의 최측근. 건축가이자 군수장관)처럼 몰락하지 말라(김진애, 민주당 비례대표 의원)"-2010.10.11. 국토해양부 국정감사 중

"4대강 사업은 근본적으로 운하 준비 사업이다. '수심' 확보를 근간으로 하고 있기 때문이다. 낙동강 6m, 한강 3m, 영산강 5m, 금강 3m인데, 운하 모델로 삼는 다뉴브강 수로의 기본 수심이 3m다. 4대강 사업이 변형된 운하 준비 사업이라는 증거는 곳곳에서 나온다(김진애, 민주당 비례대표 의원)"-2010.11.04. 스포츠서울닷컴

"4대강 사업으로 물값이 인상될 것으로 보인다","수자원공사가 기재부에 낸 보고서에 2조 9천억 원이던 부채가 2014년까지 15조 원까지 급상승할 것으로 전망하면서, 2012년과 2014년에 각각 5% 수준의 수도요금 인상이 불가피하다고 했다", "국회예산정책처가 지난해 11월 작성한 〈2010년도 예산안 분석〉 보고서에서도 수자원공사의 4대강 사업 참여 시 공사 재무 전망(2009년~2014년)에 따르면 2013년 이후부터는 금융비용이 매년 4천억 원가량 발생할 것으로 전망돼 4대강 주변 지역 개발에서 수익을 창출하지 못하고 정부의 재정 지출 증가가 예상된다. 수도 등 공사의 기존 사업들의 사용자에 징수하는 요금에 비용이 전가될 가능성이 있다고 경고한 바 있다."- 김희철 민주당 의원/백재현 민주당 의원, 2010.10. 수자원공사 국정감사 중

"정부가 4대강 사업에 포함되는 하천 국유지를 강제 수용함에 있어 농민들의 이주 대책을 제대로 마련하지 않았고, 보상비 또한 적절히 지급하지 않고 있는 등 4대강 사업으로 인해 갈 곳을 잃게 된 농민들이 많다", "4대강의 물은 천수만 간월호와 낙동강 하구 둑의 경우

처럼, 머지않아 모두 썩은 물이 될 것이고, 이것은 모든 식수원이 오염되어 온 국민의 건강을 위협하는 심각한 상황을 야기할 것"- 유원일 창조한국당 비례대표 의원, 2010.10.22. 국무총리실 국감 중

박준영 전남지사가 4대강 살리기 사업 초기에 적극적으로 사업 찬성 입장을 취한 것은 지역의 오랜 숙원인 영산강의 정비와 환경 개선 필요성을 절감했던 까닭이다. 또한 주민들의 요구가 거세었기 때문에, 개인적으로 반대하고 싶었다 하더라도 반대를 할 수 없는 입장이기도 했다. 그런데 박광태 광주시장의 경우에는 상반되는 두 개의 논리로 입장 표명을 하는 바람에 정치인들의 언행이 이래도 되나 했던 기억이 있다.

4대강 살리기 관련 발언 기사

〈출처 : 박부길 기자, 「'4대강 살리기'는 당론과 입장 동일」, 『광주일등뉴스』, 2009년 11월 24일 14:57〉
https://www.igj.co.kr/news/articleView.html?idxno=4812

박광태 시장의 경우, 2009년 11월 24일 "영산강의 뱃길 복원은 찬성한다"면서도, "4대강 사업에 대해서는 민주당 소속 시장으로서 당론과 입장을 같이 한다"라고 보도

자료를 내기까지 했다. 4대강 살리기 사업과 별개로 영산강 뱃길 복원 사업은 광주시장과 전남도지사가 시도민들에게 한 공약이고, 영산강 뱃길이 복원되면 광주 전남은 물류와 관광의 세계적 명소가 될 것이라고 말했다. 이 무슨 해괴한 논리인가?

 뱃길의 복원은 한반도 대운하 계획에서도 당연히 있던 것이고, 대운하가 백지화되고 나서 새로 진행된 4대강 살리기 사업 내용에서도 바로 확인할 수 있는 것이다. 4대강 살리기 사업으로 강바닥이 준설되고 수질 오염 방지 시설이 확충되면, 공업용수로도 사용할 수 없을 만큼 오염된 영산강이 정비되는 것은 물론이고, 수량 또한 풍부해지면 뱃길도 가능해지는 것이다. 더군다나 지역 민간단체에서 계속해서 추진을 요구해 왔듯이 영산강 뱃길도 복원한다는 것이 4대강 사업의 기본 내용인데, "4대강 사업은 반대하고, 뱃길 복원은 찬성한다"라고 하니. 말장난도 이 정도면 세계 챔피언 감이라는 생각이 들었다. 이 같은 발언은 광주 전남 지역 언론에 보도된 바 있다.[30]

---

30) '4대강 살리기는 당론과 입장 동일', 광주일등뉴스, 2011년 11월 24일 보도(www.igj.co.kr/news)

12. 종교단체 관련 비화들

● 영남 지역 스님들의 현장 답사

2009년, 4대강 사업이 본격적으로 시작되던 중, 추진 과정에서 각종 종교 단체들의 반발이 차츰 거세지기 시작하였다. 낙동강 유역에 위치한 불교계에 사업 목적 등에 대한 설명을 하고 이해를 구해야 했다. 우선, 영남불교계 사찰 중에서 신도가 가장 많다고 하는 부산 범어사(梵魚寺)를 찾아갔다. 그 당시 주지스님은 정여(正如)스님이었다.

큰스님에게 사업의 목적 등을 설명하고 사업이 원활하게 추진될 수 있도록 도와달라고 간곡히 부탁을 하면서 한 가지 제안을 했다. 영남 지방 불교 중심지인 부산 지역 사찰의 여러 주지스님들이 강 주변의 현실을 직접 볼 수 있도록 현지답사를 한번 해줄 것을 간청한 것이다. 물론 버스편도 준비하겠다고 했다. 필자의 장황한 설명을 들은 정여스님은 다행히도 사무장을 통해 부산 인근 사찰의 주지스님들과 관심이 있는 스님들에게 전달하여, 그들이 4대강 현장을 직접 답사할 수 있도록 조치를 해주었다.

2009년 5월경, 정여스님을 포함한 주지스님 14명과 그 외 스님들 20여 명이 낙동강 하구둑에 정박해 둔 선박에 승선하였고, 하구둑에서부터 김해, 양산, 물금까지 낙동강 좌우안을 두루 답사하는 자리가 만들어졌다.

고수부지 내에 설치된 광활한 비닐하우스들, 그리고 그 주변에 방치된 비닐과 농약병 같은 농업 폐기물들, 그리고 기타 폐기물들이 제방을 따라가면서 마치 소제방 처럼 쌓여있는 상황을 목도한 스님들 모두가 혀를 찼다. 잘 알다시피 강 주변 고수부지는 홍수 시기에 물이 흘러야 하는 곳이기도 하다.

게다가 하천 바닥에는 농사를

불교계 스님 낙동강 하천(부산, 김해) 현장 답사

짓기 위해 계분이나 축분들이 곳곳에 쌓여 있었고, 비가 내리게 되면 이 퇴비들이 빗물에 부풀어서 강으로 여과 없이 흘러 들어가는 실태를 있는 그대로 목격했다. 이런 오염원들이 BOD 5,000ppm 이상[31]의 심각한 상태 그대로 낙동강에 흘러들 수밖에 없고, 결국에는 강물 오염을 피할 수 없게 된다는 설명까지 했더니, 현장을 답사한 스님들 모두 이구동성으로 더 이상 설명할 필요가 없다는 반응이었다. 정여 스님은 '국토를 깨끗하고 아름답게 가꾸어 달라'라는 의미라면서, 필자에게 '청림'이라는 호(號)를 손수 지어서 묵필(墨筆)로 주시기도 했다. 필자는 그 호를 지금도 사용하고 있다.

● 여주 신륵사의 비화

신륵사(神勒寺)라는 사찰은 신라시대에 창건되었다고 알려져 있으며, 다양한 불교 관련 유물들이 보존되어 있는 문화재로서 남한강과 인접한 여주 지역에 자리 잡고 있다. 약 1km 상류에는 강천보가 있고 그 위 상류 지역에는 충주댐이 위치하고 있다.

4대강 사업이 본격적으로 추진되고 있던 시기에, 신륵사의 주지 스님은 불교계 환경연합 대표로 있는 수경 스님이었다. 수경 스님은 4대강 사업에 대하여 상호 소통하지 않고 사업을 한다면서 반대 입장을 표명하고 있었다. 필자는 신륵사를 찾아가서 그와 면담하며 사업의 필요성에 대해 설명을 했다. 신륵사가 위치한 남한강은 매년 홍수기에는 집중 호우로 인하여 강 주변이 침수되고, 홍수기에는 홍수 조절을 위한 충주댐 방류로 강 주변에 있는 주민들이 매년 피해를 입고 있는 실정이라는 점을 과거 통계 자료를 활용하여 설명하였다.

특히 신륵사의 사찰은 남한강 만곡부[32](수충부, 水衝部)에 위치하여 매년 홍수 때마다 사찰 쪽으로 침식이 발생하고 있는 실정이었다. 굽이치는 강물이 부딪치는 위치였다. 때문에 문화재인 사찰을 보호하기 위하여 침식되어 가고 있는 만곡부 위치에 큰 돌(사석)을 설치하는 것을 공사에 포함시킬 계획도 설명했다. 그러면 더 이상 침식이 되지 않게 되고 문화재도 보호된다는 취지의 설명이었다.

전체 설명을 들은 스님은 본인이 거주하고 있는 방으로 들어가서 차나 한 잔 하자고 하였다. 찻잔을 나누면서 앞으로 4대강 사업에 더 이상 왈가불가하지 않을 터이니 마무리를 잘해달라는 부탁을 하였다. 그 이후 불교계에서는 크게 사업을 반대하는 경향은 없었다.

---

31) BOD 5,000ppm 이상 : 물이 오염된 정도를 나타내는 지표로 BOD가 높을수록 오염이 많이 진행된 물이다. 일반적으로 하천에서는 5ppm이 되면 자정(自淨)능력을 잃으며 10ppm을 넘으면 악취가 난다.
32) 만곡부 : 활 모양으로 굽은 부분.

필자가 아쉬웠던 것은 하천 공사 특성상 대통령 임기 내에 마무리하는 것으로 계획되어 각계각층의 사전 소통을 충분히 하지 못했던 사실이 아쉬웠다. 그렇다고 임기를 넘겨가면서까지 사업이 안정적으로 진행된다는 보장도 없었으니, 시간이 부족함을 안타까워할 수밖에 뾰족한 도리가 없었다.

● 천주교 정의구현전국사제단의 지독한 반대 선동

4대강 사업과 관련하여, 천주교 정의구현전국사제단은 사업 시작에서부터 끝날 때까지 지독한 반대로 일관했다. 특히 남한강과 북한강이 만나는 양수리(두물머리) 인근에서 비닐하우스 경작농들을 이끌며 지속했던 반대 활동에 대해서는 지금 생각해도 진절머리가 날 정도이다. 이들은 언론의 관심을 끄는 데 충분히 성공했고, 이와 관련된 뉴스는 수도 없이 많았으니 지금도 간단한 검색만으로 이를 확인하는 데는 별 어려움이 없을 것이다. 필자가 별도의 입장이나 비화를 간추리기보다 독자 여러분들께서 잠깐의 수고만으로도 그 당시의 분위기를 읽을 수 있으리라.

● 천주교 신부님들과의 비화

2009년 9월이었다. 외교통상부 신각수 차관으로부터 전화가 걸려왔다. 천주교 서울교구 신부님들께 사회적으로 이슈가 되고 있는 4대강 사업에 대해 좀 더 구체적인 설명을 해줄 수 있겠느냐는 것이었다. 그렇게 하겠다고 흔쾌히 승낙을 했고, 얼마 후 서울 소공동의 플라자호텔 레스토랑에서 천주교 서울교구의 신부님 세 분과 신각수 차관, 그리고 필자까지 총 5명이 그 자리에 참석했다.

그 자리에서는 우리나라의 전 국토에 걸쳐 분포된 강의 실체적 구조에 대한 설명이 이루어졌다. 과거 산업화 과정에서 무차별적으로 발생할 수밖에 없었던 오염 실태와 더불어 전체 강 유역 중에서도 훼손 정도가 심한 4대강 유역의 사업 필요성 등에 대해 설명을 했다. 물론 사업의 당위성을 설명하는 자리이기도 했지만, 당시에 사회적으로 크게 이슈가 되고 있던 4대강 관련 사안들에 대해 신부님들과의 건전한 논쟁도 있었고, 참석한 분들의 고견을 청취하는 좋은 계기가 되기도 했다. 참석했던 세 명의 신부님 중에서도 미국계인 도요안(John. F. Trisolini) 신부님이 가장 치열하게 논쟁에 참여했는데, 그분이 대한민국을 얼마나 사랑하고 있는지 그 열정에 크게 감동을 받기도 했다. 그날 만남의 자리에서 필자의 설명과 대화가 오고 간 지 이틀이 지나고 난 뒤, 사무실로 한 통의 편지가 배달되었다. 도요안(도요한) 신부님이 4대강 사업에 관한 부정적 의견들과 자신의 걱정 등을 담아서 장문의 편지를 직접 썼고, 그 감사한 편지가 필자에게 배달되었던 것이다. 안타깝게도 그 당시 필자에게 배달되었던 편지의 원본은 너무 긴 세월이 지난 뒤인지라 여태까지 찾지 못하고 있다. 하지만 사업 초기 당시에 천주교 측에서도 4대강 사업에 대한 이해가 부족했다는 내용만은 또렷이 기억하고 있다.

귀한 고견을 전해주셨던 도요안 신부님이 2010년 11월에 선종하셨다는 비보를 언론 보도를 통해 접했다. 4대강 사업과 관련하여, 찬성과 반대가 극명하게 갈리고 도저히 극복 불가능할 것처럼 극렬하게 대립한 듯이 언론에서 보도하기도 했지만, 때로는 생각과 입장의 차이를 좁히기 위한 소통 역시 조용히 진행되었다는 점을 밝히고 싶다. 그 당시, 4대강 사업에 대한 이해를 기대하며 애절한 마음을 담아 신부님에게 보냈던 답신을 아래에 옮겨 놓는다. 한국 노동운동의 산증인이며 외국인 노동자의 대부로 불렸던 도요한 신부님. 그 분이 계시지 않은 지금 시점에, 필자만의 생각이 담긴 글을 공개하는 것이 신부님께 어떤 형태로든 절대 누가 되지 않기만을 간절히 기원한다.

도요한 신부님께

신부님께서 보내주신 4대강 살리기 사업 관련 종교단체들의 입장에 대한 글을 감명 깊게 읽었습니다. 특히 교황 베네딕토 16세의 글 중 "환경은 하나님께서 모든 이에게 주신 선물로서, 이를 사용하는 우리는 가난한 이들과 미래 세대와 인류 전체에 대한 책임이 있습니다"라는 구절은 저에게 의미심장하게 다가왔습니다. 왜냐하면 4대강 살리기 사업을 추진하는 저희들의 기본적인 자세와 마음가짐도 위의 글과 같기 때문이었습니다.

존경하는 신부님!
4대강 사업은 일부에서 주장하듯이 특정인의 정치적 욕심과 일부 집단들의 이기심 충족을 위해 국민적 합의도 없고, 법 절차도 우회하면서 일방적으로 몰아가는 사업이 결코 아닙니다.
신부님께서 더 잘 아시다시피 우리 사랑하는 조국 대한민국이 국민소득 5백 달러 시대의 슬픈 모습이었던 배고픔과 가난 그리고 일자리 부족과 온갖 질병. 열악한 주거 환경. 상대적으로 짧은 수명 등을 극복하기 위해 근대화와 현대화를 동시에 시작한 것이 불과 50년 전입니다. 우리는 지난 반세기 동안 그야말로 피와 땀과 눈물과 우리 아버지 어머니들의 희생을 바탕으로 국민소득 2만 달러 시대를 만들었고, 그 과정에서 도로, 철도, 항만, 공항 등을 세계적 수준으로 발전시켰습니다.
그러나 약 3천 킬로에 달하는 국가하천에 대한 정비는 타 분야에 비해 정책 우선순위가 밀리고, 하천 정비 사업의 혜택이 특정인이나 한정된 지역이 아니라, 불특정 다수인에게 돌아가는 공익적 성격이 상대적으로 강해 일반 국민의 관심조차 제대로 받지 못했습니다. 그러다 보니 지난 30년간 대홍수가 나면 겨우 2~3년 복구 사업이나 하다가 얼마 못 가 흐지부지 되고, 4~5년 뒤 다시 홍수가 나면 또 호들갑을 떨다가 또다시 흐지부지 되곤 했습니다.
국가에서 지난 30년간 하천 정책을 담당하거나, 홍수 피해 절감 대책을 연구하던 학자들, 피해를 실제로 입었거나 입을 우려가 있는 지역민들은 소 잃고 외양간 고치는 식이 아니라 하천에 대한 근본적인 처방을 학수고대해 왔고, 그것이 현실화되는 첫 단추가 4대강 살리기 사업이라고 감히 말씀드립니다.
우리는 도로, 하천, 철도, 항만 등 국가의 주요 사회간접자본시설 중에서 무엇보다도 강이 우리의 생명과 생태와 가장 밀접하게 연관되었음을 이해하고 있습니다. 강은 흙과 나무, 그리고 공기와 더불어 우리 생명의 필수 요소인 물을 흘러 보내고, 가두어 사람과 자연이 같이 마시고 활용하는 생명의 근원이요, 문명의 젖줄임을 잘 이해하고 있습니다.
이런 점을 충분히 인식하고 있기에 4대강 사업을 통하여 더러운 물을 맑게 하고, 물이 말라 황폐한 흙 밭으로 변해버린 하천에 다시 물을 흘려보내 생명과 생태를 복원하고자 합니다. 또한 비료와 퇴비 그리고 농약을 사용하는 하천 내 경작지 5천만 평방m에 대해서 1조 2천억 원을 들여 보상한 후 모두 생태하천, 즉 물과 풀 그리고 물고기들의 공간으로 되살리는 사업입니다.
첨부한 사진은 국회의사당 앞 샛강을 정비한 모습으로써 정부가 하고자 하는 사업을 이해하시는 데 도움이 되시리라 믿습니다. 사람의 손길이 닿기 전엔 잡목으로 우거져 버려졌던 곳이지만, 이제는 맑은 물이 사시사철 흐르고 수로 주변엔 풀과 나무가 자라며 사람들이 들어가 산책과 휴식을 할 수 있는 아름답고 쉴 만한 물가로 변했습니다.

존경하는 신부님!
4대강 사업이 환경에 치명적인 손상을 주고, 4대강 사업으로 수질이 나빠진다는 일방적인 주장을 저희로서는 수용하기 어렵습니다. 주장에 설득력이 있으려면 어느 강 어느 지점의 수질이 현재 어느 수준에서 사업 후에 얼마로 나빠지는지, 구체적 수치나 논증이 있어야 합니다.
정부는 4대강의 수질 개선을 위해 하수종말처리장, 하수관거정비에 3조 4천 억 원, 보의 수질 개선 등 총인처리에 국고 5천억 원과 지방자치단체 2천5백억 원, 하천 내 경작지 정비, 하천 내 오염지역 준설 및 쓰레기 청소와 생태하천 조성 등에 7조여 원을 들여 4대강의 좋은 물 수질등급을 76%에서 86%로 개선할 것입니다.
4대강 사업을 하면 생태계가 파괴된다는 주장도 마찬가지입니다. 4대강중 어느 곳에서 무슨 동물이나 식물이 감소하거나 없어진다는 말인지 정부로서는 이해하기 힘듭니다. 우리는 한강복원사업 등의 경험을 통해 알고 있습니다. 강에 깨끗한 물이 풍부해지면 한강에서 보듯이 사라졌던 종도 돌아오고 지금까지 없었던 종도 새로 나타난다는 것을!

한강 정비로 백사장이 사라졌다는 주장은 일부 타당한 측면이 있습니다. 80년대 초 한강을 정비하면서 직강화하고 양안을 시멘트 호안으로 만듦으로써 백사장이 없어졌고, 굴곡이 큰 자연형 하천의 원형을 유지하지 못했습니다. 우리는 지난 경험을 바탕으로 4대강 사업은 하천 형태 즉 지금 제방을 거의 100% 유지하고, 호안도 시멘트가 아닌 흙과 자갈, 나무로 조성하며 자료 사진에서 보듯이 백사장도 원형을 보존하거나 새로 만들어 친환경적인 강으로 조성하겠습니다.

백사장 논쟁을 보면서 저는 사고의 균형 감각이 얼마나 중요한지 새삼 생각해 봅니다. 한강 정비 사업을 하기 전인 70년대 한강의 모습을 기억하십니까? 그 당시 한강의 수면적은 현재 수면적의 3분의 1 내지 4분의 1이 되지 못했고, 친환경적이기는커녕 연탄재, 쓰레기, 죽은 동물들을 버리고 밤이면 우범지대로 변하여 사람들의 출입이 어려운 곳이었습니다. 그런 곳을 사시사철 맑고 푸른 물이 흐르고 유람선이 다니며, 고수부지에선 일 년 내내 산책과 운동을 즐기고 여름이면 수영을 할 수 있도록 만든 한강 사업을 두고 "백사장을 망쳤다"라고 주장한다면, 한 가지 가치에만 경도되어 다른 가치를 무시하는 편협한 시각을 가진 사람들의 주장이 아닐런지요?

참고로 한강이 지금처럼 사시사철 풍부한 물이 흐르는 강이 될 수 있었던 것은 킬로m 당 192만㎥를 준설하여 홍수 소통 능력을 키우고, 잠실보와 신곡보를 막아서 물을 가두고 한강 주변에 강으로 들어오는 생활용수 등 오폐수 처리시설을 만들고, 그것을 하수관거로 이동시켜 강에는 깨끗한 물만 들어오게 한 노력의 결과입니다. 잠실보 상류는 수심이 6m이고 신곡보에서 잠실보까지는 수심이 2.5m이며 잠실보와 신곡보 사이 약 40킬로 구간의 물의 양은 1억 2천4백 만 입방m입니다. 어느 편협한 시각을 가진 사람의 주장대로, 한강의 백사장 확보를 위해 신곡보를 철거하면 한강의 수심은 1m에서 50cm가 될 것이고, 잠실보 마저 철거한다면 잠실보 상류에 설치된 하루 6백만 리터의 식수 공급원인 취수장을 잃게 됩니다.

존경하는 신부님!
구체적인 실증도 없이 여러 사람이 똑같은 소리를 반복하고 있는 반대론자들의 주장은 사실과는 너무나 다릅니다.
현재 이 사업을 실행하는 공무원들은 많게는 30년 넘게 적어도 10년 이상을 수자원 분야에서 근무한 전문가들입니다. 이 사람들은 반대론자들이 주장하는 그런 정책들을 맹목적으로만 따르는 그런 집단이 아닙니다. 그들도 역사에 대한 소명 의식과 국가의 간성으로서 자부심, 그리고 많은 경험과 지혜를 가진 사람들입니다. 특히 앞으로 10~20년을 더 공직에 몸담을 젊은 공직자들은 더욱 그러합니다. 이 양식 있는 사람들이 정치권의 요구라고 해서 소중한 국민의 혈세를 가지고 무모하게 밀어붙이며 환경에 치명적인 손상을 주는 일을 밤잠 안자고 땀 흘려 일하겠습니까?

종교단체에서 제기하는 의문에 대해 진솔히 말씀드리겠습니다.

첫째 "4대강 사업을 국민적 합의 없이 법과 절차를 우회하면서 굴삭기를 동원하여 급하게 밀어붙인다"라는 주장에 대해서입니다.
신부님! 4대강 사업은 단순한 하천 공사가 아니라, 2008년 미국의 리먼브라더스 사태 이후 국제적 경기 후퇴, 일자리 축소, 지역 경기 침체 등 어려운 국내외 경제 여건을 단기간 내 극복해야 하는 과제와 앞서 말씀드린 누적된 하천의 문제점 해결, 그리고 녹색 성장의 핵심인 물 산업 육성 및 관련 기술 해외 수출과 국제 사회의 선도 국가로 도약 등 다양한 목적을 가진 종합 프로젝트입니다.
정부는 4대강 사업을 추진하면서 법이 정한 절차를 충실히 이행하면서도, 통치권자의 절대적 의무 중 하나인 일자리 창출과 경기 활성화를 위해 단기간 내 집중투자가 절실한 시점으로 판단했습니다. 그리고 2010년도 4대강 사업비는 국고 기준으로는 전체 예산 300조의 1%를 조금 넘는 3조 2천억이고, 여기에 수자원공사가 4조 원을 회사채 발행을 통해 부담했고, 이 비용은 나중에 개발 사업 등을 통해 일부 회수할 계획입니다.

신부님! "굴삭기를 동원해서 급하게 밀어붙이는…" 또 일부 사람들이 말하는 "토건 공화국(오늘 아침 기자실에서도 어떤 기자가 거리낌 없이 쓰더군요)"이란 용어나 말을 진정으로 균형 감각을 가진 교양인이라면 결코 쓸 수 없는 표현이라고 생각합니다.

그건 마치 우리를 먹여 살리기 위해 평생을 애쓴 어머니 아버지의 거친 손을 보고 "이제는 못생기고 험하니 버려야 할 손이다"라는 주장과 같다고 생각하기 때문입니다.

저는 오늘 아침 "토건 공화국" 운운하는 그 기자에게 다음과 같이 말했습니다. "우리나라의 현실에서 건설업으로 생계를 유지하는 사람은 매우 많고(산업 비중은 약 17%) 아직도 지식 정보산업에서 일자리를 구할 수 있는 사람은 소수다"라고.

둘째로 거대한 비용이 드는 국책 사업을 계획할 때는 환경과 개발 양쪽 모두를 성공시킬 수 있도록 준비해야 한다고 했습니다. 백 번 옳으신 말씀입니다. 4대강 사업은 단순한 하천 공사가 아니라 환경과 개발을 조화시켜 우리의 삶의 질을 높이는 것이 궁극적인 목표임은 이미 설명 드렸고, 이를 위해 투자하는 재원이나 기구 및 인력도 두 가지 가치를 추구할 수 있도록 배치하였습니다.

그리고 대부분의 여론이 우려하는 점에 신경 쓰지 않고 자기 의견만 공격적으로 피력한다는 주장에 대해 말씀드립니다. 정부가 추진한 주요 국책 사업은 70년대 경부고속도로, 90년대 경부고속철도와 인천국제공항, 2000년대 행정중심복합도시와 혁신도시 등이 있습니다.

이 사업들의 추진 과정에서 발생된 수많은 논란과 주장 및 우려에도 불구하고, 지금 현재 국민 모두가 만족해하는 결과로 분명히 나타나고 있지 않습니까? 신부님 저희들은 잘 알고 있습니다.

어떤 주장들은 너무나 편협한 시각에서 주장되었음에도 그 당시 시류로 인해 그대로 용인되어, 말 못할 고통과 피해를 남기고 아직도 생채기를 치유 중에 있습니다.

경부고속도로, 인천국제공항 건설을 그토록 극렬하게 반대하셨던 분들도 지금은 편리하게 이용하며 자랑스러워하지 않을까요? 불과 수년 후에는 4대강 사업도 마찬가지일 거라 확신합니다. 더 이상 반대를 위한 무조건적인 반대는 안 됩니다.

신부님! 우리는 상식적이고 납득 가능한 주장에 대해서는 언제든지 수용해서 현재 계획을 바꿀 생각과 용기를 가지고 있습니다. 우리는 이 사업의 경과에 대해서 도덕적 법적 책임을 져야 하고 질 것입니다. 그러나 법적 책임은커녕 최소한의 도의적 책임을 느끼지 못하는 일부 그룹들의 무책임한 주장과 행동은 마땅히 규탄 받아야 한다고 생각합니다.

셋째로 "현대의 많은 연구가들은 강을 다시 재정비하면 습지가 줄어들고 홍수가 나면 이를 흡수할 수 있는 완충 지역이 없어진다"라고 주장하고 있습니다.

신부님! 이 주장은 "하천 구역"을 좁혀서 직강화하고 습지 등 완충 지역을 다른 용도로 활용한다면 타당한 말입니다. 그러나 4대강 사업은 현재의 하천 구역을 줄이는 곳은 한 곳도 없고, 오히려 현재는 하천 구역이 아닌 제방 밖의 땅도 새로 사들여 하천 구역을 넓히고 물이 없어 매말라 버린 구역에 물이 고이고 흐르게 하는 사업입니다. 따라서 습지가 줄어들고 홍수가 나면 오히려 완충 지역이 축소되어 위험하다는 주장은 잘못된 것입니다.

4대강 사업은 20조 원을 들여 홍수에 안전하고, 깨끗하고 풍부한 물을 확보해서 사람과 자연이 물을 잘 이용할 수 있도록 하고, 또 어려운 지역 경제 활성화에도 도움이 되고, 나아가 우리나라 물 산업과

> 연관된 기술들을 해외에 수출하고, 대한민국이 세계적인 물 산업 국가로 도약하기 위한 다목적 사업임을 다시 한 번 말씀드리며, 저의 편지가 신부님과 주변에 계신 분들께 4대강 사업의 실제 모습을 이해하는 데 조금의 도움이라도 되길 바라오며 늘 건안하옵시길 빕니다.
>
> 4대강 추진본부 공사국장 김철문 드림

13. 낙단보 마애불 구멍 소동

낙동강 상류의 상주보 아래 두 번째 보인 낙단보 관리 센터 건립 중에 마애불이 발견되었고, 발견된 마애불에 공사용 천공기 구멍이 난 사건이 있었다. 때는 2010년 10월 6일, 이른바 '낙단보 마애불 고의 훼손 사건'. 사연은 이렇다.

낙단보 통합관리센터 건립예정부지에서 발견된 고려 마애삼존불

낙단보 통합 관리 센터 건립을 위한 공사 현장 위치는 낙동강의 좌안에 해당하는 의성군에 속해 있다. 가파른 산 아래 낙동강을 따라서 912번 지방도로가 지나가는데, 이 도로의 동쪽은 경사가 급한 산지 지형이고 서쪽 역시 가파른 경사면이 낙동강 수면까지 이어지는

형태이다. 통합 관리 센터는 912번 지방도로와 낙동강 사이 비탈면에 세워질 계획이었다.

통합 관리 센터 건축을 위해서는 자갈과 돌무더기로 덮인 도로 경사면의 원 지반 지질이 어떤지 확인해야만 한다. 암반인지, 황토인지, 잡석인지에 따라 토목공사의 방향이 정해진다. 그리고 지질을 확인하기 위해서는, 당연히 해당 경사면을 대형 천공기로 뚫어보게 된다. 당시 작업자는 천공기를 작동해 구멍을 뚫어가며 땅속에 수직으로 암반이 있음을 확인했다. 이후 굴삭기 등으로 토사와 자갈을 걷어내고, 마지막 수직 암벽이 나왔을 때, 현장 책임자가 솔 등의 도구를 이용해 흙을 털어 냈고, 이 과정에서 암벽에 어렴풋이 그림 형체가 보이는 것을 발견했다. 마애불 발견까지의 과정과 정황에 대한 실체적 사실은 이것이 전부이다.

하지만 이것은 곧바로 '낙단보 마애불 고의 훼손 사건', 혹은 '낙단보 마애불 구멍 소동'으로 비화된다. 당시 현장 책임자는 마침 자신의 딸이 미술대학에 다녔고, 본인도 미술에 대한 관심이 있어서, 조심스럽게 흙을 털어가며 그림의 모습을 확인해 정부에 보고한 것이다. 영원히 묻혀 아무도 알지 못했을 수 있었던 암벽화를 '4대강 사업' 과정에서 우연히 발견했고, 급기야 세상에 다시 빛을 보게 만들었으니, 어찌 보면 '4대강 사업'에 대해 고마워 해야 할 법한 일이기도 했다. 그런데 일부러 '불상에 구멍을 냈다'며 여론의 뭇매를 맞을 지경에 내몰리게 된 것이다.

물론 불교계도 비판에 가세했고, 지역 문화 단체도, 급기야 문화재청도 진상 조사를 하는 등 일이 커지게 됐다. 이처럼 사건이 예기치 않은 방향으로 비화하게 된 것은 짐작하다시피 일부 언론 매체에서 '고의 훼손'을 주장하는 보도가 등장하면서부터이다. 일부 불교계에서는 '종교탄압'과 '성보(聖寶) 훼손' 논리를 등장시키며 비화를 시도했고, 궁극적으로는 정부와 종교계 간의 대립과 갈등을 부추기기 직전까지 이르게 된다.

결과적으로, 불교계의 공식 판단은 현장 조사를 했더니 '고의 훼손이 아니었다'라는 것으로 입장 정리가 이루어졌고, '현장에서도 보존을 위해 만전을 기하고 있는 것으로 판단했다'는 기자회견 내용이 전해지면서 일단락되었다. 여태까지도 '고의 훼손'에 '종교 탄압'이라는 허황한 주장을 하실 분이 계시는지 모르겠지만.

14. 사업 마무리 단계의 마녀사냥, "보가 무너진다!"

사업 중에는 '잡초 살려라(단양쑥부쟁이)', '물고기 살려라(물고기 폐사)', '홍수가 심해진다', '백사장이 없어진다' 하더니 사업이 마무리 단계에 이르자, 만들어 놓은 보(洑)가 무너진다며 호들갑을 떠는 언론들 때문에 고초가 이만저만이 아니었다.

● 모래톱이 사라진다면서 이번엔 생겨났다고?

앞서 괴담 기사를 일부 매체에 유포시켜, 터무니없는 4대강 반대 주장을 했다는 한 목사의 예를 든 바 있다. 이분은 이른바 진보 매체로 알려진 인터넷 언론을 통해, 4대강 사업 이전에는 이 사업으로 인해 모래톱이 사라진다며 온갖 비난을 쏟아냈었다.

즉, 사업 초기에는 "4대강 사업으로 모래톱이 사라질 것"이라는 취지의 주장을 했다. 그러더니 사업이 거의 끝나가는 무렵, 난데없이 "4대강 사업으로 모래톱이 생겼다"라고 비판하는 기사를 썼다. 전에는 모래톱이 없어지니 사업을 해서는 안된다고 하더니, 사업이 끝날 무렵엔 모래톱이 생겨나니 사업을 해서는 안 될 일이었다는 주장이 아닌가? 도대체 이런 식의 앞뒤도 안 맞는 글을 마구잡이로 쓴다는 사실과 그런 무논리가 일부이기는 하지만 언론의 탈을 쓰고 등장한다는 것 자체가 참으로 씁쓸했다.

사업이 후반부로 접어들 무렵, 강의 지류와 본류가 만나는 지점에서 지류로부터 침식된 모래들이 쌓여 '모래톱'이 형성되었고, 이것을 '역행침식(retrogressive erosion)'[33]의 근거라며 강이 온통 다 무너질 것처럼 과장을 하던 기사들이 난무했다. 물론 사업 중 준설을 하면 모래톱은 일시적으로 사라진다. 하지만 사업이 끝나면 자연스러운 강물의 움직임에 따라 모래가 쓸려와 물살이 약한 곳이나 곡선부 안쪽으로 모래가 쌓이면서 자연스러운 강의 모습을 되찾게 된다는 것이 상식이다. 그럼에도 이런 궤변 기사가 나오면, 어찌 되었건 간에 4대강 추진본부는 해명 자료를 내야하고 신경 쓸 일은 또 하나 늘어나기만 하는 셈이다.

---

33) 역행침식 : 강의 원줄기를 과도하게 준설하여 하천 위쪽이 낮아지고 지류가 상대적으로 높아져 그 차이로 유속이 빨라지면서 제방이 침식되는 현상.

내일신문

낙동강 맑게하는 금빛 모래톱이 사라진다

입력 2010.04.27. 오전 11:55 수정 2010.04.27. 오후 2:12 기사원문

[내일신문]

하상준설 본격화 ... 창녕 남지·예천 풍양 등 강물 속 모래 포클레인으로 파내

24일과 25일에 걸쳐 경남 창녕군에서 경북 안동시까지 4대강 사업 구간 안에 있는 낙동강의 주요 모래톱 상황을 점검했다. 그 결과 △경남 창녕군 남지읍 일대(창녕낙동대교 하단) △창녕군 유어면 성산리 일대(적포교 3km 하류) △경북 예천군 풍양면 일대(상풍교 상·하류) 3곳에서 굴삭기를 이용한 수중준설이 진행되고 있었다.

이런 문제제기에 대해 낙동강유역환경청 환경관리국 관계자는 "4대강 공사 현장이 너무 길게 이어져 있어 전체 현장을 실시간으로 점검할 수는 없는 상황"이라며 "현장에 가면 공사 관계자들이 '가물막이공사'라고 우기는 경우가 많다"고 말했다.

이 관계자는 가물막이공사와 준설공사가 어떻게 다른지 잘 구별하지 못했다. 가물막이 공사는 현장에서 퍼 올린 모래를 밖으로 실어내지 않는다. 굴삭기 앞에 쌓은 모래나 흙을 무한궤도 바퀴로 눌러 다지면서 둑을 만드는 방식으로 조금씩 앞으로 나아간다.

물론 가물막이 공사라고 해도 수중골재를 굴삭기로 그냥 퍼 올려서는 안 된다. 강물 속의 모래가 아니라 모래톱 쪽의 모래를 이용해서 둑을 쌓는 등 흙탕물 발생을 최소화해야 한다.

경남 의령군 낙서면과 창녕군 남지읍 사이에 있던 아름다운 '방사형 모래톱'(모래톱과 강물이 그물 모양으로 얽혀 교차하는 곳)은 대부분 사라진 상태였다.

모래톱이 사라진다는 비판의 기사
〈출처 : 남준기, 「낙동강 맑게하는 금빛 모래톱이 사라진다」, 『내일신문』, 2010년 04월 27일 오후 2:12〉
https://n.news.naver.com/mnews/article/086/0002004595?sid=102

합천보 하류에 거대한 모래톱 다시 생겨... "4대강사업 왜 했나"

입력 : 2013.04.23 22:17 수정 : 2013.04.23 22:49 김기범 기자

범대위 등 전문가·환경단체 낙동강 현장 긴급조사
안동보 일대에선 아카시나무 발견 '육지 생태화'도

"사업이 끝난 지 채 2년도 안돼 없앴던 모래톱이 다시 생겼습니다. 대체 4대강 사업은 왜 한 겁니까?"

지난 22일 경남 창녕 낙동강 합천보의 하류에 방대하게 쌓인 모래톱을 보며 관동대 토목공학과 박창근 교수는 탄식을 했다. 정부가 4대강 사업 전 하천에 퇴적된 모래들이 홍수 시 물의 소통에 방해가 된다며 준설했던 모래톱이 이전보다 더 큰 규모로 형성돼 있는 것을 본 것이다.

4대강복원범국민대책위원회, 4대강조사위원회, 대한하천학회 등의 전문가들과 환경단체 활동가들이 19일부터 22일까지 3박4일간 낙동강 4대강 사업 현장에 대한 긴급조사를 벌였다. 보의 안전성과 생태계 변화, 농민 피해 현황 등을 두루 조사했다. 경향신문은 20일 경북 구미보 인근부터 22일 낙동강의 마지막 대형 보인 경남 창녕 함안보 하류까지 3일간 동행 취재했다.

모래톱이 생겼다는 기사
〈출처 : 김기범 기자, 「합천보 하류에 거대한 모래톱 다시 생겨... "4대강사업 왜 했나"」, 『경향신문』, 2013년 04월 23일 22:49〉
https://www.khan.co.kr/article/201304232217485

● 낙동강특위 주장에 대한 반박

 박 모 교수와 함께 4대강 사업을 반대하던 낙동강 특위는 여러 차례 4대강 발목 잡기 식의 주장 끝에 2012년 6월 초 또다시 '낙동강 사업 준공을 앞두고 각종 문제점과 그에 따른 대응 방향'이라는 보도 자료를 냈다. 특위는 창녕함안보의 안전성, 재퇴적 등 5개 부문에서 문제를 제기하며 4대강 사업에 대한 비판을 했다. 특위는 가장 먼저 창녕함안보의 '바닥보호공(保護工)'[34] 유실 은폐와 함께 보 안전성에 문제가 있다고 주장했다.

 '바닥보호공 유실'이란 2012년 초 창녕함안보 하류 175m 지점에서 수심 25m로 바닥이 파여 나간 사실을 말한다. 그러나 창녕함안보 '물받이공'과 '바닥보호공'의 유실이 없었다는 사실은 이미 2012년 초 민관합동조사 결과에서도 확인됐다. '물받이공'이란 고정보[35]를 넘은 물이 직접 수면으로 낙하하지 않고 일정한 각도로 완만하게 미끄러져 강물의 흐름과 자연스럽게 이어지도록 곡선으로 만든 콘크리트 구조물이다. 그리고 '바닥보호공'이란 이 '물받이공'이 끝나는 곳에서 수십 m에서 100m 이상 길이로 수 백kg의 바윗덩이를 깔아 강한 물살의 속도를 낮춰 강바닥이 쓸리지 않도록 해주는 보호구역이다.

 창녕함안보의 경우 물받이공은 32m, 바닥보호공은 85m 길이에 이른다. 이 바닥보호공 끝단에 강바닥 모래가 쓸린 현상이 생겼다는 것은 민관합동조사에서도 밝혀졌고, 정부도 이 부분이 더 깊이 파이지 않도록 추가 특수섬유망에 콘크리트를 채워 까는 SPF 세굴방지공(scour protection, 洗堀防止工)을 보강했다. 정부나 수자원공사가 세굴(洗堀)[36]을 숨기지는 않은 것이다. 그런데도 낙동강특위는 처음 창녕함안보 바닥 세굴이 발견됐을 때처럼 '은폐', '위험' 운운하며 과장된 주장을 했다.

---

34) 바다보호공 : 흙 수로의 수로 바닥, 하천 구조물의 상하류 바닥면을 가벼운 와류작용으로부터 보호하기 위하여 설치하는 보호공.
35) 고정보 : 하천을 가로질러 설치하는 구조물 중 가동 장치 없이 고정하여 수위, 유량을 조절하는 보. 상류의 유량, 유속에 따라 하류에 고르게 분산시켜 충격부하를 완화시킨다. 고정보는 유량이 많으면 월류돼 하류로 흘러가는 구조로 되어 있어 퇴적물을 하류로 흘려보내지 못하고, 고정보 상류에 지속적으로 쌓이게 하는 단점이 있다.
36) 세굴 : 해수의 흐름이나 파랑에 의하여 방파제, 방조제와 같은 해안 구조물과 인접한 해저 지형의 국부적인 침식이다. 세굴이 심하게 발생할 경우에 구조물의 안정성에 문제가 발생하기 때문에 세굴을 방지해야 한다.

● 퇴적의 원인이 과연 준설일까? 약간의 팩트로 전체를 매도

준설해도 다시 쌓일 것이기 때문에 준설이 소용없다는 주장의 배경은 재퇴적론이다. 재퇴적 주장은 더욱 터무니없었다. 2011년에도 김진애 당시 민주당 의원 등을 포함한 4대강 반대 단체 등은 낙동강의 재퇴적률이 36%나 된다고 주장했다. 그런데 또 2012년 6월 낙동강 특위도 퇴적량을 준설량으로 나눈 비율로 재퇴적률을 추정하여 구간별로 제시했다. 상주보 인근의 경천교 상류 지역엔 25.47%가, 합천보~회천 구간엔 67.7%, 심지어 회포천~수산 구간엔 77.86%나 재퇴적됐다고 주장했다.

자세한 수치 자료와 함께 제시된 이야기를 언뜻 듣다 보면, 매우 정교하고 합리적인 주장인 것처럼 보이기도 한다. 그러나 이 같은 주장에는 논리적인 모순이 있다. 재퇴적이 78%라면, 해당 구간 1000만 톤을 준설했을 경우 780만 톤이 다시 쌓였다는 뜻이다. 낙동강 전체적으로 36%가 재퇴적 됐다면 4억 톤을 준설했는데, 공사도 끝나기 전 1억 4천만 톤 이상이 다시 쌓였다는 뜻이 된다. 2년 만에 이렇게 쌓였다니 4년 뒤엔 준설하기 전으로 되돌아갈 수도 있다는 것인가? 그런 근본적 모순점에도 문제가 있지만 이 주장에는 더 큰 문제가 있다. 낙동강에 재퇴적된 토사가 도대체 어디에서 왔는지에 대한 설명이 전혀 없다. 강에서 저절로 생긴 것도 아니고 퇴적토는 어디에선가 쓸려 내려와야 한다.

하느님이 모래를 창조해 강에다 붓기라도 했다는 말인가? 재퇴적됐다는 이들의 주장을 액면 그대로 받아들인다 해도 문제는 남는다. 준설 뒤에 이렇게 어디선가 쓸려내려 온 토사로 낙동강이 재퇴적된다면, 만일 준설을 안 했더라면 어찌 되었을까? 4대강 사업을 안 했더라도 그 토사는 어차피 쓸려 내려올 토사였지 않을까? 그러니 그 토사는 계속 쌓였을 것이고 수년 뒤에 하천 바닥은 더욱 높아져 있을 것이다. 그러니 준설은 어차피 해야 할 사업이다.

그럼 이들의 주장이 완전히 틀렸을까? 나름대로 과학적인 측정 도구로 양을 쟀을 것이니 틀린 주장은 아닐 것이다. 다만, "특정 지역에서 재 보니 거기는 그만큼 쌓였더라"라고 했다면 아무 문제가 없었을 것이다. 전문가들에 따르자면, 낙동강에 퇴적이 발생하는 주 원인은 준설하지 않은 지천으로부터 흘러드는 토사와 우천 시 노천 농경지 등으로부터 흘러드는 토사이다. 이렇게 자연적으로 밀려드는 토사로 인한 퇴적은 연평균 2~3% 정도로 전문가들은 보고 있다. 한강의 경우 80년대 개발사업 이후 재퇴적은 0.2%라는 통계도 있다. 도시 지역의 경우 도로에 포장된 구역이 많다. 따라서 토사 유입이 극히 제한적이기

때문에 재퇴적률이 낮은 것이다.

 또한, 퇴적은 사실상 국지적인 문제라고 할 수 있다. 하천엔 끊임없이 토사를 움직이게 하는 소류력(掃流力)이 작용한다. 이 힘에 따라 일정한 힘을 넘은 흐름이 있을 때 모래가 하류방향으로 이동한다. 이 모래를 유사(流砂)라고 전문가들은 표현한다. 이 유사는 물살이 빠른 곳에선 멈추지 않고 흐르지만, 강물이 넓어져 유속이 느려진 곳에서는 가라앉아 모래톱을 형성한다. 유속이 빠른 구간의 모래가 쓸려 유속이 느린 구간에 쌓여 하천은 자연스러운 모습을 갖추게 된다. 합천보 인근 등 낙동강 곳곳에 재퇴적이 심하다고 주장했던 구간들이 모두 물살의 속도가 느린 곳이거나 하천이 굽은 곳들이다. 물살이 빠른 어디에서 쓸려와 이곳에 쌓인 모래의 양을 기준으로 재퇴적 양을 추산한다면 진실을 호도할 수가 있는 것이다.

 물론, 4대강 사업을 비판하는 측 입당에선 어떻게든 매사에 비판적인 시각으로 볼 수도 있겠다. 그리고 일부분 재퇴적이 발생하니 아예 틀린 말도 아니다. 보도자료나 보고서는 전문가들도 보지만 언론에 보도되는 순간 사전지식이나 전문지식이 부족한 일반인들도 읽게 된다. 특정지점에서 측정한 수치를 제시해 재퇴적이 수십%에 이른다고 주장하면 일반 국민은 4대강 사업의 준설을 괜히 했다고 오해할 것이다. 약간의 사실을 섞어 전체를 매도하는 전형적인 선동이었다고 나는 당시에 생각했다. 물론, 반대 측 인사들도 전문가들이다. 더 이상 부분적인 문제를 부풀려 4대강 사업을 무리하게 비판하거나 부정적으로만 매도하지는 말아야 할 것이다.

● 스톱 로그 설치로 수문을 보수했다?

 반대 측의 억지 주장은 재퇴적 주장만이 아니었다. 반대 측은 "스톱 로그(stop-log, 수위조절판)를 설치하여 수문 보수를 했다"는 주장을 하기도 했다. 사업 끝난 지 얼마 되지 않아 수문을 수리할 정도로 사업이 엉터리였다는 주장을 하고 싶었던 것이다. 그러나 이 같은 주장도 무책임하기 짝이 없다. 스톱 로그란, 옛날에 통나무를 쌓아 올려 보를 막았던 데서 온 말로 물흐름을 막는 임시 물막이를 뜻한다.

 4대강 보에는 수문이 달려있다. 수문이 고장 났을 경우엔 어떻게 수리할까? 수문 하나를 수리하기 위해 물을 다 빼야 할까? 너무 비효율적이다. 스톱 로그는 이때 필요해서 만든 장치다. 물을 빼지 않고 수문 수리를 위해선 수문 앞에 물을 차단하기 위해 임시 물막이

벽을 세우면 된다. 이 차단벽을 끼우기 위해 보 기둥에 홈이 파여 있다. 이곳에 차단막을 설치해 물을 막으면 수문은 물에 잠기지 않게 되고, 물이 없는 상태에서 보수공사를 할 수 있다.

정부 관계자는 "수문 보수를 위한 스톱 로그 동작 테스트 과정을 보고, 설치된 지 얼마 되지 않은 수문을 수리한 것으로 오해한 것"이라고 밝혔다. 준공을 앞두고 스톱 로그가 정상 작동하는지 확인하는 작업은 당연하다. 이를 하지 않으면 정부는 직무유기를 하는 셈이다. 당연한 조치를 보고, 마치 '수문이 벌써 고장 나 수리를 한 것' 같은 표현으로 국민을 혼란스럽게 한다면 이야말로 무책임하기 짝이 없는 노릇이다.

일반 국민의 입장에서는 전문가 혹은 학자라는 사람들의 주장에 귀를 기울일 수밖에 없다. 그래서 전문가라면 자신의 주장에 더욱 신중해야 하는 것 아닐까? 물론, 정부 쪽 발표가 100% 완벽하다고 할 수는 없을 것이다. 하지만 반대 측이 이런 억지 주장을 하면 할수록, 스스로 모순에 빠지거나 무책임한 주장임이 드러나 점점 더 신뢰를 잃게 될 터인데... 끝도 없이 그런 식이었다.

● 보가 누수되고 붕괴된다?

4대강 사업으로 16개 보가 완성된 뒤, 일부 보(洑)에서 물이 스며 나오는 일이 있었다. 보는 상류의 물을 막아 높이고, 하류 방향에서는 시멘트벽처럼 보이는 부분이 있다. 고정된 부분인 시멘트 보 부분은 평소엔 노출돼 있다가, 홍수로 물이 불어나면 넘치도록 된 곳이다. 이런 곳이 평소에 하류 쪽에서 눈물처럼 일부 물이 스며 나와 흐르는 현상이 생겼다. 원래 시멘트 구조물은 철근으로 뼈대를 만들고, 약 1m 내외로 레미콘을 타설하고, 굳으면 다음 높이에 또 레미콘을 타설하면서 정해진 높이까지 쌓아간다. 하지만 먼저 굳은 하부 레미콘과 나중에 타설한 상부가 만나는 경계면에 미세한 틈이 생길 수 있다. 보에 물이 샌다며 곧 넘어질 것처럼 침소봉대하던 기사들이 난무하고, 일부 학자와 정치인 등이 보의 안정성 문제를 거론하는 것은 일반인 입장에서는 그럴 듯하게 보일 수도 있다.

이런 문제는 대형 댐에서도 자주 보이는 현상이다. 댐도 처음엔 많이 새다가, 점점 석회질이 녹아 틈을 막으면서 시간이 갈수록 누수가 줄어든다. 실제로 충주댐도 준공 직후인 1985년 누수량이 1분당 6백 리터이던 것이 점점 줄어들어 1990년부터는 2백 리터 내로 안정화됐다. 그 뒤 백 리터 대로 더 낮아진 채 유지되다 2000년도 3/4분기에 149

리터로 잠깐 최대 관측량을 보였고, 그 뒤 백 리터 아래로 누수량이 안정돼 지금에 이르고 있다. 이렇듯 시멘트 구조물에서 물이 스며 나오는 것은 아무 문제가 없는 것이다. 또 심하게 새어 나올 경우 공학적인 방법으로 누수를 줄이거나 없앨 수도 있는 것이다.

그럼에도 논란이 이어지자 '4대강 살리기 추진본부'(각주 낙동강 최상류 상주보 등 9개 보에서 누수를 줄이는 보강공사를 추진했다. 사실은 안전보다도 미관과 불필요한 논란을 줄이기 위해서였다. 참고로 충주댐의 허용 누수량은 1분당 900리터나 된다.

이 물을 댐 본체 내부에서 배출하기 위해 곳곳에 배수시설을 갖춰놓고 있다. 대형 댐도 물이 많이 샐 경우 필요하면 에폭시 수지 등 보수재를 주입해 누수를 줄이는 방법을 쓴다.

상주보 누수 전 후 사진

공학적 판단 아래, 전문가들은 4대강 보 건설 공사 직후 시멘트 고정보 부분의 누수는 큰 문제가 아닌 것으로 이미 인정하고 있었다. 하지만 결국, 보 안정성 문제로 언론과 정치권에서 시끄러워지자, 4대강 추진본부와 수자원공사는 사업 반대 측의 전문가 등을 참여시켜 2011년 11월 23일 보 안정성 끝장토론을 하기도 했다.

15. 4대강 '배추 파동' 이야기

4대강 사업과 관련하여 허무맹랑한 음해와 선동은 수도 없이 많았는데, 4대강 사업 때문에 배추 값이 뛰었다는 코미디 같은 주장도 있었다. 내용인즉 이렇다.

2010년 9월 말부터 10월 초까지, 김장철을 앞두고 배추 값이 최대 250%까지 상승한 적이 있었다. 5천 원짜리 한 포기가 1만 5000원까지 된 것이다. 물론 이 가격폭등 주장조차도 사실과 다른 면이 있었다. 당시 경기도 내 마트의 채소 코너 가격표에는 1만 원도 안 되는 금액이 표시돼 있기도 했기 때문이다. 어쨌든 배추 값이 올랐다는 주장이 매스컴을 통해 보도됐다. 실제로, 가격 상승으로 인해 시민들의 불만이 야기되기 시작하자마자 정치권에서는 이를 4대강 사업 공격에 악용했다. 4대강 사업으로 배추 경작지가 줄어서 배추값이 올랐고 국민의 고통이 늘었다는 것이다. 순전히 '아니면 말고' 식이었다.

당시 국회기획재정위 민주당 소속 이강래 의원은 "이상 기온의 이유도 있었겠지만, 4대강 사업으로 배추 경작 면적이 20,000ha(9%) 줄어든 탓"이라고 했다. 같은 당 김영록 의원은 농림수산식품부 국감에서 "4대강 준설로 하천부지 농지 10,550ha가 영구 상실되고, 농경지 리모델링 사업으로 8,191ha 부지를 활용하지 못해 유기농 시설하우스 등 채소 생산 농경지가 농사짓기 어려운 상태"라고 주장했다. 강기갑 민주노동당 의원도 "4대강 사업으로 인해 채소 재배면적의 4.7%에 해당하는 12,295ha가 사라지게 된다"며 배추 값이 4대강 사업 때문에 올랐다고 했다. 정무위원회 유원일 의원(창조한국당 비례대표)도 국무총리실 국정감사에서 농림수산식품부가 '채소값 급등, 4대강 사업 때문이 아니다'라는 보도자료를 낸 데 대해, "산출 근거도 없이 숫자를 조작한, 완전히 날조된 거짓 데이터다. 현실적으로 분석을 해보면, 4대강 지역 시설 채소 재배 면적은 2,500만 평(16.5%)이 줄었다. 정부 발표 1,100만 평(1.4%)과 비교하면 평수로는 1,400만 평, 비율로는 무려 15%가 더 줄어들었다"라고 주장했다. 4대강 사업으로 줄어든 면적이라고 의원들이 내놓은 수치가, 강기갑 4.7%, 이강래 9%, 유원일 16.5%로 이렇게 들쭉날쭉이었다. 한마디로 이들은 배추 값이 올라 시민들의 원성이 올라간 틈을 타 4대강 사업을 때리며 여론의 주목을 받고자 한 것이라고 나는 생각했다.

사실 당시 배추 값이 폭등한 원인은 태풍 곤파스(Kompasu)의 영향으로 강원도 고지대의 고랭지 채소 재배 농경지가 상당한 피해를 입었고, 그로 인해 출하량이 대폭

4대강에 의해 배춧값이 폭등한다는 강기갑의원의 기사

〈출처: 윤성효, "'정부방침 거부한 '둔치 배추' 잘 자라'", "'4대강 사업 때문에 배춧값 폭등하는 것'", 『오마이뉴스』, 2010년 10월 04일 13:33〉
https://www.ohmynews.com/NWS_Web/View/at_pg.aspx?CNTN_CD=A0001455102

줄었기 때문이었다. 또한 전년도의 배추 값 폭락 여파로 재배 면적이 줄어든 탓도 있었다. 더군다나 이때는 늦가을 김장철을 위한 배추의 본격적인 출하 시기도 아니었다.

심지어 강기갑 의원이 낙동강 일대 배추 재배 현장을 둘러보고 있다는 한 매체의 보도 기사 속 첨부 사진을 보면, 이 소동의 본질이 어디에 있는지를 쉽게 짐작해 볼 수 있다.

해당 기사에 게재된 사진 속 배추는 아직 다 자라지도 않았고, 속도 꽉 차지 않은 모습이었다. 낙동강변 배추는 아직 출하 시기도 아니라는 뜻이다. 강변 채소밭 면적이 줄어 배추값이 올랐다는 주장이 얼마나 억지스러운가를 알려 주는 역설적인 장면이었다.

일부 언론은 이런 강기갑 의원의 주장과 '배추밭 쇼'를 대서특필했다. 4대강 사업을 반대하는 언론의 모습이 이 정도였다. 거짓말도 자꾸 하면 진실로 둔갑한다는데, 이런 일이 반복되다 보니 자세한 사정을 알지 못하는 국민은 물론이고 영향력이 있다는 사회 각계각층 일부에서도 '배추 파동'이 진짜 4대강 때문이라고 오인하기까지 했다. 속이 뒤집어질 일이었다.

16. '복지비 축소설'과 환경단체의 궤변

● 복지비가 줄었다!

4년간 22조 원의 예산이 투입된 4대강 살리기 사업으로 인해, 서민들에게 투입될 복지비 예산이 줄었다는 주장이 정치권에 파다했던 것은 사업 초기부터이다. 2010년 3월, 민주당은 '4대강 사업으로 예산 낭비를 하지 않으면 무상 급식, 무상교육을 할 수 있다'라고 선전했다. 지방선거를 앞둔 캠페인으로 보였지만, 국민에게는 매우 자극적인 선동으로 작용했을 것이라 생각했다. 국정감사에서도 4대강 사업과 복지비의 연관성을 비난하는 정치권의 발언들이 난무했다. 4대강 살리기 사업과 관련된 대부분의 선동이 괴담 수준에 불과했듯이, '복지비 축소' 주장도 물론 사실과 달랐다. 여러 정치권 인사들의 발언 내용을 모아 보면 이렇다.

"오늘이라도 4대강 사업을 중단하면 무상급식, 중학교 무상교육을 다 할 수 있다(이석현, 민주당 의원, 4대강 사업 저지 특위 위원장)"

"부자에게만 베풀고 서민은 쥐어짜는 이명박 정권을 심판할 수 있는 '국민의 마패'를 달라(민주당 지도부와 지방선거 출마자 150여 명)"-4대강 사업 저지를 약속하는 선서 및 서명식에서

"(정부가) 4대강 사업에 22조 원을 쏟아 부으면서 결식아동, 비정규직, 쪽방 할머니 등에게 '예산이 없다'고 뻔뻔스러운 거짓말을 내뱉고 있다(유승민, 새누리당 의원)"-2011년 6월

정치인들이 4대강 사업의 예산과 복지 예산을 연관 지어 마치 사실인양 주장하는 것도 놀라웠지만, 조금만 생각해 보면, 당장 눈에 보이는 복지가 아니라고 하더라도, 4대강 사업 역시 국민 복지의 커다란 한 축임을 알 수 있다. 이 사업은 재난재해 방지와 미래 환경, 우리가 마시는 '물'에 대한 투자였고, 국가 경제를 일으킨 뉴딜 정책이었으니까 말이다. 그것도 누군가는, 또 언젠가는 해야 할 일이었다. 성과가 즉각적으로 나타날 수

있는 성격의 복지가 아니더라도, 진정한 의미의 복지에 대해 생각해 보아야 할 것이다.

● 환경단체의 자기모순

환경단체 등의 반대 세력들이 4대강 사업을 반대하는 논리를 크게 보면, '자연을 그대로 두라'는 것이다. 인류의 문명이 강(江)과 함께 발전해 왔다는 것은 주지의 사실인데, 막연히 '그대로 두라'는 주장이 21세기 사회에서 가당키나 한 논리인가.

이들의 주장 중에는 강변 농경지를 왜 없애려 하느냐는 말이 있었는데, 많은 이들이 대수롭지 않게 넘어간 부분이지만, 반대 단체의 위선을 가장 잘 표현한 부분이기도 하다. 반대 단체에서는 강변의 비닐하우스를 철거하는 것에 대해 "농민 생존권을 보장해야 한다"는 명분과 "유기농인데 왜 강변에서 쫓아내려 하느냐"는 논지로 비판적 주장을 했다.

언뜻 내막을 잘 모르는 사람들이 '유기농법'이라는 말을 들으면 꽤 그럴듯하게 보일 수는 있을 것이다. 유기농이라는 것이 무엇인가? 농약을 아예 안 쓰는 것도 아니고, 거름을 안 치는 것도 아니지 않은가? 저독성 농약을 쓰고, 화학 비료 대신 거름을 쓴다는 것이다.

그렇다면, 유기농 거름은 무엇인가? 닭똥과 돼지 똥을 재료로 만든 퇴비 아닌가? 비가 올 때면 그런 퇴비에서 흘러나온 물이 비닐하우스 주변으로 시커먼 간장처럼 보기 흉하게 고이고, 이런 오염원이 흘러서 강으로 들어가는 모습을 직접 목격한다면 차마 그런 소리를 하지는 못할 것이다. 돼지 똥 거름이 빗물에 곤죽이 되어 강으로 흘러 들어가는 모습을 보고서도, 유기농이라 강에 피해를 주지 않는다느니, 그래서 철거할 필요가 없다느니 하는 논리가 얼마나 황당무계한 논리인지 금방 알 수 있을 것이다.

순수하게 풀을 썩혀 만든 퇴비라고 해도, 강물 입장에서는 심하게 오염된 썩은 물과 진배없지 않은가. 한강 두물머리 일부, 낙동강변, 금강변 둔치 농경지 모두 비슷한 상황이었다. 비만 오면 거름이 강물로 쏟아져 들어가고, 봄이면 곳곳에 거름물이 도랑을 이뤄 역겨운 모습을 보여주는 것은 일상이다시피 했다.

수십 년간 식량 문제나 농촌 문제와 맞물려서 없애고 싶어도 현실적으로 손을 쓰지 못하고 있을 때, 환경단체나 일부 전문가들은 강변 농경지가 오염원인데 왜 안 없애냐며 비판을 했었다. 그런데 이제 4대강 사업으로 없앤다고 하니, 이번엔 농민들을 부추겨서 그들과 함께 4대강 사업 반대 시위를 한다고 나서다니! 이런 자기모순의 논리가 어디 있을까. 그저 뻔한 속셈이 드러날 뿐이었다.

17. 환경단체의 공사 현장 점거 사건

● 고마운 응원군들

호사다마(好事多魔)라고 했던가? 좋은 일에 마(魔)가 낀다고 하지만 거꾸로 나쁜 일에도 솟아날 구멍은 있다. 4대강 사업이 한창 궁지에 몰렸을 때도 그랬다. 한강에는 여주 군민들이 있었고, 낙동강에는 창녕 주민들이 있었다. 경남 창녕군의 화왕산 포럼, 경남환경연합 등 단체가 중심이 되어 크고 작은 여러 모임들이 4대강 사업을 지지하고 나섰다. 금강(錦江)에서도 부여군 주민들이 나섰다. 영산강의 경우 애초부터 주민들이 수십 년간 숙원 사업으로 강 정비를 요청해 온 터라 더 적극적이었다.

그러나 사업 초기에 환경단체의 무단 점거 사태가 일어났던 곳도 경남의 함안보와 경기도 여주의 이포보였다. 서울과 가까운 여주는 언론이나 정치권의 관심이 훨씬 더 집중됐다. 이포보 점거 사건의 기억은 지금도 생생하다.

● 타워크레인 고공 시위

2010년 7월 22일 새벽, 여주군 대신면 이포보 현장에서 서울국토관리청 직원으로부터 전화가 왔다. 이포보가 점령됐다는 것이다. "이포보가 환경단체에 점거됐습니다." 직원의 목소리는 다급했다. 40일에 걸친 환경단체와의 갈등은 이렇게 시작됐다.

같은 시간, 경상남도 함안보 현장에서도 타워크레인에 3명이 올라갔다는 소식이 올라왔다.

새벽 3시 무렵, 잡목이 우거진 이포보 주변의 강 둔치를 통해

이포보 공사 현장 점거 농성 장면

〈출처 : 김경태 기자, 「이포보 점거농성 환경단체 간부 3명 징역형」, 『연합뉴스』, 2011년 10월 14일 오후 3:39〉
https://n.news.naver.com/mnews/article/001/0005318219?sid=102

20여 명의 환경단체 회원들이 공사 현장에 조직적으로 접근했다. 공사장 정문을 피해 이포보 현장 상류 당남리 쪽으로 올라가 공사 구역이 아닌 둔치를 따라 내려온 것이다. 일부 4대강 반대 매체 기자들도 이들과 함께 이동한 것이 나중에 알려졌다. 이포보에서 이들이 가려고 한 최종 목표지는 가동보[37]의 수문 권양기[38]를 설치할 기둥이었다. 이 기둥은 보가 설치된 뒤 공사용 도로나 보행을 위해 설치되는 다리(공도교[39]) 상판을 받치는 교각이다. 공도교의 교각도 되지만 가동보 수문을 들어 올리는 권양기가 위치할 구조물이기도 하다. 당시에는 총 15개 중에서 10개째 교각을 건설하는 중이었다.

환경단체는 건설 중인 교각 중에서도 강물 한가운데에 서 있는 기둥 위에 3명의 농성자를 올려놓고 나서 공사용 사다리를 아예 철거해 버렸다. 공사용 사다리는 시공사의 공사용 설비인데 이를 무단으로 치워버렸으니, 점거 농성자도 못 내려오고, 아래에서 공사 관계자도 올라갈 수 없게 된 것이다.

당시 이포보의 공도교 교각에 올라간 점거자는 염형철 서울환경운동연합 사무처장 외 환경단체 간부 2명 등 총 3명이었다. 나머지 20명은 인근 장승공원(현재의 이포보 우안(右岸) 범선 카페가 있는 곳에서 하류 방향으로 300m가량에 위치)에 천막을 치고 응원 농성을 시작했다. 보 기둥에 올라간 3명은 식량과 발전기, 연료, 휴대전화, 4대강 사업 반대 구호가 적힌 플래카드 등을 치밀하게 챙겼다.

이포보가 점거되자, 현장은 졸지에 반대 단체의 '성지(聖地)'가 됐다. 창조한국당의 유원일 의원은 첫날부터 응원군을 자처했고, 민주당의 김진애 의원도 불쑥 찾아왔다. 이들은 농성자를 내려오라고 설득하기는커녕 현장의 공사 관계자만 질책했다. 유원일 의원은 보 위의 불법 점거자에게 휴대전화를 연결해 하나하나 돌아가며 격려 통화를 하기도 했다. 일일이 손을 흔들고 웃으며 대화하는 장면까지 연출해서 현장 관계자들의 속을 뒤집어 놓다시피 했다. 불난 집에 부채질이 따로 없었다.

현장에선 날마다 방문자 이름을 기록했다. 자그마치 40일간 1만 명이나 다녀갔다. 정치인부터 환경단체, 이름도 알 수 없는 단체, 종교인들까지 망라됐다. 환경단체들은 거의 매일 수시로 찾아오다시피 했다. 정치지도자라는 사람들은 현장까지 깊숙이 들어왔다. 점거자들이 올라가 있는 기둥이 강물 한가운데에 있었으니 가까이 다가가기 위해서

---

[37] 가동보 : 중규모 이상의 하천에서 설치하는 보(보의 종류와 형식은 홍수위 변동, 하상변동, 수질변화,생태계에 미치는 영향, 자정능력 변화 등을 고려하여 설치)
[38] 권양기 : 밧줄이나 쇠사슬로 무거운 물건을 들어 올리거나 내리는 기계
[39] 공도교 : 나라나 도(道), 시(市) 등에서 마련하여 관리하는 공도에 놓은 다리

였겠지만, 실상 가장 가까이 다가가서는 이들을 향해 위험하니 농성을 풀고 내려오라는 설득은커녕 오히려 힘을 내라고 부추기기 바빴다.

환경단체가 점거할 당시부터 경찰에서는 사실상 아무런 힘도 못 썼다. 명백한 불법이 자행돼도 속수무책이었다. 그래도 특정인이나 특정 단체가 지적하는 문제점에 대해서는 논리적인 반박도 가능하고, 필요에 따라 해명 자료를 내고 이해를 구할 수도 있었다.

하지만 점거 농성과 같은 실력 행사에 대해서는 할 수 있는 방법이 마땅치 않았다. 정부로서는 원칙에 따라 법 집행을 하면 되는 일이었겠지만, 정권 초기 용산 재개발 현장의 '철거민 시위' 진압 과정에서 예기치 않았던 사망자가 나오는 바람에 온 국민이 애통해하는 일이 있지 않았던가. 당시 상황에서는 경찰을 비롯하여 정부의 어느 부처에서도 진압이라는 카드를 선뜻 내밀 수 없었다.

● 보다 못한 주민들이 나섰다!

그런 상황에서 급기야 보다 못한 현지 주민들이 나섰다. 여주 이포보 주변의 천서리 주민들은 애초부터 보 건설에 적극적인 환영 입장이었다. 점거 농성이 시작된 당일 아침, 어르신들을 중심으로 9명 정도의 인원이 모였지만, 이런 일에 경험이 전혀 없는 분들인지라 시위다운 시위를 할 수 있는 상황이 아니었다. 하지만 둘째 날부터 더 많은 수가 모여 시위하며 점거 농성 중인 시위자와 응원 나온 환경단체에 농성을 풀라고 항의하기 시작했다.

불법 점거 첫날, 환경단체 시위에 대항한 주민들은 9명뿐이었지만, 점차 불법 시위를 옹호하고 응원하는 외부인들의 발길이 이어지자, 현지 주민들의 기류도 급격히 바뀌게 된 것이다. 현지 주민들이 내 일인 것처럼 앞장서 나서기 시작했고, 날이 갈수록 그 숫자가 늘어났다. 이들은 환경단체가 진을 치고 있는 장승공원에 달려가 떠날 것을 요구했고, 환경단체가 24시간 밤샘 시위를 하면 근처에서 함께 24시간 감시 활동을 했다. 시위 현장을 소개한 당시 기사를 보면 현지 주민들의 절박한 심정이 생생하게 그대로 드러난다.[40] 속이 후련했다. 촌각을 다투며 사업을 진행해야 했던 현장 책임자 입장에서는 "여주군 아저씨들 만세!"라는 소리가 저절로 나왔다.

---

40) 막가는 반대단체, 여주군민 폭발. 뉴데일리, 2010.7.23일 자 기사

사업 초기, 반대론이 온 인터넷을 달구고 있을 때, 사실상 대부분의 언론들이 수수방관하거나 일부에서는 반대론에 슬그머니 편승하기까지 했다. 전체적인 내용을 모두 이해하기 어려웠을 수도 있었으니, 어찌 보면 다소 방관적 입장을 취하는 편이 안전했을 것이다. 그래도 현장 분위기만은 사뭇 달랐다는 사실을 얼마나 알고 있을까? 실제로 반대단체가 주말마다 투어 하듯 들이닥치던 현장 인근 여주 시내에는 '4대강 사업 찬성 플래카드'가 이곳저곳에 두루 걸려 있었다.

이포보 시공사인 대림산업개발에서 중요한 공사를 진행하지 못해 전전긍긍하고 있는 사이, 현지의 마을 주민들은 이들 환경단체 응원꾼과 시위자들을 감시하며 사업 진행을 위해 큰 힘을 보탠 것이다.

일부에서는 반대 단체에 맞선 시위를 정부가 조종했다고 폄하하기도 했지만, 시위 현장에 직접 참여한 주민들의 분위기는 조종당한 사람들의 모습이 전혀 아니었다. 환경단체의 여주 이포보 점거 당시 맞불 찬성시위를 벌인 사람들이나 4대강 살리기 사업 찬성 의지를 담은 '건의문'을 국회의장에게 전달했던 여주 시민들의 소리를 들어보면, 지역 민심이 진심으로 분노하고 있음을 알 수 있었다.[41]

● 환경단체 간부가 지역 정치인이 된 과정

서울에서 가까워 사업을 반대하는 농성자들의 접근이 더 쉬웠고, 그런 이유로 미디어의 공격을 더 쉽게 받았으며, 그만큼 사업의 진행도 쉽지 않았던 지역이 여주였다. 여주에서 또 어려운 점이 있었는데, 4대강 사업에 반대하는 환경단체의 간부가 현지에서 직접 식당을 운영하는 주민이었다는 것이다. 당시에 그는 여주 강천보 하류 지역 한강이 한눈에 내려다보이는 곳에서 식당을 운영하고 있었다. 사실상 한강에서 일어나는 일을 24시간 감시하는 셈이었다. 그는 사업 초기에는 주로 중장비 작업 과정에서 일시적으로 발생되는 흙탕물을 문제시했다. 여기저기 언론과 반대 단체들에게 '강이 망가진다'는 식으로 떠들었고, 사업이 중반을 지나가는 무렵에는 '물고기가 죽는다 어떻다', '멸종위기 종 단양쑥부쟁이가 죽는다' 등 레퍼토리도 참 다양했다.

준설 공사를 하기 위해 포크레인을 강물에 대면 흙탕물이 나는 게 자연스러운 일이다. 흙탕물뿐 아니라, 차량이 많은 하천 공사 현장에서 꼬투리 잡을 것이 얼마나 많았겠는가?

---

41) "4대강 반대는 정권전복 운동..세종시도 투표했냐", 뉴데일리, 2010.9.17일 자 기사

환경단체 주장을 전하는 일부 언론의 억지 과장 보도에는 '그 사람'의 코멘트가 단골로 나왔고, 반대 뉴스는 거의 실시간으로 인터넷에 떴다. 사실상 '반대 단체'가 망원경이나 현미경을 들고 사업 현장에 껌딱지처럼 붙어서 감시하는 것이나 마찬가지였다. 단양쑥부쟁이가 발에 밟힐 지경으로 지천에 깔린 강천섬이나 삼합리섬도 그가 거주하는 곳에서 가까웠으니, 시시콜콜한 이야깃거리마저도 반대 매체들을 통해 거의 생중계하다시피 전달됐다. 어느 정도 일리가 있으면 모를까, 그의 말은 허무맹랑하기만 했다. 그렇게 이름 석 자를 날리고 입지를 다진 그는 이후에 이 지역의 지역 정치인으로 나섰다. 나는 이런 세상이 정상인가 하는 의구심을 지금도 지울 수가 없다.

● 쓰레기 불법 매립 사건

8월 2일, 열흘이 넘어가도 끝날 기미가 보이지 않던 이 점거농성 사태에서, 무단 점거자들의 힘이 빠지게 되는 사건이 발생했다. 장승공원에서 점거 농성자들을 응원한답시고 철야 시위를 벌이던 사람들이 야간에 치킨을 먹고 나서 몰래 주변에 묻어버린 것이 들통났기 때문이다. 환경을 위한다는 명분으로 불법 행위를 포장해서 4대강 사업을 극렬 반대하던 사람들이, 한밤중에 그것도 남들 모르게 쓰레기를 강변에 묻어버렸다니… 얼마나 우스운 일이 되었겠는가. 이들의 위선과 본모습이 만천하에 드러나게 된 사건이었다. 환경단체가 공원에 음식물 쓰레기를 파묻은 현장을 찾아낸 것도 주민들이었다.

주민들은 이날 밤 11시경에 쓰레기 묻은 현장을 찾아냈고, 환경부 당직실로 신고를 했다. 당시, 여주군 환경과 직원이 불법 매립이 의심되는 공원 주변 8곳을 점검한 결과, 수박껍질과 옥수수, 빵 등이 매립된 것을 실제로 확인했다. 여주 군민들은 이 사건 이후로 "환경단체의 위선이 만천하에 드러났다"라고 비판했다. 환경단체가 음식물 쓰레기를 강가에 묻어버린 사건 이후 환경단체의 도덕성은 땅에 떨어졌고, 점거 농성의

이포보 농성 환경단체 음식쓰레기 불법 매립 현장 사진
〈출처 : 이우성 기자, 「이포보 농성 환경단체 음식쓰레기 불법 매립」, 『연합뉴스』, 2010년 08월 03일 11:23〉
https://www.yna.co.kr/view/AKR20100803089400061

명분도 점점 힘을 잃어 갔다. 결국 환경단체는 8월 31일에 농성을 풀었다.

● 점거 농성 현장의 에피소드

당시 농성 현장에선 이런 일도 있었다. 점거 농성 당시, 점거자들은 3일 치 식량을 준비해 간 것으로 알려졌다. 7월 22일 시작된 농성이 길어지자 28일에는 심명필 4대강 추진본부장이 농성하는 곳까지 직접 올라가서 해산을 권유하기도 했으나 농성자들은 거부했다. 8월 1일, 법무부장관을 지낸 민주당 천정배 의원과 김희선 전 의원 일행이 음식 등을 가지고 농성 현장을 찾았다. 이들은 현장에서 4대강 사업을 반대한다며 연좌 농성 장면을 연출하기도 했다.

그동안 시위자들에게 환경단체가 음식과 상비약을 보내왔다. 그러던 중, 음료수병에 석유계통의 발전기 연료를 몰래 담아 올리려다가, 경찰과 함께 음료수의 성분을 확인하던 의료진에게 발각되어 압수되기도 했다. 당시 시위 주최 측은 자양강장제 병에 이 연료를 담았다. 당시에는 점거 당시 갖고 올라간 발전기의 연료로 쓰려 한 것이라고 추정하는 시각이 많았다. 하지만 4대강 추진본부에서는 다른 각도의 우려 때문에 이를 압수해야만 했다. 실행 가능한지 여부를 떠나서, 정부나 공사 관계자 입장에서는 가연성 연료의 반입으로 인해 예기치 못한 불미스러운 사태가 발생할 수도 있다는 점을 고려하지 않을 수 없었다.

"가연성 연료와 사람이 같은 장소에 있다."
"그분들은 시위 목적을 달성하기 위해 극단적인 방법도 불사한 점거 농성자들이다."
"점거 농성자가 어떤 행동을 할지 100% 예상할 수는 없다."

이런 특별한 상황에서, 상상할 수 있는 모든 가능성을 염두에 두어야 하지 않을까? 만에 하나 '분신' 사건이라도 일어나게 된다면 그야말로 낭패가 아닌가. 점거 농성 행위가 보여주기 위한 쇼가 되었든 진심이 되었든, 우리는 이런 것까지 상상하고 미연에 막지 않을 수 없었다.

당시 환경단체는 현장에서 농성자에게 밥을 안 준다고 비난한 적이 있었다. 우리는 음식만큼은 충분히 제공하기로 했다. 화가 나고 답답한 분위기 때문이었던지, 현장에서는 음식 주는 것에 대해서도 볼멘소리가 나왔다. 하지만 나는 "달라는 대로 다 주라"고 지시했다. "삼겹살도 주고 실컷 먹게 하라"고까지 했다. 농성이 장기화되고 폭염도 심해지면서 농성자들의 건강과 안전을 생각하지 않을 수 없었다. "실컷 먹고 얼마든지 해보라." 이런 심정이었지만, 인도적인 차원에서 음식 제공에는 인색하지 않도록 했다.

농성과 관련하여 짚어보아야 할 또 하나의 문제점은, 시위를 주최한 측뿐만이 아니라 종교단체들까지 찾아와서 시위를 독려하고자 했던 상황에 있다. 특히 일부 정치인은 여주 이포보와 경남 함안보 시위 현장을 오가기도 했다. 또 일부는 위문품을 보내듯이 시위자들을 위한 물품 전달 시도를 계속하고 있었다.

주민들 일부는 "날도 더운데 불 지르는 것도 아니고, 불법 시위를 만류하고 중단시키려는 노력은 안 하고, 얼굴 도장 찍듯 와서 시위를 부추기는 정치인들을 보면 안타깝다. 시위자들만 고생인 것 같다"는 반응을 보이기도 했다. 실제 시위 현장에 온 일부 국회의원은 시위자들과 휴대전화 통화를 하며 보란 듯이 웃으면서 격려하기도 했다. 생필품 등 '위문품' 들고 생색내러 오듯 시위장을 찾는 정치인들도 있었다.

이렇게 정치권에서 현장을 찾아 점거 농성자를 두둔하는 상황에서, 시위가 장기화되지 않을까 심각하게 우려스럽기도 했다. 아마도 교각 위에 올라가 있는 시위자들도 이런 방문자들 때문에 내려오고 싶어도 내려오지 못하는 것은 아닐까 하는 걱정까지 들 정도였다. 지금 와서 보를 철거하고 중단하는 것이 불가능하다는 것은 반대 단체나 시위자들도 잘 알고 있을 것이기 때문이다.

내가 시위자라고 해도 적당한 선에서 일부 주장을 관철시키고 내려오는 것 외에, 근본적으로 사업을 되돌릴 수 없다는 사실을 잘 알고 있으니, 적절한 시기에 내려오고 싶은 마음이 들 수도 있었을 것이다. 그런데 정치권에서 이렇게 자꾸 찾아오면 내려오고 싶어도 그러지 못할 형편이 되니, 한편으로는 시위자들이 참 딱하다는 생각도 들었다.

경남 창녕군의 주민들은 서울 국회의사당 앞에 와서 시위를 하기도 했다. 창녕 주민들이 시위현장에서 외친 구호 등을 살펴보면, 주민들이 왜 분노의 목소리를 토해내고 무엇을 성토하고자 하는지 짐작해 볼 수 있다. 당시 상황을 전한 언론보도에는 다음과 같은 외침들이 담겨 있었다.[42]

"야당은 정치적 목적으로 4대강을 이용 말라"

---

[42] 민주당에 화난 창녕군민 "영산강만 살리느냐?", 뉴데일리, 2010.12.7일 자 기사

"오염된 낙동강을 방치하란 말인가"

"영산강은 되고 왜 낙동강은 안 되는가?"

"반대 환경단체와 반대 정치인은 자연 파괴와 자연 이용도 구분하지 못하나?"

창녕 군민 맞불집회하는 모습 〈출처 : 4대강 백서 인용〉

18. 도마 위에 오른 도산 안창호 선생의 '강산개조론'

도산 안창호 선생에게도 4대강 사업 반대론자들 때문에 난데없이 불똥이 튀었다. 2010년 12월 27일, 국토해양부 업무 보고 자리에서 이명박 대통령이 언급한 도산 선생의 '강산개조론' 때문이었다. 내용은 이렇다.

"4대강 사업이 (완공)되면 도산 안창호 선생의 강산 개조의 꿈이 이뤄지는 것이다. 한때는 많은 반대와 이해 부족이 있기도 했고 의도적으로, 정치적으로 반대하는 사람들도 있었다. 하지만 완성되고 나면 모든 사람이 다 함께 긍정적으로 평가할 것이다."
"폐수가 나오는 강을 보고 자란 사람들과 맑은 물이 흐르는 강을 보고 자란 사람들은 심성적으로도 많이 다를 것이다"
"4대강은 정서적으로 굉장히 중대한 변화를 가져오는 효과가 있을 것이다"
"4대강 살리기 사업이야말로 도산 안창호 선생의 '강산(江山)개조론'의 정신을 계승하는 것이다"

이 발언과 관련하여, 안병소 안창호기념관 사무총장도 12월 28일 평화방송 '열린 세상! 오늘'과의 인터뷰에서 도산 안창호 선생의 강산개조론과 4대강 살리기가 그 맥을 같이 한다고 강조했다.[43] 그러자 야당에서는 예상대로 벌 떼처럼 몰려들어 궤변을 쏟아내기 시작했다.

국회 환경노동위 김성순 위원장(민주당)은 대통령 발언 다음 날인 28일, 자신의 홈페이지에 올린 성명서에서, "도산 안창호 선생의 '강산개조론'은 강산을 황폐화시키지 말고, 가꾸고 보존해야 한다는 내용으로, 환경을 파괴하고 자연생태계를 훼손할 우려가 높은 이명박 정권의 4대강 사업과는 전혀 다른 것"이라고 주장했다. 게다가, "도산 안창호 선생의 강산개조론에 대해 꼼꼼하게 읽어봤는데, '강산을 보다 가치 있게 하려면 황폐화시키지 말고, 금수와 곤충이 번식할 수 있도록 제대로 가꾸고 보존해야 한다'는 말씀이셨다"라고 자의적 해석까지 달았다. 또한, "이명박 대통령이 도산 안창호 선생의 '강산개조론'을 왜곡하여 4대강 사업을 정당화하려는 것은 어불성설(語不成說)"이라고 말했다.

---

43) "4대강 살리기, 안창호 선생 정신과 일치", 뉴데일리, 2010.12.29일 자 기사

민주당 이춘석 대변인은 대통령의 발언에 대해, "선생의 고귀한 뜻을 왜곡하는 아전인수다. 4대강 사업은 도산 선생이 아닌 이명박 대통령 식의 강산개조일 뿐이다"라고 말했다.

민노당 우위영 대변인은 "이명박 대통령이 4대강 사업을 변호하기 위한 억지 주장을 그만두길 바란다. 대통령이 굳이 역사에서 교훈을 찾고 싶다면, 중국 대륙을 잇는 대운하 건설을 위해 백성의 고혈을 짜다가 비극적인 최후를 맞은 수양제에게서나 찾기 바란다"라며 비아냥댔다. 그러나 정작 대통령의 발언 이후 나온 정치권의 반응은 '도산 선생의 연설 내용 원문'은 빼고 대통령 발언 자체에 대한 비난만 쏟아낸 것에 다름 아니었다.

박선영 자유선진당 대변인의 경우에는 다음과 같이 안창호 선생의 발언 일부를 인용하기는 했다. "1919년 연설에서 '강과 산을 개조하고 아니하는 데 얼마나 큰 관계가 있는지 아시오?… 저 산과 물이 개조되면 자연히 금수, 곤충, 어오(魚鰲)가 번식하게 됩니다… 그 민족은 자연을 즐거워하며 만물을 사랑하는 마음이 점점 높아집니다… 강산이 황폐함을 따라서 그 민족도 약하여집니다'라고 말했다." 도산 선생의 발언을 일부 인용하기는 했으나, 원문의 전후 발언 내용은 제대로 밝히지 않아 결국 대통령을 비난하는 결과가 되고 말았다.

도산 안창호 선생의 '강산개조론' 원문은 이렇다.

> 이제 우리나라에 저 문명스럽지 못한 강과 산을 개조하여 산에는 나무가 가득히 서 있고, 강에는 물이 풍만하게 흘러간다면 그것이 우리 민족에게 얼마나 큰 행복이 되겠소. 그 목재로 집을 지으며 온갖 기구를 만들고 그 물을 이용하여 온갖 수리에 관한 일을 하므로 이를 좇아서 농업, 공업, 상업 등 모든 사업이 크게 발달됩니다…… 이 물자 방면뿐 아니라 다시 과학 방면과 정신 방면에도 큰 관계가 있고. 저 산과 물이 개조되면 자연히 금수, 곤충, 어오(魚鰲;물고기와 자라)가 번식됩니다. 또 저 울창한 숲 속과 잔잔한 물가에는 철인 도사와 시인 화객이 자연히 생깁니다. 그래서 그 민족은 자연을 즐거워하며 만물을 사랑하는 마음이 점점 높아집니다. 이와 같이 미묘한 강산에서 예술이 발달되는 것은 사실이 증명하오. 만일 산과 물을 개조하지 아니하고 그대로 자연에 맡겨 두면 산에는 나무가 없어지고, 강에는 물이 마릅니다. 그러다가 하루아침에 큰비가 오면 산에는 사태가 나고 강에는 홍수가 넘쳐서 그 강산을 헐고 묻습니다. 그 강산이 황폐함을 따라서 그 민족도 약하여집니다.

안창호 선생이 1919년 중국 상해에서 했다는 연설의 한 대목이라는데, 내용은 지금 상황에서도 꼭 들어맞는 지적이다. 과거에도 이렇게 망가졌던 강과 하천과 산을 나름대로 가꿔 이롭게 활용하자는 말로 4대강 사업의 취지와 사실 똑같은 원리라고 해도 과언이 아니다. 아마도 야당이든 언론이든 도산 선생의 뜻이 어떠하리라는 것은 알고 있었을 것이다. 다만, 4대강 사업을 반대하기 위해서라면 도산 안창호 선생의 발언도 서슴없이 자의적으로 해석한다는 것을 상식적으로 이해할 수 없었다. 정말 집요하고 무섭기까지 했다.

19. 내가 영포라인이라고?

● 섣부른 넘겨짚기와 괴롭힘

사실 필자는 경북 포항에서 태어났고, 동지상고(同志商高)를 나왔다. 대통령과 동향인데다 출신 고등학교도 같다. 주변의 오해는 원래부터 각오했던 터이다. 그러나 내가 대통령과 선후배 사이라는 것은 '이력을 확인해 보니 같은 동문이더라'라는 것뿐이지, 동문으로서 알고 있었던 것도 아니고 동문회 활동을 이어온 것도 아니었다.

같은 고향이고 같은 학교 동문일 뿐이지, 나는 말단 공무원부터 시작해서 공무원으로 평생을 지냈고, 대통령은 샐러리맨으로, CEO로, 행정가로 우리 사회에 중요한 발자취를 남기며 살아온 분이 아닌가. 서로 다른 길에서 서로 다른 방식으로 국가에 기여하는 길을 걸어왔을 뿐, 개인적으로는 아무 관계도 없는 사이이다. 앞에서도 언급했지만, 필자는 과거 어느 정부에서도 국가 공무원으로서 나름대로 소임을 다했다고 자부한다.

과거 60~70년대 강 주변은 여름철 홍수에 대비하는 제방 시설이 낙후되어 있었을 뿐만 아니라 무제부(無堤部, 제방이 없는 곳)가 많았다. 하절기에 예상치 않은 기상 변화로 홍수가 닥치면 강 주변의 농토들은 침수로 인하여 일 년 농사를 망쳤고, 먹을 식량이 없어서 많은 사람들의 삶이 피폐해지거나 그들 중 누군가는 굶어 죽는 일마저 생겼다.

필자가 공무원으로 임용되었던 78년도는 정부에서 굶주림을 탈피하기 위해 식량 증산 대책을 세웠고, 그 일환으로 ADB(아시아개발은행) 차관 자금을 동원하여 연안 개발사업을 추진했던 시대이다. 이 사업은 낙동강 상류인 안동에서부터 부산에 이르기까지 하천 일대를 개발하는 것이 주목적이었으며, 필자는 여기에 말단 공무원으로 5년 동안 참여했었다.

강 주변 경작지의 농민들과 생사고락을 함께하면서, 홍수나 가뭄 때마다 현장의 문제점을 몸서리치게 목도했고, 실천적 해결 방안을 직접 수립해 본 경험이 누구보다 많았다. 말단 시절부터 하천을 잘 아는 공무원으로서의 길을 걸어왔기에, 말년에 '4대강 살리기' 사업에까지 연(緣)을 맺게 된 것이라 여기고 있다.

그러나 4대강 사업이 진행되는 동안 대통령과 동향이자 동문이라는 굴레는 꽤나 무거웠다. 사정 기관의 조사는 기본이었고, 외부에서 야기되는 갖은 음해에 시달릴 수밖에 없었다. 대통령을 공격하기 위해서라도 그런 일은 당연히 벌어질 수 있었을 것이라고 이제는 받아들이고 있다. 일부 공무원들도 시기와 질투 섞인 심정으로, 때로는 냉소 섞인 눈으로 보고 있었을 것을 모르지 않는다. 당시의 야당 정치인들은 국회나 국정감사장에 나를 불러 놓고, 사업과 전혀 관계도 없이 '영포회'를 들먹이며 4대강 사업과 필자의 명예를 흔들기도 했다.

아무리 이해하고 받아들이고 체념하다시피 내려놓는다 하더라도, 반대 단체의 공격이 극심해지고, 국회에 불려 가 이유도 모른 채 야단을 맞고, 급기야 사정 기관의 조사까지 받아야 하는 일이 벌어진다면, 보통 사람으로서 차마 견디기 힘든 일이 아니라고 할 수는 없다. 어떤 날은 울화가 치밀어 도저히 잠을 이룰 수 없었던 적도 있었다. 막걸리라도 한 사발 들이키지 않았다면 그냥 뜬 눈으로 몇 날 며칠을 꼬박 새웠을지도 모를 일이다.

● 방이동 '참꼬막집'의 추억

필자는 어느 때부터인가 외부인을 만나는 것은 아예 포기하기도 했다. 비싼 식당에는 아예 갈 생각도 안 했고, 업무에 매달려 지나다가 늦게 퇴근하면서 불현듯 울화가 치미는 날이 늘어갈수록 귀가해서도 도무지 잠을 이룰 수 없었다. 술기운을 빌어 잠을 청하려고 막걸리 잔에 기대는 날도 하루 이틀 늘어만 갔다.

간이 탁주 사발을 기울이던 곳이란 바로 필자의 거주지 뒷골목 한쪽에 자리 잡은 '꼬막집'을 말한다. 연탄 아궁이식 원형 탁자가 대여섯 개 남짓 놓여 있는 작은 대폿집이다. 예상은 했지만 아니나 다를까! "22조 원이나 들어가는 사업의 현장 지휘관이니 어디서 귀한 음식이나 얻어먹고 다니는 것 아니냐?"는 진담 섞인 농담도 간혹 내 귓전까지 들려왔다.

하지만 어쩌랴! 정작 울화를 속으로 삭이며 내가 막걸릿잔을 기울이던 곳은 집 근처 뒷골목에 자리 잡은 단골식당뿐이었다. 이곳이야말로 사업 기간 내내 필자의 개인적 애환이 켜켜이 쌓이고 서린 곳이다.

답답할 때마다 인근에 사는 친구를 불러냈고, 육군항공대에서 헬기 조종사를 했던 초등학교 시절의 친구와는 거의 매일 같이 세상 이야기를 주고받으며 찌들고 지친 심신을 달래곤 했다. 주변의 다른 친구들도 수시로 꼬막집을 찾아와 필자의 넋두리를 들어주거나 시달리는 마음을 위로해 주었고, 때로는 사업추진본부의 각 팀장이나 팀원들도 달려와서 급한 보고를 겸해 지친 마음을 함께 풀기도 했다. 종종 막걸리 한 잔에 세상사 온갖 시름을 모두 비울 듯이 허세를 부리는 필자 일행을 보고 주인도 아마 의아해하지 않았을까 싶다.

어느 날 막걸릿잔을 한참 기울이던 시간, MBC 저녁 8시 뉴스에 필자의 인터뷰 한 장면이 흘러나왔다. 마침 주인장이 그 장면을 보았고, 그제야 내 정체를 어렴풋이나마 알게 됐을 뿐이었다. 그 이후부터 어쩌다 '꼬막집'에 예약이라도 하게 되면 마음씨 선한 그 주인장이 창가의 한 자리를 아예 비워주기도 했다. 참꼬막집 창가에서 막걸리 한잔 걸치고 서로를 위로하는 시간이 없었다면, 내 인생도 4대강 사업도 지금 여기까지 과연 올 수 있었을까 하는 생각마저 든다.

20. 심야에 울린 청와대 발 긴급 전화

● 상주보 가설도로 일부 유실 사건

2010년 5월 그해 첫 폭우가 쏟아지던 어느 날, 급하게 울리는 전화벨 소리에 어렵사리 겨우 청한 잠을 깼다. 휴대폰을 보니 부재중 전화가 다섯 통이나 찍혀 있었다. 청와대의 이동우 정책관이었다. 야심한 시각에 무슨 일인가 싶어서 선잠이 마저 깨지도 못한 채 전화를 걸었다. "뉴스를 보니 상주보의 공사용 다리가 다 떠내려간 것 같다는데 무슨 일이냐?", "별거 아닐 겁니다. 자세히 확인해 보겠습니다"라고 응답한 뒤 전화를 끊었다.

이튿날 낙동강의 상주보, 낙단보, 구미보에 공사 독려 차 방문 계획이 있었던지라, 날이 새기 무섭게 상주보 부터 먼저 방문했다. 하천 한가운데에 조성했던 공사용 임시

가설도로 일부가 폭우로 인한 수위 상승 때문에 일부 유실된 상태였다. 하천 공사에서는 강물이 불어나고 수위가 상승하면 수시로 발생하는 상황이었다. 강물이 줄어들고 수위가 낮아지면 임시도로를 다시 보수하여 정상적으로 공사를 추진하면 되는 일이었고, 현장에서는 그저 일반적인 상황일 뿐이었다. 그러나 언론 매체의 보도 태도는 현장의 상식과 사뭇 달랐다. 유실된 가설도로 부분을 클로즈업해서 촬영했고, 마치 대단하고 심각한 피해를 입은 것처럼 뉴스를 내보냈던 것이었다. 이번에도 예상은 크게 빗나가지 않았다. 4대강 사업 반대 측에서는 "대통령이 밀어붙이기만 한다. 4대강 예산이 많다. 불통(不通)이다"라며 늘 하던 대로 공세를 취했다.

● 지나치게 여론에 예민한 청와대

필자가 생각하기에는 4대강 사업 진행 과정에서 청와대처럼 소심한 곳도 없었다. 무슨 공사장 모래가 주저앉았다는 소식만 들려와도 "큰일 난 것 아니냐?"라며 시시때때로 전화벨이 울렸고, 이처럼 비가 와서 임시도로가 잠기기라도 하면 또 "큰일 아니냐?"라는 긴급 전화가 울리기 일쑤였다. 이날 전화도 상주보 하류 300m쯤 있던 임시 공사용 가설 도로가 문제였다. 공사용 가설 도로의 경우, 일반적인 하천 공사에서는 모래나 자갈을 한쪽에 높게 모아 두어 물 위로 드러나게 한 뒤, 그 위로 트럭이나 장비가 이동하게 되는 곳이다. 쉽게 말하자면, 다리가 아니지만 다리 역할을 하는 흙무더기인 셈이다. 이 흙무더기 통로를 제외한 나머지 면적을 모두 준설한 이후, 작업 진행 과정상 맨 나중에 이 흙무더기를 치우게 된다. 하천 바닥을 준설하면서 발생한 흙으로 공사장 트럭이 다니는 통로를 조성했다가 공사가 끝나면 나중에 최종적으로 제거하게 되는데, 이곳으로 트럭들이 이동하다 보니 마치 도로처럼 생겼을 뿐이다.

이처럼 모래와 자갈로 만든 '임시 가설 도로'는 물에 쓸릴 가능성이 늘 상존한다
그러나 이날 강우량은 5월에 내리는 비 치고는 엄청난 양이었다. 상주 상류 쪽에서는 200mm 이상이나 내렸다는 보고도 올라왔다. 갑자기 늘어난 폭우로 인해 시트파일을 넘어온 물이 흙더미를 쓸어내렸고 공사용 도로의 일부가 무너지게 된 것이다. 하지만 이 통로의 경우, 건너편의 우안 공사가 거의 끝나가고 있어서, 그 쓰임새가 다해가던 참이었고, 조만간 제거할 예정이기도 했다. 따지고 보면, 이런 임시통로의 부분

상주보 일부가 유실된 모습

유실이란 공사 현장에서 볼 때 아무 일도 아니다. 실제로 시공사 입장에서는 일부라도 추가 비용이 발생하지 않도록 하기 위해 이런 유형의 피해를 회피하려고 노력하게 마련이다.

하천 내 임시도로는 늘 침수를 전제로 하고 설계를 한다. 무너지면 또 쌓고, 또 무너지면 또 길을 내는 것이다. 이런 성격의 임시 통로가 일부 유실된 것을 마치 대형 사고라도 터진 것처럼 보도하고, 카메라 앵글을 잔뜩 당겨서 자극적인 장면을 연출했으니, 일반 시청자들 누가 보더라도 어쩔 수 없이 큰 걱정을 하게 될 것이라는 사실을 모르는 바는 아니다. 다만, 무슨 일이 일어나더라도 '여론 동향'에만 촉각을 곤두세우는 듯한 청와대의 모습 역시, 일부 언론 못지않게 지나쳐 보인다는 것이 당시에 필자의 생각이었다.

21. 언론의 잇단 '몰매'에 공무원들 사기도 '뚝'

언론의 보도 내용이나 태도는 공무원들에게 있어서 절대 무시할 수 없는 큰 근심거리 중의 하나이다. 실제로 잘못이 아니라는 사실이 나중에 밝혀진다 해도, 언론에 보도되는 것만으로도 고통스러운 일이 될 수 있다. 일단 보도 내용이나 상황에 대한 '경위 보고'부터 해야 한다. 보고서를 한 번이라도 직접 써 본 사람들은 대충 짐작하겠지만, 이미 여기 저기서 언급했던 이야기 다시 정리하고 다듬고, 관련 공문 찾고 사진 찾고, 때로는 근거 법령도 재차 삼차 다시 확인해야 하는 것이다. 4대강 사업에서도 마찬가지였다. 잠잠한 날이 거의 없었던 듯싶다.

가뜩이나 몸조심하던 차에 대형 해프닝도 이따금 터졌다. 이를테면 국토해양부의 제주도 연찬회 참석 사건 같은 것들이다. 2011년 3월 31일, 하천 및 수자원 관련 특정 단체에서 주최한 행사에 국토부 하천 담당 공무원 등이 대거 참석하면서 벌어진 일이다. 하천국 공무원들이 업계의 향응을 받았다는 주장이었다. 실제로 식비 일부를 업계에서 지불

상주보 유실관련 기사들

했지만 나중에 분담 비용을 송금해 줬다고 한다. 3월 말에 발생해서 참석자 일부가 경고를 받고 일단락되었던 일이, 어찌 되었던 것인지 3개월이 흐르고 6월 중순경에 언론에 보도되었고, 이 사건으로 인해 국토부는 다시 궁지에 몰리게 되었다. 문제는 이 불똥이 4대강 사업으로 튀었다는 사실이다. 언론 보도의 골자는 이러했다.

"총리실 공직복무관리관실의 '국토해양부 공무원 비위 자료'에 따르면 국토부가 공식 부인한 것과 달리 공무원들이 4대강 사업 참여 업체로부터 유흥주점(룸살롱)에서 접대를 받은 게 사실인 것으로 나타났다."[44]

"국토부는 지난 3월 제주도에서 3일간 자연 친화적 하천 관리 연찬회를 개최했다. 하지만 연찬회에 참석한 상당수 직원들은 렌터카를 사적으로 사용하는 것은 물론, 교육에도 참석하지 않은 것으로 알려졌다. 또 4대강 공사 업체로부터 밥을 얻어먹고 술 접대 등 향응을 받았다는 제보도 접수된 것으로 전해졌다. 연찬회 부스 설치 등과 관련해 업자들이 비용을 부담하기도 한 것으로 알려졌다."[45]

---

44) '3월 31일~4월 1일 국토부 제주 연찬회선 무슨 일이', 중앙일보, 2011.6.17일 자 기사
45) '총리실, 국토부 직원 연찬회 비리 무더기 적발', 머니투데이, 2011.6.15일 자 기사

"국토부 직원 17명은 3월 31일~4월 1일 제주도 연찬회 도중에 4대강 사업체들로부터 룸살롱 접대를 받다가 총리실 공직복무관리관실에 의해 현장 적발됐다. '자연 친화적 하천 관리'라는 연찬회라더니 흥청망청이다. 연찬회 명목의 예산과 실제 지출액의 차이, 즉 행사 잔금이 1억5천7백만 원이나 되는데도, 국토부는 용처도 밝히지 못하고 있다. 냄새가 풀풀 나는 돈이다."[46]

● 없던 일도 만들어 내는 언론

일이 소란스러워지자 모르는 사람들은 정말 4대강 사업추진본부가 관련된 것 아니냐는 우려도 나왔다. 실제 향응이었는지 아닌지는 아무런 관계가 없었다. '4대강 사업 관계 공무원이 이렇게 파렴치하냐'에 의심의 초점이 맞춰져 있었다. 일부 언론들은 물을 만난 듯 '4대강 건설사들 국토부 공무원에 거액 향응 덜미' 등 어떻게든 4대강 사업과 관련지으려 기를 쓰고 있었다.[47]

일이 이 지경이 되니 곳곳에서 전화가 걸려 왔다. "정말 괜찮은 거냐?", "4대강 공무원이 향응 받았다며?". "4대강 사업 이제 제대로 되기나 하는 거냐?" 거의 모든 직원이 지인들의 전화에 해명하느라 진을 뺐다. 나 역시도 수도 없이 많은 전화를 받았다. 어떤 날은 새벽에 미국의 지인이 전화를 걸어오기도 했다. "아무 관계없습니다." 같은 말을 반복하기도 지쳤다. 나중에는 헛웃음까지 나왔다. 담당 팀장들도 모두 국내외 지인들의 전화에 설명하느라 진을 뺐다며 볼멘소리를 늘어놓았다.

사실이지 향응을 받고 싶어도 받을 시간이 없는 것이 4대강 추진본부였다. 제주도 연찬회와 4대강 추진본부가 굳이 관계있다고 하자면 어려운 시간 쪼개서, 가기 싫은 곳에 가서, 한 시간 동안 4대강 사업을 홍보하고 온 일뿐이다. 당시 제주도 연찬회는 하천 관련 전국의 주요 업체와 기관들이 참석하는 중요 행사였다. 오래전부터 4대강 사업을 홍보할 필요성 때문에 여러 곳에서 설명 요청도 있었다. 이성해 정책총괄팀장이 마지못해 제주도 행사장에 가서 4대강 사업 홍보 브리핑만 했다. 그 사람조차도, 브리핑이 끝난 뒤 점심도 못 먹고 비행기를 타고 올라왔다. 그게 전부였다. 그 만큼 추진본부는 바빴고 개인 시간을 가지기도 힘들었다.

---

46) '국토해양부 직원들의 룸살롱 연찬회', 문화일보, 2011.6.15일 자 사설
47) '4대강 건설사들 국토부 공무원에 거액 향응 덜미', 아시아투데이, 2011.6.15일 자 기사

모든 직원들이 보고서 작성하고 사업 현장 체크하는 일만 하더라도 하루해가 짧았다. 심지어 어떤 직원은 밤을 새우고, 새벽까지 일하기 일쑤인데, 누가 밥을 사준다고 해도 나서기조차 힘에 부치는 상황이었다. '제주도 향응 사건'으로 4대강 추진본부까지 들먹여졌으니, 가뜩이나 지난 1년여 동안 갖은 고생을 다해가며 숨죽인 채 묵묵히 사업을 추진해왔던 공무원들의 사기는 급전직하 땅으로 떨어질 수밖에 없었다.

22. 결론. 정권 바뀌자 필자의 고생길

앞서 이야기했지만, 필자는 말도 많고 탈도 많았던 4대강 사업을 끝내고, 사업추진 과정에서 있었던 각종 정치적, 사회적 논쟁 등에 대한 비하인드 스토리 위주로 집필했다. 후대에 주요 대형 국책 사업을 추진할 때 갈등을 최소화하는 데 참고가 되길 바라는 마음에서이다.

그러나 정권이 바뀐 뒤, 주변 지인들로부터 정치적 문제 등이 얽혀 있으니 '살아있는 권력'에 도전하지 말고, 천천히 정치 상황을 보아가면서 글을 준비하라는 극구 조언에 따라 구상만 하고 있었다. 부분적으로는 2013년부터 자료 정리를 시작했고, 2020년에 이르러서야 전반적인 글의 구성을 기획하여 2023년 현재까지 계속 집필하고 있음을 밝힌다.

4대강 사업이 끝나고 정권이 바뀐 뒤, 2013년부터 종종 관가에서 들려오는 이야기 중에는 이명박 정부 4대강 사업에 적극 참여한 공무원들은 본의 아니게 고생을 한다는 소식이 들려왔다.[48] 전 정부에서 고생은 고생대로 하고, 다음 정부에서 보직 발령 및 승진 등에 불이익을 받는다는 것이었다. 정권이 바뀔 때마다 그래 왔듯이, 정치적 이슈가 불거질 때마다 동고동락했던 동료들과 후배들이 새로운 정부로부터 고통을 겪고 있다는 소식을 들으면서 괴로움과 비애를 느끼지 않을 수 없었다. 물론 공무원을 그만두고 사인(私人)이 된 나까지 박근혜 정부, 문재인 정부 등 정권이 바뀔 때마다 진보 언론과 감사원 감사를 피해 가지 못했으니 현직(現職)은 오죽했으랴.

---

48) 2018년 7월 4일, 감사원에서 '4대강 살리기 사업추진실태 점검 및 성과분석 결과'를 발표하던 이때까지, 4대강에 대한 직간접 감사는 5번 이상 실시되었으며, 정권에 따라 평가결과 또한 극명하게 달라져 왔다. 사진출처: 조선일보, '감사원, 4대강 감사결과 발표' (2018.7.4)

4대강 사업에 참여하였다는 이유로 많은 분이 공무원 재직 시 불이익을 받았다면 지면으로나마 대신 사과를 드린다. 국가사업에 참여한 사람들에게 '일개 공무원' 출신 '개인'이 미안한 마음을 갖는다는 것이 보는 다소 주제넘게 느껴질 수도 있겠다. 하지만 필자가 대통령께 사업 시행을 건의했던 한 편의 '보고서'로부터 '4대강 살리기 사업'이 시작되었기 때문이다.

흔히 전례 없는 초유의 대규모 상황을 말할 때 '단군 이래'라는 말을 쓴다. 한반도에 국가가 형성된 뒤 행해진 일 중 가장 대단한 일을 표현하는 것이리라. 말 그대로 단군 이래 단일 사업으로는 제일 크고 광범위했으며, 국가 지도자를 중심으로 국가가 집중적으로 추진한 '4대강 사업'에 참여하여 밤낮없이 고생한 공무원 여러분께 먼저 심심한 감사를 드린다. 비록 현세대에는 논란이 되고 있지만 세월이 지나면서 그 진가를 인정받을 것이고, 또 그 이름이 역사에 길이 남을 것이라 확신한다.

과거의 보수, 진보를 막론하고 어떤 정부든 집권할 때마다, 저마다 각기 "국민의 생명과 재산을 보호한다"는 명분으로 국토 관리나 하천 정비 계획 등을 지속적으로 세워 왔다. 그러나 체계적인 사업은 시도도 못 하고 그때그때 일이 터질 때마다, 또는 지역적으로 미미하게 임기응변식 대응으로 일관하기 일쑤였다.

그동안 과거 정권에서 저마다 따로따로 계획만 세우고 제대로 추진하지 못했던 하천 정비를, 이명박 정부에서 과감하게 국가사업으로 본격 추진했다. 4대강 사업은 제2차 세계대전 이후 최대의 경제 위기라고 불렸던 '2008년 글로벌 금융 위기'를 타개하기 위한 뉴딜 사업의 일환이었고, 전국 단위 규모로 일시에 추진하여 성공적으로 완료한 치산·치수, 재해 방지, 지역 균형 발전 등을 위한 다목적 국토 선진화 사업이었다.

오래전부터 우리나라는 물 부족 문제를 해결하기 위해 막대한 예산을 투입하여 하천 정비와 다목적 댐과 보를 건설해 왔고, 이렇게 세워진 댐과 보는 사업 이후 강 주변의 홍수와 가뭄 피해를 예방하는 데 실제로 큰 기여를 해오고 있다.[49]

그럼에도 다분히 편향적인 시선으로 4대강 사업을 폄하하는 이들이 있다. 자연성 회복이라는 명분으로 학문적으로나 실질적으로나 전문성이 부족해 보이는 무슨 '위원회' 등의

---

49) 2011년 10월 21일, 우정사업본부에서 '4대강 살리기 기념우표' 4종 375,000매가 발행되었으며, 이 사업의 목적을 다음과 같이 설명하고 있다. "해마다 반복되는 수해를 예방하고, 수질 개선과 생태 복원을 통해 우리 하천을 건강한 하천으로 지키며, 수변 여가 공간을 조성하여 삶의 질을 개선하고 이와 더불어 지역 발전을 꾀한다." 사진출처: 4대강 살리기 기념우표, 한국우표포털서비스 K-stamp (epost.go.kr)

단체를 만들어 사업의 긍정적 성과들을 폄훼하고, 정치적 이슈를 만들어 선동한다. 문재인 정부에서는 국익에 더할 나위 없이 기여한 이 사업을 흠집 내고 폄하하는 정도가 아니라, 단계적으로 철거하겠다고 엄포를 놓기도 하였다. 4대강 사업에 대한 이들의 공격은 아직까지도 진행형이다.

우정사업본부에서 발행한 '4대강 살리기 기념우표'

CHAPTER_6

내 생각이 옳았다

사업의 성과 및 자전거길 에피소드

내 생각이 옳았다
사업의 성과 및 자전거길 에피소드

1. 내 생각이 옳았다!

● 4대강 하천에서 약 290만톤(덤프트럭2십9만대) 폐기물 대청소

 환경단체에서 '4대강 사업'이 환경을 되살리는 사업이라는 점을 제대로 이해해 준다거나, 혹은 진보 매체에서 이런 내용을 사실대로 보도해 주리라고는 더 이상 기대하지도 않게 되었다. 하지만, 4대강 사업 과정에서 강에 묻혀 있거나 물에 가라앉아 있는 쓰레기를 얼마나 처리했는지 실제로 알고 있는 국민은 극히 드물다. 언론에서 긍정적인 측면을 제대로 언급해 주는 경우가 거의 없었으니 알 수 있는 방법이 없지 않았을까?
 한마디로 이야기하자면, 4대강 사업 과정에서 수거하고 치운 강바닥 쓰레기는 무려 285만 톤에 달한다. 이 폐기물들을 15톤 덤프트럭에 적재(10톤)하여 고속도로 차간 간격(100m)으로 열을 세웠을 경우, 경부고속도로를 약 3번이나 왕복할 수 있을 정도였다. 서울-부산 구간이 428km이니까 실로 어마어마한 양의 폐기물이 4대강에서 치워진 셈이다.

 우리나라 강은 과거 산업화 과정에서 하천으로 버려졌던 폐기물과 쓰레기가 총망라되어 있다시피 했다. 가히 쓰레기 백화점이라 하지 않을 수 없다. 폐기물

강에서 건져 올린 폐기물

중에서도 드럼통, 각종 전자 제품, 이불, 폐비닐, 자동차 타이어 등등은 애교에 가까울 정도이다. 심지어 버스와 승용차, 오토바이가 강바닥에 가라앉은 선박같은 것까지 걸려 나왔다. 하천에서 건져 올린 쓰레기는 우리나라 경제 발전 과정에서 생산되었던 모든 것들이 망라되어 있었다.

이처럼, '폐기물 쓰레기 대청소'라는 측면에서만 보더라도 4대강 사업은 엄청나고 대단한 일을 해냈다고 할 수 있을 것이다. 그러나 우리 국민 중에서 이런 긍정적인 효과가 언론을 통해 보도된 적이 있었는지 기억해 낼 수 있는 사람이 과연 몇이나 될까?

"옛날에 물놀이하던 바위가 다시 나타났다!" 서서히 바뀌는 강들

사업이 중반으로 치닫던 2011년 봄 즈음부터 강은 서서히 옛 모습을 되찾아 가기 시작했다. 경상남도 구간은 사업이 한창 진행 중이었지만, 금강 일부와 낙동강 경북 구간 그리고 남한강 대부분의 구간이 외견상이나마 점점 달라져 가고 있다는 사실을 확인할 수 있었다.

산업화 과정에서 수십 년 동안 강바닥에 쌓여 있던 퇴적토를 준설한 양만해도 무려 4.6억 톤 규모였다. 그렇게 동네북처럼 얻어맞고, 구박을 받으면서도 4대강 본류 안에서 퍼 올린 퇴적토가 그리도 많았다. 간단하게 산술적 계산으로만 하더라도 퇴적토를 파낸 자리만큼 물이 들어찬 것이다. 수면이 확 넓어졌고, 수위도 사업 전에 비해 쑥 내려갔다. 강 안에 물을 담을 수 있는 공간이 상당한 규모로 확장된 것이다.

여기저기 놓인 다리를 보면 안다. 큰 다리의 교각은 오랫동안 퇴적토에 묻혔던 흙 자국이 선명했다. 어떤 다리는 1m 정도, 어떤 다리는 교각의 흙 자국이 수 m는 내려가 있었. 여주 주민들이 "어? 옛날에 물놀이하던 바위가 나타났다!"라고 탄성을 지르며 반가워한다는 소식도 들려왔다. 영산강 주변에서 악취에 시달리던 나주시 주민들이 "악취가 줄어들어 살 것 같다"며 고마워하더라는 소식이, 현장 관계자와 익산 지방 국토청을 통해 들려왔다. '그러면 그렇지!' 난 이전부터 결과가 이렇게 될 줄 알았다. 물가의 주민들이나마 이런 칭찬을 해 주는 것이 고마웠다. 어쩌다 강을 다녀왔다는 지인들도 격려 전화를 하며 칭찬을 늘어놓는 일이 많아졌다. "강이 그렇게 바뀌는데 환경단체는 왜 반대하는 거야? 좌파들은 왜 난리야? MB가 한다니까 배 아파서 그러는 거 아니야?"

준설과 제방 보강으로 영산강이 강해졌다

김기훈 기자 입력 2011.07.21 02:22 댓글 0

| 서울 남산의 절반 크기 퇴적토 퍼내 피해 거의 없어

전국적으로 쏟아진 집중폭우로 영산강 유역도 초긴장 상태에 들어갔다. 일부 영산강살리기 사업 구간에서는 강물이 일시적으로 관리수위선 턱 밑까지 치고 올라와 관계자들을 긴장케 했다. 그래도 전남 나주 일대 영산강은 수십년간 쌓여 있던 퇴적토를 퍼낸 덕분에 지난해보다 오히려 수위가 내려갔다.

퇴적토 준설 효과 보도, 중앙뉴스, 2011.

퇴적토 준설 후 드러난 여주대교 교각

퇴적토 준설 후 드러난 교각(여주시)

　어떤 이들은 4대강 사업 반대론자들을 싸잡아서 사업 관계자 대신 비난의 언사를 해대기도 했다. 좀 심하지 않나 싶기도 했지만, 어찌 되었건 마음 한구석은 그냥 후련했다. 나는 그럴 때마다 "바로 그렇게 만들려고 이 사업을 하는 거야. 반대하는 사람들이 잘 몰라서 그런 거야. 고마워"라며 한숨 돌리기도 했다. 또 다른 격려 전화가 올 때마다 나도 마찬가지로 들떠서 이런저런 자랑하기에 바빴던 적도 있다.

　그러나 늦봄이 다가오고 작은 비가 내리기 시작하자 갑자기 묘한 긴장감이 흐르기 시작했다. '우기 앞둔 4대강 현장 비상!' 한 마디로 표현하자면 이런 류의 기사가 인터넷에 떠다녔다. 4대강 현장을 바라보는 국민의 시선도 덩달아서 걱정스럽게 바뀌어 가는 게 아닌가 싶었다.

"이제 심판만 남았다"

2011년 5월, 우기를 앞두고 반대론자들의 막바지 공격이 계속되고 있을 때였다. 6월이 되자마자 6월 2일 자 〈조선일보〉에 게재된 한 칼럼이 세간의 눈길을 끌었다. "4대강의 진실, 심판의 날이 다가왔다"라는 제목이었다. 당시 해당 언론사의 논설실장을 맡고 있던 칼럼니스트가 제기한 '4대강 심판론'의 골자를 일부 인용하자면 다음과 같다.

"4대강 문제는 경제·환경에다 정치·이념·종교까지 가세한 MB 정권 최대의 논쟁거리였다. 정부는 4대강 사업이 '혁신적 국토 개조'라고 내세우는 반면, 반대 진영은 '단군 이래 최대 재앙'이라 공격해 왔다. 진실은 어느 하나일 것이다. 그러나 양측 주장이 워낙 극단을 달리는 바람에 국민으로선 뭐가 옳고 그른지 판단할 도리가 없었다."

"그렇게 국론을 양분(兩分)시킨 2년여의 시간이 흐른 뒤, 드디어 심판의 순간이 시작되고 있다. 4대강 사업의 핵심인 보(洑·댐) 건설과 준설은 90% 공정률을 넘겼다. 이달 말이면 4대강 유역에 16개 보를 만들고, 564km 구간의 강바닥 모래를 파내는 공사가 대체로 마무리된다. 그리고 때를 맞춰 여름 홍수 시즌이 시작된다."

"홍수는 4대강의 진실을 판가름할 첫 번째 심판장이다. 4대강 논란에는 여러 논쟁거리가 있지만, 다른 이슈들은 실제 검증에 시간이 걸릴 수밖에 없다. 수질 개선 효과를 확인하려면 적어도 1~2년은 기다려야 하고, 가뭄 해소에 도움 되는지는 가뭄이 와봐야 알 수 있다. 하지만 홍수를 둘러싼 논쟁은 올여름만 지나면 당장 진위가 판명 날 것이다."

추진본부 내의 일부 사람들은 '심판'이라는 용어에 긴장하기도 했다. 의도가 뭔가 궁금해하는 직원들도 있었다. 때로는 '심판'이라는 말에 불쾌한 감정을 보이는 직원들도 있었다. 하지만 나는 속으로 웃었다. "그래 심판만 남았다. 누가 옳은가 보자!" 마치 기다리고 있었던 것처럼, 오히려 그런 '심판론'이 반갑기까지 했다.

우기는 점점 다가오고 있었고, 인터넷에서는 계속 '역행침식'이다 뭐다 해서 4대강 사업을 흠집 내는 기사가 끊임없이 올라왔다. 누구라도 이런 상황이 되면 기분이 좋을 리 만무했다. 이래도 심판받고 저래도 심판받을 바에야 할 말이라도 시원하게 하자는 생각이 들었다.

"그래, 언론 매체에 직접 기고를 해야겠다"는 결심이 한층 굳어져 가고 있었다.

당시의 언론 보도 상황을 돌이켜보면, '우기에 비가 오면 정말 큰일'이라는 식의 기사들이 한참 올라오던 때였고, 한편으로는 마치 '비가 와서 4대강 사업 현장에 큰 피해가 날 것'을 기다리는 사람들만 있는 것으로 보였다. 마침, 4대강 사업에 찬성하는 사람들과 긍정적으로 생각하던 국민들조차도, 사실상 속으로는 어떻게 될지 궁금해 하던 시점이기도 했다.

2. 아이고 답답해, 언론 기고 직접 하자!

● 비가 많이 올수록 좋다

2011년 6월. '코앞에 다가온 장마 4대강 현장 비상', '4대강 현장 무사할까', 언론에서는 불안감을 조성하는 기사가 연일 계속해서 흘러나왔다. 실제 상황이 어떠한지에 대해 홍보팀에서 그렇게 열심히 보도 자료를 내고 백방으로 노력했지만, 주요 언론들은 무슨 영문에서인지 외면할 뿐 귀담아들어 줄 마음이 아예 없어 보였다. 답답해서 도저히 참을 수 없을 지경에까지 이르렀다. 죽을 때 죽더라도 할 말은 해야겠다 싶었다.

이재붕 사업추진본부 부본부장과 심각하게 의견을 나눴다. 그리고 내린 결론은 "사업추진본부의 실무 책임자로서 직접 언론 기고를 하는 게 낫겠다"였다. 언론에서 제기하고 있는 문제점들과 정치권에서 우려하는 목소리들을 정리해서 직접 언론을 통해 설명하고 해명하는 적극적인 대처가 반드시 필요한 시점에 이르렀다고 판단한 것이다.

당시 주요 매체들은 4대강 추진본부의 주장을 직접 싣는 것에 대해

장마 4대강 심판 관련 기사

매우 부담스러워하는 눈치였다.

개별 언론 매체들의 사회적 영향력이 각각 얼마나 크고 작은 지 따지고 말고 할 것도 없었다. 언론이 사회 환경에 대한 감시 기능(watch dog)을 수행하는 차원에서 4대강 현장을 걱정했다면, 실제 어떤 상황에서 어떻게 대비하고 있는지 현장의 목소리를 국민에게 직접 전달하는 반론권 역시 중요할 뿐 아니라, 막연한 불안감이 공포감으로 번지지 않게 해야 할 책임이 있다고 믿었다. 기고문을 작성했다. 그리고 '4대강 사업 현장의 목소리'를 가감 없이 전달하겠다는 인터넷 매체들을 통해, 작지만 분명하게 의견을 전하기 시작했다.

비가 많이 와야 좋다! 제목부터 직설적으로 치고 나갔다. 도발적인 제목이 다소 거슬리는 이들도 있었겠지만, 그게 옳다고 생각했다. 정면으로 맞서는

4대강 성과 심판 기사

게 낫다는 생각에 제목도 내용도 직설적으로 썼다. 기고 내용을 요약하면 다음과 같다.

이른 장마로 4대강 사업에 혹시 우기 피해가 발생하지 않을까 하는 일각의 우려가 있다. 고마운 일이고 사업에 대한 깊은 관심으로 받아들인다. 하지만, 4대강 사업과 관련하여 최근에 지적된 몇 가지 문제들은 대부분 기우이거나 오해에서 비롯된 것이다.

첫째, 우선 하천 공사 특성상 구조물 주변 침식이 일부 예상되지만, 이미 조기 보강 조치를 하고 있다.

둘째, 지류 하천 침식에 대해 지나치게 우려할 필요는 없다. 유속을 줄여 주는 하상 유지공[50] 설치가 계획되어 있고, 일부 침식이 있더라도 안정화 단계가 지나면 자연스러운 모습을 유지하게 될 것이다.

셋째, 임시 물막이 도로가 물에 쓸린 것을 대형사고로 다룬 사례는 전형적인 '과장 보도'에 해당할 뿐, 홍수 피해라고 볼 수는 없다.

넷째, 저수로 사면의 세굴 현상[51]은 자연스러운 현상이니 큰 걱정 하지 않아도 된다.

이번 우기가 '4대강 심판의 날'이 될 것이라는 말까지 있지만, 일부 취약 지역을 확인하여 장래에 대비할 수 있게 하고, 나아가 '4대강 사업 성공'을 위한 소중한 기회로 활용할 것이다. 우기에 발생하는 일부 침식과 하천 변화는 자연 현상이라 할 만하니, '4대강 사고' 혹은 '4대강 실패'라는 오해와 비난이 없었으면 한다. 4대강 사업에 참여한 모든 사람은 국민께서 그 효과를 인정할 때까지 겸손한 자세로 오래도록 두고두고 평가받겠다.

언론 기고의 결과는 내가 보기에도 놀라웠다. 우선 일요일 게재되었던 특별기고 내용은 휴일 당일에만 벌써 25만 명이 넘게 본 것으로 알려졌고, 다시 주요 포털 사이트나 다른 블로그 등으로 옮겨 다녔다. 아니나 다를까, 특별기고를 다룬 매체는 물론이고 블로그나 포털에 옮겨진 부분에 이르기까지, 반대파들의 욕설과 비난 댓글들이 마치 장맛비처럼 쏟아져 내렸다. 하지만, 조금도 불쾌하지 않았다. 특별기고를 통해 적극적인 설명을 하든, 안 하든 어차피 먹을 욕이라고 생각했다. 누구의 말이 맞는지는 두고 보면 알 것이라 믿었기 때문에 온갖 욕설이 달린 댓글도 그때는 그저 반갑기만 했다. 사업추진본부의 관련 당사자들이야 욕을 먹겠지만, 여론 동향에 어쩔 수 없이 휩쓸릴 수밖에 없던 일반 국민에게는 조금이라도 사실에 기반하여 이해의 폭을 넓히는 데 도움이 될 것이 아닌가?

---

50) 하상 유지공 : 경사를 완화하고 하천의 종단과 횡단 형상을 유지하기 위해 하천을 횡단하는 구조물을 설치하는 공사를 통틀어 이르는 말
51) 세굴 현상 : 물의 작용으로 인해 단면이 작아지거나 장애물이 있으면 물에 의해 표면 및 단면이 깎이는 작용(현상)

결과론적인 이야기이기는 하지만, 그해 여름, 비가 많이 온 것은 4대강 사업으로서는 어쩌면 행운이었다. 하천 공사에서는 비가 오지 않아야 하는 것이 상식이다. 물이 가장 적을 때 공사를 서둘러 하고 물이 많은 우기에 하천 내 공사를 중단하는 것이다. 다시 건기(乾期)에 하천 내 공사를 진행한다. 그러니 우기엔 가장 적게 하천 사업을 하는 것이 상식이다. 그러나 2011년의 경우, 4대강 사업 중 본격적인 공사만을 고려해 보았을 때, 이미 1년이 지난 시점이었고 전체적으로 준설도 70% 이상 끝나 있어서, 수면 상태가 사업 이전보다 3m 이상 내려가 있었다. 나는 자신이 있었다. 어떤 구간은 이미 준설이 마무리 됐으니 비가 예년처럼 내리면 제방을 위협했을 법한 강물도 이제는 강바닥에 깔려 흐를 것이고, 만약 폭우가 쏟아져 수위가 3m 이상 높아진다고 하더라도 이제는 예년 홍수위 정도에 불과할 것이었다. 비가 많이 오건 적게 오건, 예년과 같은 심각한 홍수 사태는 발생하지 않을 것이라는 판단이었다.

내 생각은 거기에서 한발 더 나아갔다. 비가 한번 '억수로' 쏟아져서 하천 공사의 예상치 못했던 문제점까지 노출시켜 준다면, 좀 더 완벽하게 보강할 절호의 기회가 될 터이니 이 또한 전화위복을 넘어 금상첨화가 아닐까 싶기도 했다. 말이 씨가 되었을까? 그해 여름, 그 뒤로도 계속해서 많은 비가 내렸다.

● 언론 매체 기고, 내부에선 큰 소동!

다시 언론 이야기로 돌아가 보자. 인터넷 매체에 기고가 게재되자 추진본부에도 잠시 소동이 생겼다. 심명필 추진본부장과 언론 홍보를 담당하던 차윤정 환경부 본부장이 모르는 상태에서 언론에 직접 발언했으니 어찌 보면 당연한 일이었다. 나는 그분들의 입장을 충분히 이해할만했다. 하지만, 그동안 홍보를 그렇게 했어도 이런 허무맹랑한 소리가 나오는 판에, 어쩔 수 없이 사업책임자가 직접 나선 것이 뭐가 잘못되었느냐는 생각도 있었다. 추진본부장과 부본부장 입장에서는 자신들이 인지하지 못한 상태에서 언론기고가 게재된 것도 놀랐겠지만, 이로 인해 "반대파를 자극하면 어떻게 하느냐"를 더 우려하는 듯 했다.

그러나 내 생각은 달랐다. 반대파는 마스터플랜을 다 보고서도, 장점을 다 알고도 반대하는 사람들이다. 어차피 반대할 사람들이었다. 욕을 먹어가면서 사업을 진행해 온 것도 억울한 일인 데다, 사업을 다시 돌이킬 수도 없는 시점에 이르러서까지 개선될 기미조차 보이지 않는다? 어차피 먹을 욕이라면, 그동안 꾹꾹 눌러두었던 할 말이라도 해보고 욕을 먹자는 생각도 없지는 않았다.

홍보 계통에서 아무리 설명해도 안 되니 사업책임자가 실무적인 설명을 하는 것밖에 방법이 없는 것 아닌가? 신사적으로 하는 것이 안 되면, 누군가 '악역'을 맡아 변칙으로 치고 나가는 것도 방법이라는 생각이었다. 전형적인 공무원 사회의 방식은 분명히 아니었지만, 얼마나 답답하고 분통이 터졌으면 이름을 걸고 무모한 외부 기고를 감행했겠는가? 사업책임자의 답답한 심정을 누군가 조금이라도 헤아려 주기를 기대할 뿐이었다. 물론 추진본부장과 환경부 본부장에게 귀띔이라도 해줬어야 했는데, 거두절미하고 일단 '저지른 것'에 대해서는 마음 한구석에 당연히 미안한 마음을 갖고 있었다. 나는 이후로도 언론 기고를 계속했다.

언론 기고 제목 캡처본

3. 계속되는 비, 공짜 수리 모형 시험

하늘이 내 뜻을 알아준 것일까? 우기가 시작되자 정말 비가 많이 왔다. 추진본부 내 직원들과 청와대 사람들은 조마조마한 기색이 역력했다. 난 속으로 "잘됐다" 생각했다. 하늘이 준 공짜 수리 모형 실험이 아닌가? 난 속으로 쾌재를 불렀다.

상식적으로 생각해 보자. 하천 바닥이 수 미터(m)나 내려갔는데, 제방을 수 미터(m)나 높인 것과 같지 않은가? 어떤 곳은 5m나 내려간 곳도 있는데, 비가 아무리 와도 5m의 물이 더 차오른다는 것이 가능하겠는가. 많은 사람들이 걱정했지만, 난 속으로 더 내리라고 노래를 불렀다.

하늘이 도운 것일까? 그해 6월 22일부터 7월 4일까지, 12일간 중부 지방에만 500mm의 비가 내렸다. 그럼에도 피해는 거의 없다시피 했다. 관련 기관이나 학자들이 세밀하게 조사한 자료가 아니더라도, 일반인들이 이해할 만한 수준의 수치만으로 그 효과를 소개해 보겠다.

당시 폭우에 대한 피해가 급감한 것과 관련하여 이명박 정부에서 기상청장을 역임하기도 했던 조석준 기상 전문 기자가 MBN에 출연해 언급하고 소개한 내용을 살펴보자. 그가 방송에서 소개한 폭우 관련 내용은 이렇다.

"12일간 약 500mm의 비가 내렸고, 연 강수량 기준으로 40%, 예년의 같은 기간 강우량의 5배의 기록"이라고 소개했다.

4대강 사업의 효과에 대한 보도
〈출처 : 홍성인 기자, 「기록적인 폭우, 4대강 시험? "그래도 견딘다"」, 『뉴데일리』, 2011년 07월 10일 21:15〉
https://www.newdaily.co.kr/site/data/html/2011/07/10/2011071000037.html

MBN에서 인터뷰 중인 조석준 기상 전문 기자. 2011.07.07

그리고 "2006년 7월 13일부터 29일까지 17일간 중부 지방에 600mm의 비가 왔는데, 당시 피해액이 1조 8000억 원, 인명 피해 60여 명을 기록했지만, (4대강)정비가 이뤄지면서 이번(2011년) 폭우 피해는 인명 피해가 2~3명, 재산 피해가 수십억 원 정도였다"라고 설명했다.

복잡한 수치를 따져보지 않더라도, 들으면 바로 알 수 있는 변화를 기상 전문 기자의 목소리로 생생히 전해 들었으니 이보다 더 기쁜 일이 없었다. 공짜로 실물 수리 모형 시험[52]을 한 것이나 마찬가지였고, 이로 인해 수재 예방 효과를 증명한 것이나 다름없었으니 '기뻤다'라고 표현할 수밖에…

4. 홍수의 고장 낙동강 물난리는 없었다

경상남도 함안군은 사실 조금 걱정이 되었다. 남강이 아직 준설이 되지 않은 상태였고, 본류로 흘러들어오는 지천(支川)[53]도 많은 편이었다. 4대강 사업으로 대변되는 하천 정비 사업의 필요성이 사실상 가장 먼저 제기된 곳 중 하나가 함안이다.

낙동강 본류와 남강이 합류되는 함안은 원래 저지대가 많은 곳으로 알려져 있기도 하다. 특히 곳곳의 지천과 본류가 만나는 하류 지역에 가까울수록 인근의 농경지나 마을들이 저지대에 위치하는 경우가 많았고, 그곳에는 늘 '배수펌프장'이 있었다. 배수펌프장이란 바닥이 본류보다 낮아 물이 차오르게 되면 자연적으로 배수가 안 되니, 펌프로 물을 퍼 본류로 보내는 시설이다. 고층 건물 등에는 스며나오는 지하수를 한곳으로 모으고, 물이 차오르면 펌프를 통해 지상으로 퍼 올리는 집수정과 배수펌프가 있는데, 이런 설비와 비슷한 용도이다. 만약, 농경지와 개천이 낮은 상태에서 물이 못 빠져나간다면, 결국엔 농경지도 마을도 잠기고 말 것이다. 그러니 배수펌프장이 고장 나면 정말로 큰일이 발생하는 것이다.

함안 지역의 논과 마을은 이미 저지대로 유명했다. 늘 습해서 농사가 어려운 곳에서는 아예 물에서 자라는 연꽃을 심어 연근 농사를 하고는 했다. 한참 비 소식이 있을 무렵, 저지대인 함안 지역은 어떨까 궁금했다. 당연히 별일 없을 것을 알면서도 함안과 창녕 지역은 그래도 걱정이 되었다.

---

52) 수리 모형 시험 : 물의 유동 특성을 규명하기 위하여 모형으로 실험하는 일
53) 지천 : 강의 원줄기로 흘러들거나 원줄기에서 갈려 나온 물줄기

낙동강 홍수 통제소의 보고 내용을 수시로 확인한 결과, 수위는 예상했던 대로 전혀 위험한 상황이 아니었다. 함안을 지나는 본류 수위가 10일간 해발고도 10m의 수위를 유지했는데도, 지류의 물은 이상 없이 잘 빠졌다는 소식이 올라왔다.

상류 지역에 집중 호우가 발생하면 안동댐과 임하댐을 방류해야 하고, 여기에 낙동강 하구의 만조까지 겹친다면 함안의 들녘은 물바다가 될 수도 있었다. 그러나 물바다 소식은 전혀 없었다. 예상은 했었지만 침수되지 않았다는 소식을 들으니, 기분이 날아갈 것만 같았다. 상습 침수 지역에 문제가 없으면, 다른 곳은 말할 것도 없지 않은가?

5. 말도 안 되는 '역행침식' 소동

사실 일반 국민이 헷갈리고 속으로 우려하는 바는 '역행침식(逆行浸蝕, retrogressive erosion)'이란 용어일 것이다. 무언가 거창하고 오묘한 용어 같지 않은가?

이미 사업 중반부터 '역행침식' 이야기는 흘러나왔다. 그러나 비가 계속되고 나서부터 이 용어가 본격적으로 도마 위에 올랐다. 역행침식이란 용어는 현장에서 잘 쓰지도 않는 말일 뿐

함안군 배수펌프장

아니라, 지리학이나 하천공학에서도 헤드컷(Headcut) 즉, 두부침식(頭部浸蝕)[54]으로 번역된다. 작은 지류가 큰 강물과 만나는 곳을 생각해 보라. 큰 강에서 흐르는 물살이 작은 지류의 머리(head) 부분을 지나면서 지류의 끝부분 바닥을 침식시키는 것을 말하는데, 자연 강에서 너무나도 자연스러운 현상인 것이다. 강 본류의 바닥이 준설을 통해 낮아졌으니, 상대적으로 높아진 지류의 물이 본류로 흘러 들어올 때는 지류 바닥의 토사가 침식될 수밖에 없다. 그리고 어느 정도 침식이 이루어지면서, 본류와 지류 머리(head)의 경사가 완만해지고, 차츰 자연스러운 모습을 갖추게 된다. 문제가 될 만한 것도 아니었다. 하지만

---

54) 두부침식 : 강의 최상류부를 침식시켜 하천의 길이를 연장하는 작용

있지도 않은 용어를 거창한 전문 용어처럼 떠들면서 4대강 사업으로 재앙이 일어난 것처럼 선동했고, 이런 선동에 앞장선 이들이 바로 '4대강 반대'를 일삼던 각종 매체들과 일부 '전문가'들이었다. 그 전문가들 중에는 '독일인' 베른하르트(Hans Helmut Bernhart)도 있었다.

● 베른하르트의 궤변을 반박하다

진보 매체는 물론 주요 언론조차도 독일인 교수 '베른하르트'의 발언을 무차별 인용하며 4대강 비난을 하여, 결국 그의 주장에 대해 직접 반박하기로 마음먹었다. 물론 예상했던 일이기는 하지만, 힘깨나 있다는 주요 매체에서 학자도 교수도 아닌 사업 진행 실무 책임자의 발언을 실어줄 리 만무했다. 그러니 신생 인터넷 매체를 통해서라도 정확한 실태를 알릴 수만 있다면 인터뷰 요청에 흔쾌히 응했고, 그들의 주장이 어디부터 왜 잘못되었는지를 알리기 위해서라도 기명 기고를 해나갔다. 비록 기대한 만큼 큰 효과는 없었다 하더라도, 이렇게라도 하지 않으면 '대한민국의 여러 전문가가 이루 말할 수 없이 심한 모독을 당하고 있다'는 사실조차 무시당할 판이었다. 잠시나마 매카시즘(McCarthyism)[55] 광풍이 떠 오를 정도였다고 할까?

이 독일인 교수의 발언을 인용하거나 인터뷰하는 형식을 빌려서 '4대강 사업'을 힐난하는 언론 기사 형식의 썰(說)들은 지금도 여러 곳에 그 흔적을 남기고 있다. 일일이 찾아서 바로잡고 싶은 마음이야 한결같지만, 이제는 굳이 그런 수고를 하지 않더라도 괜찮지 않을까 싶기도 하다. '4대강 사업'에 대해 '반대를 위한 반대'를 목적으로 일방적인 힐난을 퍼붓기보다, 이제는 좀 더 실증적인 근거와 합리적 논리를 들어 찬반 간 이해의 차이를 해소해 나갈 수 있으리라 믿는다.

2011년 어느 날, 베른하르트 교수의 발언에 대해 어느 매체에 보냈던 반박 기고문의 전문 내용을 다시 옮겨 놓는다. 건설적인 의사소통에 활용될 수도 있을 것이고, 국민의 자발적인 이해를 돕는 데 기여할 수도 있을 것이고, 힘이 있는 주류 매체들이 중립적이고 합리적인 시각을 유지하는 데 참고할 만한 부분도 있지 않을까?

---

55) 매카시즘 : 극단적이고 초보수적인 반공주의의 선풍. 또는 정적이나 체제에 반대하는 사람을 공산주의자로 몰아 처벌하려는 경향이나 태도

● 대한민국 전문가 모독하지 말라

대한민국 전문가 모독하지 말라

독일인 베른하르트 씨가 얼마 전 한국에 와 4대강 이야기를 했다. 그는 "4대강 사업이 지난 세기의 하천 수리학이다", "생태적 관심이나 필요가 전혀 반영되지 않은 프로젝트이다", "강을 직선화하고 사다리꼴로 준설하면 강 유속이 빨라져 홍수 위험이 증가한다", "하천을 뒤로 물리고 홍수터를 만들어야 한다" 등 여러 주장을 쏟아냈다. 그가 돌아간 뒤 지금까지도 그가 발언한 내용들이 인터넷은 물론 유튜브에까지 계속 옮겨 전해지고 있어 그 주장의 잘못을 바로잡지 않을 수 없다.

필자는 내심 건설적인 전문가가 어떤 지적을 할까 궁금하고 기대도 했었다. 그러나 그의 이 같은 지적은 건설적인 지적과는 한참 멀다. 심지어 한국 전문가에 대한 모독으로 들리기까지 한다.

대한민국 전문가에 대한 모독

널리 알려져 있듯이 한국의 건설 토목 기술은 세계적이다. 4대강 추진본부에만 국제자문 원로회의 자문위원이 10여 명, 정책 자문 20여 명, 자문위원회엔 100여 명이, 시민 자문위원회에도 100명 가까운 전문가가 의견을 모았다. 지방 국토청에도 전문가 자문단만 100명이 넘었다. 이들은 각 분야에서 내로라하는 분들이다. 반대 측에서 틈만 나면 '외국 전문가'라고 낯익은 인물들의 주장을 금과옥조처럼 제시하지만 4대강 사업에 관여하신 분들 상당수도 '외국'에서 학위를 수여한 전문가들이고 그 분야의 최고들이다. 수십 년간 외국에서 연구하고, 종신교수로 활약하는 분도 있다.

사업을 추진하는 실무진은 어떤가. 국토부 본부, 지방청, 수자원공사, 그리고 민간 기업에 수백 명의 기술진이 머리를 맞대어 프로젝트를 수립하고 시행해 왔다. 외국 전문가 한두 사람의 목소리를 온 매체에 퍼트리고, 전체 전문가의 결정을 폄훼하는 것은 진짜 전문가에 대한 모독이다.

4대강 사업, 어느 날 하늘에서 떨어진 게 아니다

그런 전문가들의 구상과 계획이 어느 날 하늘에서 떨어진 게 아니다. 한국의 4대강 사업은 지난 수십 년간 하천에서 발견된 문제점을 해결하기 위한 방법을 종합한 것이다. 지난 정권 10년 동안에도 전 국가적인 하천 정비 계획만 두 번이나 수립했었다. 많은 예산이 불가피하니, 투자 우선순위에 밀려 실행되지 못했을 뿐이다.

베른하르트 교수는 "지금이라도 중단하거나, 그게 안 되면 보를 열어 두어야 한다"고도 했다. 아무리 전문가라도 남의 나라 프로젝트에 이렇게 단정적으로 결론 내리는 것은 아니다. 만일 동남아시아의 하천 정비 사업에 대해 필자에게 한마디 해 보라고 하면 그렇게 며칠 둘러보고 단언하지 못한다. 그 나라의 사정을 알기 위해서도 긴 시간이 걸릴 뿐 아니라 그 나라의 전문가들의 심사숙고한 결과물을 모독하는 일이기 때문이다. 우리나라의 하천 정비 사업을 며칠 둘러보고 전문가들의 피땀 어린 노력을 과소평가하지 말기 바란다.

제방을 뒤로 물리고 홍수터를 만들자?

베른하르트 교수가 제방을 뒤로 물리고 홍수터[56]를 만들자는 지적이 우선 눈에 띈다. 듣기에 이보다 좋은 이야기는 없다. 하천가에 피해 대상을 없애 버리면 얼마나 좋겠는가.

그러나 우리나라처럼 비좁은 국토에 어디 가능한 일인가? 아마존강이라도 된다면 가능한 일이다. 거대한 대륙 미국의 강 미시시피도 벌판만 흐르는 게 아니라 도시와 농촌을 흐른다. 얼마 전 홍수로 도시를 희생시키느냐. 인구가 적은 농촌을 희생시키느냐 고민하다 농촌으로 물길을 터 대규모 재앙을 막은 적이 있다.

'악마의 선택'을 할 수밖에 없는 것도 강 주변에 많은 사람들이 살기 때문이다. 강과 사람이 지근거리에 있는 한국 상황은 더 심각하다. 그런 나라에 홍수터가 가당한 이야기이냐고 그 '전문가'에게 묻고 싶다. 진심으로 그렇게 생각하는지도 들어보고 싶다.

4대강 사업을 시작하며 비닐하우스가 들어찬 국가하천 고수부지를 회수하기도 쉬운 일이 아니었다. 일부 위험 지역 사유지를 매입하기는 더욱 어려웠다. 하물며 도시와 사유지인 농지를 매입하고, 때로는 산업시설까지 매입해 홍수지로 관리하는 것이 가능하겠는가? 베른하르트의 '홍수터 주장'은 이상적으로 참고할 만하지만, 현실적으로 불가능한 정책이다.

독일과 한국의 강은 완전히 다르다

베른하르트 교수 외에도 얼마 전 또 다른 독일 전문가라는 분도 역행침식이다 뭐다 하며 4대강 홍수가 증가할 것이라고 한참 한국 사회를 휘젓고 갔었다. 이들 외국 '학자'나, 또 이들을 불러다 마이크를 들이대는 사람들이나 늘 내세우는 논리는 "유럽에선 강 복원한다", "독일에선 강을 이렇게 한다"라고 주장한다.

독일과 한국은 지리적인 특성이 매우 다른 나라다. 강수량을 예로 들자. 통계에 따라 다르긴 하겠지만 독일은 1년에 600mm 정도로 고른 강우를 보인다고 한다. 이런 기후에선 우리나라처럼 저수지도 필요 없다. 지형적으로 대체로 경사가 급하지도 않다. 연중 강수량이 고르게 내리니, 최저 유량과 최고 유량의 비가 1:20에 불과하다.

많은 전문가들은 한국은 최저·최고 비가 1:200~3000이고, 독일은 1:20, 많아야 1:40배 수준 정도로 강 자체가 서로 다르다고 강조한다. 유량 편차가 30배 정도인 강과 200배 차이가 나는 강을 어떻게 똑같은 방법으로 접근할 수 있겠는가?

또 1년 중 우기에 내리는 비가 60%를 넘는다. 강우 집중도가 매우 심각하다. 특정 시기에 비가 집중되고 그 외 시기엔 가뭄이 들 가능성이 많다는 것이다. 이런 강에서 어떻게 보를 막지 않고 물을 확보할 수 있겠는가?

---

56) 홍수터 : 홍수 때 저수로를 넘쳐흐르는 부분

4대강 사업이 지난 세기의 하천 수리학?

베른하르트 씨는 "독일에선 80년대부터 준설을 하지 않는다", "지난 세기의 관리 방법"이라고도 했다. 그러나 많은 국가들이 50년 전부터 지금까지도 하천을 조금씩 준설해 왔다. 미국 미시시피 강도, 일본 요도가와(淀川, 요도강)도 준설을 했다. 준설을 해가면서 홍수가 줄었다는 점을 많은 전문가들이 지적하고 있다.

준설을 하면 통수 능력이 제고된다는 것은 상식이다. 강을 직선으로 펴서 '물의 고속도로'를 만든다면 다른 문제가 생길지 몰라도, 기존 강 모양을 그대로 두고 준설을 했다고 해서 홍수가 증가한다는 건 상식적으로 틀린 말이다.

'독일 강 자연화 했다'는 주장의 허점

4대강 반대론자나, 베른하르트 교수나 '외국은 준설은 안 한다', '인공 구조물을 하는 4대강 사업은 나쁘다'는 취지를 주장하면서 독일 뮌헨의 "이자르(Isar)강' 모범 사례로 든다.

뮌헨의 이자르강은 상류 알프스 지역부터 평야를 사행하면서 내려오다 뮌헨시를 통과한다. 18세기 무렵부터 강이 개발됐고, 강의 한쪽 편을 수로로 만들어 수상 운송용으로도 사용했다. 지금은 전력 생산을 위한 물길로 쓴다. 강의 한쪽 편을 수로로 만들고 나니 넓은 자연하천 부분은 물이 줄어들었다. 물이 줄어든 자연하천마저 한쪽 편에 직선형 저수로를 만들고 넓은 둔치로 남겨뒀다. 좁은 직선형 저수로는 물살이 빨랐고, 이 때문에 바닥이 패 나가고 수재 위험이 커졌다.

이 문제를 해결하기 위해 뮌헨시 수자원국이 강을 되살리기 위해 나선 것이 '이자르플랜'이다. 수자원국은 우선적으로 300km에 가까운 이자르강 중 인구 밀집 지역인 대도시 구간 8km를 복원한 것이다. 재자연화했다고 하지만 모든 인공물을 걷어내고 자연 그대로 만든 것은 아니다. 직선형 저수로 호안을 없애고 둔치를 긁어내 하천을 넓혔다. 물살이 빠른 곳에는 돌로 하상유지공도 만들었다. 발전용 수로는 그대로 유지돼 있고, 발전용 수로의 수위를 유지시켜 주기 위한 보도 곳곳에 있다.

수로 옆으로 나란히 가는 본류도 인공 구조물이 없는 것이 아니다. 도시를 통과할 땐 청계천이나 유럽의 여느 운하처럼 수직으로 이뤄진 콘크리트 구조물이 죽 이어진다. 외곽엔 휴양시설도 갖췄다. 오토 캠핑장, 카누장 심지어 강변 숲속엔 미니 골프장까지 설치했다. 물가엔 시멘트 수로도 있고 자연석 호안도 있다. 어느 시민도 "물가에 이렇게 인공적인 요소가 있느냐"라고 국가를 꾸짖지 않는다. 지난해 우리 공무원을 포함해 하천 관계자들이 독일 뮌헨의 이자르강 복원 당국을 방문한 적이 있다. 한국의 일행이 "한국의 4대강 사업을 일부에서 반대하고 있는데 독일 전문가로서 한국이 선택한 방법이 옳은지 조언을 해달라"는 말에 그 전문가는 "모든 강은 각각 특성이 다르다. 연구해 보지 않고는 말할 수 없다"라고 잘라 말했다고 한다. 그것이 진짜 전문가의 자세다.

환경단체는 독일, 일본 전문가만 보이나?

야당과 환경단체는 지금 독일 전문가 일본 전문가라는 낯익은 얼굴들을 내세워 4대강 사업을 흠집 내고, 지금 하는 사업을 중단하자는 말까지 서슴지 않는다.
그러나 모로코의 국왕 측근이나, 수자원 전문가들이 와서 "우리 수문은 한번 수문을 열면 떠내려가서 다시 찾아온다. 한국의 기술을 배워가고 싶다"라며 적극적인 모습을 보인다. 미시시피의 대학생들은 와서 설명을 듣고는 "이런 사업을 왜 이제야 하느냐"라고 했고, 베트남의 고위 관료가 "우리의 강을 이렇게 하고 싶다. 홍수가 나던 고향이 생각난다"며 부러워했다. 같은 외국인이면서 이런 반응을 보이는 외국인들은 왜 외면하는지 궁금하다. 입맛에 맞지 않아서인가?

물고기 멸종? 물도 없는 오염된 강이 더 위험

베른하르트 교수는 홍수에 관해서도 조언했다. 그분은 "습지와 퇴적물은 너무나 중요한 강의 구성 요소이며 이것이 물가에 자생한 나무와 함께 홍수를 막아준다"라고 했다. 준설로 유속이 빨라지고 홍수 위험은 그만큼 더 커진다고도 했다. 또 자연 하천에 손댄 독일의 강에서는 개발 사업 후 34종 중 6종만이 남고 28종이 멸종되는 상황을 겪었다"라고 소개했다.
그러나 한강종합개발 사업 이후 10여 년간 지속적으로 어종이 늘어간 것은 어떻게 설명할 것인가? 한 자료에 따르면 한강개발사업(1986년 9월 완공) 이전인 1968년 실시한 한강 생태계 조사에선 어종(魚種)이 53종이었으나, 개발이 이뤄진 이후인 1987년엔 46종, 1990년 21종, 1994년 39종으로 일시 감소했다가 2000년엔 56종, 2007년엔 71종으로 도리어 더 늘어났다.
한강엔 수중보가 두 곳이나 설치돼 있다. 물이 없고 오염됐던 강에 물이 많아지면서 어류가 늘어난 것은 많은 전문가들도 인정하는 바이다. 더욱이 한강은 당시 지금 4대강처럼 자연형이 아니라 콘크리트 호안으로 만들어 덜 자연적으로 복원했는데도 그렇다.
남의 나라 사정은 고려하지 않고 경솔하게 말하는 사람은 전문가가 아니라 환경운동가라고 해야 할 것이다. 자기 나라를 재는 자로 대한민국을 재려 하지 말기 바란다.

● 배알도 없는 환경단체

사실 궤변을 늘어놓는 베른하르트보다 더 답답한 것이 환경단체, 그리고 야당 정치인들이었다. 베른하르트가 누구이고, 독일에서 어떤 일을 하며, 어떻게 친환경적 실천을 하고 사는지는 모르겠다. 하지만 일국의 전문가들이 수십 년 고민해 온 것을 집대성하고, 또 수년간 실시 계획을 짜서 어렵사리 시행하는 사업에 대해 '자연에 대한 강간'이라는 망언을 한 것만 봐도 이런 사람이 전문가로 보이지는 않는다. 그러나 이 외국 전문가라는 사람보다 나는 국내의 환경단체와 야당 정치인들이 더 한심했다.
자존심도 없고 배알도 없나? 조국의 전문가들이 오랜 기간 연구하고 세운 계획과 실행

사업 내용에 대해 한마디로 '자연 강간', '재앙'이라 비하하며 망발을 해대는 외국인을 불러다 놓고, 이곳저곳 강을 보여주며 맞장구치는 것이 과연 온당한 일인가?

한 개인에 대한 역사적 사실을 제대로 확인해 보지도 않고, 친일파다 매국노다 하며 마녀 사냥을 부추기는 사람들이 있다. 백 년이나 지난 과거에 확인도 되지 않는 일로 억울한 누명을 쓴 사람도 왜 없겠는가. 역사 속에 부초처럼 운명에 몸을 맡긴 약한 인간으로서 어떤 상황에서 하는 수없이 하게 된 일인지, 정말 전략적으로 조직적으로 매국을 했는지 조차 따져보지 않는다.

이른바 '진보 성향'이라는 사람들이 그렇다. 자기만은 민족적 자존심을 지켜 국가와 국민을 위한다고 하는 사람들이다. 민족 자존심이 이렇고 저렇고 말하는 사람들이 많은 곳이 그쪽 진영이다. 그런데 일개 외국인의 궤변을 신의 계시인 양 받들어 모시는 추태를 벌이는 곳도 그쪽 진영이다.

베른하르트가 21세기 벌건 대낮에 주권 국가인 대한민국의 전문가들이 추진한 정책을 '자연에 대한 강간'이라고 상스러운 소리를 해도 한마디 대꾸라도 하는 사람이 그들 중에는 없나 보다. 오히려 세칭 좌파 언론은 베른하르트를 졸졸 따라다니며 '성인 말씀 옮겨 적듯이' 기사화했다. 야당 의원은 일국의 국회의원이라는 자존심도 없는지, '칙사(勅使)'를 모셔 온 양, 대한민국 국회 공간에서 그를 불러다 한 말씀이라도 더 듣겠다고 마이크를 들이댔다. 환경 단체도 그를 앞세우고 대한민국 강을 따라다니며 '베른하르트 가라사대' 하며 4대강 비난에 여념이 없었다. 나는 사업추진에 정신이 팔려 당시엔 하고 싶은 말도 꾹 참았다. 하지만 이제라도 이 말을 하지 않고는 무덤에 가기 전에 후회가 될 것 같아 아니할 수가 없다.

6. 지긋지긋한 비가 가고, 가을이 왔다

지루하게 비를 뿌리던 2011년 우기가 지나가고 가을이 왔다. 하루 이틀 쉬었다 내리는 것을 반복하던 통에 공사가 연속적으로 이어지지 않아 현장에서 거의 3개월을 한숨 쉬며 보냈다. 가을이 다가오자, 현장은 비로소 생기를 찾아갔다. 4대강 사업으로 넓고 깊어진 강은 이미 오래전부터 그런 모양이었던 것처럼, 어느덧 사람들의 눈에 익숙해졌다. 수변 공간도 확 달라졌다. 2011년 9월 24일, 연기군 금강 세종보에서 시설물을 국민에게 공개하는 개방 행사가 처음으로 열렸다. 참여 인원을 2,000명 정도 예상했지만 4,500여 명이 몰렸다는 소식이 대전 지방 국토청으로부터 올라왔다. 준비한 기념품도 모자라고, 음식도 동이 났다고 한다. 4대강 전 구간에서 처음으로 가진 개방 행사이다 보니, 주차 안내, 주차장 배치 등에서 미숙한 점도 보였다. 내심 '국민 반응이 어떨까' 걱정과 긴장 속에서 개방 행사를 기다렸지만, 이렇듯 강은 벌써 국민 마음속에 점점 다가가고 있었다.

7. 4대강 사업의 꽃, 자전거 도로

● 자전거 도로는 4대강 사업의 선물

이명박 대통령은 2009년 신년사에서 "전국 곳곳을 자전거길로 연결하여 생태 문화가 뿌리내리도록 하겠습니다."라고 자전거 이용을 활성화 시키겠다는 의지를 밝혔다. 정부는 즉각 자전거길 인프라 구축 시범 사업을 통하여 장기 계획을 수립하였고, 정부의 자전거길 인프라 구축 사업의 핵심 사업이 바로 '4대강 국토 종주 자전거길'이다. 4대강 사업 시작부터 참여해 사업 내용을 처음부터 모두 꿰고 있지만, 사업이 진행되면서 가장 잊을 수 없는 일은 자전거 도로 현장 점검이다. 많은 사람이 모르는 내용이지만, 개인적으로도 국가적으로도 가장 큰 '사건'이다.

현장을 다녀와 보니 중장비 작업이 진행된 후에, 산책로며 자전거 도로가 제 모습을 갖춰가기 시작했다. 서서히 둔치 생태 공원도 그 모양이 드러났다. 그런데, 어떤 현장에 가보면 둔치 자전거 도로는 멋지게 그려져 있는데, 자세히 보면 각도가 급하거나, 경사진 곳도 보였다. 제방을 중심으로 이어지는 종주 도로도 마찬가지였다. 4대강 전 구간의 제방으로 지나던 자전거 도로는 지형에 따라 일반 도로를 통과할 수밖에 없는 노선이다. 일반 도로로 연결될 갈림길을 만나면 어느 쪽으로 가야 할지 내가 생각해도 답답할 것 같았다. 실무자들이 도로에 선만 그어 일반 도로로 연결해 버리는 것은 아닌가 걱정도 됐다.

난 평소에도 4대강 사업의 결과 중 가장 중요한 작품은 '자전거 도로'가 아닐까 생각하고 있었다. 그리고 아름다운 우리 국토의 4대강 하천 구역 여유 공간에, 국민의 레저와 건강을 위하여 자전거 도로를 설치하도록 사업 계획에 구체화시켜 넣었다.

자전거 도로 설치와 관련해서는 전국 지방자치단체를 관리하는 행정안전부의 적극적인 협조가 필요하였다. 그 당시 행정안전부 맹형규 장관님과 목영만 차관보께서 4대강 자전거

길의 시발로 국토종주 자전거길 구상 까지 적극지원과 협조를 아끼지 않았으며, 또한 중앙 부처에 '자전거과' 라는 공무원 조직을 두게 함으로써 우리나라 국토에 세계적인 자전거 도로망을 갖출 수가 있었다. 자전거 라이딩 스포츠를 통해 국민의 건강 증진 효과를 기대하는 동시에, 국민이 건강해지면 결국에는 국가가 부담해야 하는 건강 보험료도 그만큼 줄어들 수 있다는 논리가 지원과 협조의 바탕이 되었다.

　유럽 등 외국의 자전거 길은 대개 주행 차량 이동로의 갓길을 활용하여 설치되어 있었다. 때문에 간혹 심각한 교통사고가 발생하기도 했다. 자전거를 타는 사람들이 때때로 불안감을 느낄 수밖에 없었다. 하지만 4대강의 자전거 길은 처음 설계 단계부터 이와는 사뭇 달랐다. 일단 주행 차량으로 인해 발생하는 장애가 거의 없고, 쾌적한 공기와 아름다운 주변 풍경을 만끽할 수 있도록 하천의 고수부지와 제방길을 적극 활용했으며, 그 연장만 하더라도 전국에 걸쳐 수천 km에 이르기 때문에, 이처럼 자전거 동호인들이 편안하게 즐길 수 있도록 배려한 사례는 아마도 세계적으로 유일무이하지 않을까 싶다.

　4대강 사업에서 치수(治水) 효과는 이미 증명이 됐다. 그러나 치수는 우기에만 실감하지 평소에는 잊고 지낸다. 이수(利水) 효과도 그렇다. 물을 이용하는 효과도 가뭄이 들어야 비로소 절감하게 된다. 치수는 농민과 강변 주민들에게 주된 관심사다. 이수도 농민과 강물을 공업용수로 쓰는 산업 현장이나, 상수원 관련 분야에서만 관심을 갖고, 여건의 개선과 발전 상태를 알 뿐이다. 이렇듯 같은 물을 두고도 사람이 처한 입장에 따라, 계절에 따라 관심도가 다르다. 4대강 사업의 효과는 각 입장에 따라 제한적으로 보이거나, 관심 없는 사람에게는 중요하게 보이지 않을 수도 있다. 하지만 '자전거 도로'와 '산책로'만큼은 전 국민에게 똑같은 비중으로 사시사철 관심이 미치게 될 것이라고 생각했다.

　국민이 계절에 관계없이 1년 내내, 매일 밤낮으로 '느끼고', '누리는' 것은 자전거 도로일 것이다. 자전거 도로와 관련하여 지인들과 자주 나누었던 이야기가 있다.

4대강 주변의 자전거 도로

"4대강 사업이 끝나면 자전거 도로만 남는다." 후배로 지내는 김기헌 서울 사이클 연맹 부회장과 이런 대화를 나누곤 했다. 그는 엔지니어링 회사를 운영하면서 서울시 사이클 연맹 부회장을 맡기도 했으니 자전거와 자전거 도로에 대해선 나름대로 전문가이다. 그의 입에서 나온 말이니 가히 틀린 말도 아닐 것이라 생각했다.

극단적으로 이야기하자면, 그는 4대강 사업은 "22조 원 들여 자전거 도로 만들었다는 비아냥을 들을 수 있다"라고까지 걱정을 했다. 이 말은 결국, 4대강 사업을 하면서 자전거 도로를 좀 잘 만들어달라는 '민원성 협박' 같은 의미가 담겨 있었던 것은 아닐까? 하지만 그 말이 아니라 하더라도, 나는 자전거 도로야말로 사업 이후 일반 국민들에게 더 중요한 부분이 될 것이라고 생각하고 있었다. 이유는 간단하다. 앞서 언급했듯이, 4대강 사업의 다른 효과들은 지역적으로 체감하는 정도가 서로 다르다거나, 또는 계절적인 요인에 의해 영향을 받는다거나, 혹은 가시적이고 직관적으로 확인해 보기 힘든 것들이다. 하지만 자전거 도로만큼은 항상 눈으로 보는 실체가 가까운 주변에 존재하고 있으니, 누구에게나 실질적으로 중요하게 느껴질 수밖에…

4대강 사업 개방 행사가 있기 전부터, 이미 4대강 주변에 부분적으로 완공된 자전거 도로나 산책로에는 시민들의 발길이 끊이지 않았다. 일산의 호수 공원이건, 탄천의 강변 자전거 길을 가본 사람이면 금세 안다. 자전거 길이 생기면 얼마나 많은 사람이 오간다는 것은 눈으로 쉽게 확인할 수 있다. 그러니 만약 조금이라도 잘못된다면, 오히려 그것으로 인해 숱한 비난의 화살을 피할 수 없게 되기도 할 것이었다. "수많은 돈을 들여 만든 자전거 도로가 왜 이런가?"라는 소리가 나오기 시작하면 어떻게 감당할 것인가? 추진본부 내에서도 무엇보다 중요하게 고려할 수밖에 없었고, 실제로 그래야 했다.

● 자전거 도로 점검에 집중한 또 다른 이유
　40년 만에 자전거를 사다

한동안 자전거 도로 관련 보고를 받을 때마다 항상 "사인보드는 어떻게 되어가나", "어떤 크기로 하기로 했나", "이정표 간격은 얼마나 하기로 했나", 묻는 게 일이었다. "○○공구 자전거 도로 노선은 표지판은 발주 넣었나?" 녹음기처럼 물을 때마다 "디자인 중이다", "몇 m높이다", "몇 백m 간격이다", 실무자들의 대답도 앵무새처럼 반복됐다.

현장에 가보면 지형이 각각 다른데, 원칙도 없었다. 수변 생태 공원 내 자전거 도로의 경우 도로 포장 면에 바짝 붙여 낮은 가로등을 설치한 구간도 있고, 수 km 구간 동안 휴식 공간이 없는 곳도 있었다. 이정표만 해도 구불구불하고 갈림길이 많아서 여러 곳에 설치해야 하고, 지형에 따라 높이도 당연히 달라야 한다. 그런데도 묻기만 하면 "지시대로 하고 있다", "잘 되어가고 있다"고만 하니 아무래도 마음이 놓이지 않았다.

자전거 도로에 관해 잔소리를 하려면 스스로도 좀 더 정확하게 알아야 했다. 결국에는 내가 직접 자전거를 타 봐야 알 수 있을 것 같았다. 우선 자전거를 사기로 했다. 집 근처에 규모가 큰 자전거 전문점이 있었다. 직접 방문해서 살펴보니 수십만 원부터 수백만 원까지 가격도 천차만별이었다. 자전거 가게 사장은 '2,000만 원이 넘는 것도 있는데 뭘 놀라냐'는 반응이었다. 그 옛날, 짐자전거에 쌀 포대를 나르던 방앗간 자전거의 기억이 남아 있었지만, 자전거가 손가락으로 들어 올릴 정도로 가벼운 제품도 있다는 게 신기했다. 더욱 놀란 것은 자전거 동호회를 찾는 사람들이 엄청 많고, 높은 가격대의 자전거를 이용하는 사람들도 많다는 데 놀랐다.

나도 '거금' 300만 원을 들여서 자전거 한 대를 장만했다. 8월 중순경, 한강 둔치 자전거 도로를 타고 송파에서 행주대교까지, 탄천에서 팔당까지 직접 타 봤다. 40년 만에 처음 타는 자전거라 엉덩이부터 몸 구석구석 어디 한 곳 아프지 않은 데가 없었다. 시간이 없을 때에는 송파에서 미사리까지 짧은 거리라도 타면서 자전거 라이더의 입장에 한 걸음이라도 다가가려 애를 썼다. 40년 만에 타보는 자전거인데 어찌 낯설지 않았겠는가? 하지만 한 가지 분명한 사실은 시간이 흐를수록 자전거 라이딩에 점점 더 흥미를 느끼게 된다는 점이었다.

사업 진행 과정이 차츰 후반으로 갈수록, 이상하리만큼 자전거 도로가 계속해서 내 마음에 걸렸다. 주요 공구마다 자전거 도로 점검을 철저히 하도록 강조했다. 이정표 만들기, 포장하기 상황 등을 수시로 체크했다. 제대로 안 되는 곳도 있을 것 같아 보이는데, 어찌 된 영문인지 보고 내용은 언제나

공사 중인 자전거 도로

"잘 돼간다"였다. 그러나 현장에 가보면 역시 어딘가 미진했다. 비가 온 뒤 가보면 부분적으로 포장이 완료된 도로 곳곳에 빗물이 고인 것이 발견되기도 했다. 겨울에는 그런 곳들이 얼어붙을 것이 아닌가? 같은 시멘트 포장면인데도 어느 곳은 매끈하고 어느 곳은 울퉁불퉁했다. 어느 순간 자전거 도로를 전 구간 직접 점검해 보고 싶다는 생각에까지 이르게 되었다. "잘 돼 갑니다"라는 실무자들 보고만 듣고, 보고서만 믿다가, 만일 하자라도 생긴다면 어떻게 할 것인가? 나중에 다시 고치려면 새로운 예산과 자원이 또 들어가야 할 것 아닌가?

● 그래! 4대강 자전거 도로를 모두 타 보자!

어느 날인가 대통령께 업무보고를 하러 갔는데, 대통령도 자전거 도로 사전 점검을 강조했다. 대통령은 "골프장도 개장 전 시범 라운딩을 하고, 쇼핑 센터도 오픈 전 점검을 하는데, 전 국민이 사용하는 자전거 도로는 사전 점검이 특히 중요하다"라는 당부를 했다. 내 생각도 같았다. 자전거 도로를 만든 사람들이 사용자 입장에서 타보지 않고 어떻게 국민에게 자신 있게 제품을 내놓는단 말인가? 세금을 들여 만든 도로인데, 한 번도 직접 안 타보고 국민에게 드릴 수 있는가? 생각해 보면 직접 타 보지 않는다는 것은 말이 안 되는 것 같았다.

'그래 4대강 자전거 도로를 모두 타보자!'

4대강 사업 관련 공무원(추진본부, 참여 지자체)들과 참여 업체 관련 직원들에게 자전거를 직접 타보고 이용자 입장에서 문제점을 찾아보자고 제안했다. 그리고 한국자전거연맹의 협조를 받아서 전국의 '자전거 동호회' 회원들과 함께 4대강 전 구간 종주 실전 점검을 하자고 제안했다. 직원들을 포함해서 대다수의 사람들이 이 제안을 농담으로 여겼다. 한강만 해도 수백 킬로가 넘고 낙동강, 금강, 영산강까지 가려면 수천 km나 될 텐데… 실제로 가능하기나 한 일인가 싶었을 것이다. 게다가 이런 식의 자전거 도로 점검을 위해서는 직원들마다 자전거가 따로 필요했으니 말이다.

8. 1500km, 4대강 자전거 종주에 도전하다

나는 말을 꺼낸 후부터 새벽마다 자전거로 탄천이나 잠실까지 돌았다. 주말이면 자전거를 타고 송파에서 팔당까지 다녀왔다. 때로는 행주대교까지 왕복했다. 처음 탔을 때의 부작용이나 신체 부위의 각종 통증도 굳은살이 생기고, 근육이 단련되면서부터 서서히 사라지기 시작했다. 오히려 자전거를 계속 타다 보니, 4대강 사업 이후 몇 년 동안 쌓이기만 했던 각종 스트레스 증상이 사라지는 신기한 경험을 하기도 했다. 무엇이든 열정적으로 하다 보면 결국 이런 효과를 얻기도 하는구나 싶어서 내심 기쁘기도 했다.

● 직원들도 반신반의하다

우선 자전거 라이딩 일정을 잡아야 했다. 9월 6일에 한강을 제일 먼저 라이딩하기로 했다. 9월 18일과 19일에는 영산강, 28일과 29일엔 금강을 돌아보기로 했다. 4대강 추진본부 사업지원국, 각 지방청, 지방자치단체, 건설 사업에 참여한 관련 직원들은 의무적으로 모두 참가하라고 지시했다. 사업 참여 관계자도 포함시킨 이유는, 자기가 맡은 수계와 공구에서 직접 타 보는 것이 공사를 제대로 하는 데 큰 도움이 될 것이라는 확신이 있었기 때문이었다. 참가 안 하는 사람은 '직무 태만으로 징계 또는 불이익을 주겠다'라고 엄포를 놓기도 했다. 추진본부 직원들을 위해 자전거 공동 구매도 추진했다. 그러고 보니, 나로서도 이제는 더 이상 물러설 곳이 없는 상황이 되었다. 공동 구매까지 직접 추진한 사람으로서 책임감을 가지고 더 열심히 연습하는 것 이외에 다른 길은 없었다. 주말에는 일부러 짬을 내어서 수락산, 도봉산, 북한산을 올라가며 다리에 힘을 길렀다. 1,500km, 4대강 자전거 종주라는 전대미문의 도전을 위해서!

● 첫 도전, 남한강 종주길 이야기

9월 6일은 우리나라 자전거 도로 개척사에서 매우 '역사적인 날'이다. 이날 시작된 첫 종주길 점검 대상은 남한강이었다. 남한강 자전거 도로는 팔당에서 시작해 양평, 여주를 거쳐 충주 탄금대를 지난다. 탄금대에서 충주 시내 문경새재를 거쳐 100km를 넘어가면 낙동강으로 이어진다. 우선 4대강 사업 구간인 남한강의 충주에서 하류 방향으로 양평

까지 102km를 점검하기로 정했다.

아침 9시, 충주 탄금대 세계무술공원에 모두 집결했다. 탄금대 공원에 도착하니 남한강 충청지역을 담당하고 있는 대전지방국토관리청 문정식 국장을 비롯하여 임직원들, 수자원공사에서 정남정 4대강 사업본부장을 비롯한 각 처장 및 팀장들, 그리고 경기도에서 손성오 건설본부장을 비롯한 담당 임직원 등이 출발 준비를 하고 있었다. 한강 구간 사업 시공사의 직원 감리단 관계자, 추진본부에서 나간 직원들까지 참여 인원이 100여 명이나 됐다. 수자원공사에서 미리 준비한 김밥을 먹고, 각자 사이클 복을 받아 입었다.

난생 처음 입어보는 사이클 복이 다소 어색했던지, 참가자들끼리 서로의 모습을 쳐다보고 깔깔대며 웃음꽃을 피우기도 했다. 중년의 사내들이 몸에 착 달라붙는 라이딩 복장을 하고 있자니 어딘가 어색하고 민망했던가 보다. 가려할 곳은 오히려 두드러져 보이고, 체형이 바로 드러날 수밖에 없는 복장 구조 때문에 올챙이처럼 볼록한 아랫배는 한층 더 돋보이는 모습이 만천하에 드러나는 순간이 아니던가. 서로 킥킥거리며 놀렸지만, 모두들 어린애들 마냥 표정이 환하고 밝았다. 근사한 몸매들은 아니었지만 자전거를 세팅하고 유니폼을 매만지며 준비해 온 플랫카드를 참가자들 앞에 내걸었다. 그리고 당당한 목소리로 외쳤다. 파이팅! 파이팅! 파이팅!

나는 솔직히 마음속으로는 걱정이 들기도 했다. 평소에 자전거를 잘 타보지 않던 사람도 있을 텐데, 혹시라도 사고가 나면 어쩌나 싶기도 했고, 또 완공되지 않은 곳을 지나야 하다 보니 길도 험할 것이고, 긴장하다 보면 다리 힘은 두 배로 들게 마련일 텐데, 참가자들의 마음만큼 체력이 버텨줄 것인가도 걱정거리가 아닐 수 없었다. 그러나 저마다 "파이팅" 하는 소리를 들으니 뭔가 해낼 것 같은 예감이 들었다.

첫 출발은 탄금대 제방 도로에 매끈하게 투수콘(물이 스며들어가는 콘크리트)으로 포장된 도로를 미끄러져 기분이 좋았다. 나와 손성오 경기도 건설본부장 등이 앞에 달렸다. 중간에 '프로사이클' 소속 자전거 동호인인 대표 김동환, 이명숙 씨와, 김기헌 서울 사이클 연맹 부회장, 이용우 한국체대교수, 한국체대 사이클 대표 선수 등이 직원들 틈에 섞여서 서서히 페달을 밟았다. 포장 구간을 달릴 땐 저마다 콧노래를 부르고 휘파람을 부는 직원도 보였다.

첫 점검 라이딩인지라 SBS에서도 취재를 나왔다. 몇몇 지역 신문에서도 나와 첫 출발하는 모습을 담기 위해 셔터를 눌렀다. 뉴데일리 소속으로 4대강 사업초기부터 취재를 하다가 4대강을 좀 더 전문적으로 다루기 위해 인터넷 신문 '뉴타임즈코리아'를 창간한 김신기 기자도 자전거 대신에 카메라를 들고 현장에 왔다. 취재를 위해 카메라 앵글을 맞추기라도 하면, 큰 소리를 내어 휘파람을 불기도 하고, 손가락으로 V자를 그려대는 등 직원들의 표정이 한결같이 밝아 보였다.

그러다 충주 조정지 댐을 건너 잠시 내리막길로 들어섰다. 강변을 따라 내리막길을 달리며 다들 시원한 맞바람에 환호성을 질렀다. 자전거 타는 연습을 조금이라도 한 사람들이거나 라이딩 전문가들은 차츰 선두로 나서기 시작했고, 나머지 그룹은 선두와 크게 거리가 나기 시작했다. 나는 전문가들과 함께 선두 그룹을 지켰다. 내리막길을 한참 지나고 나니 이번엔 당연히 오르막길이 나왔다. 이때부터는 뒤에서 따라오던 직원들은 아예 보이지 않았다.

오르막길에서는 나도 악을 쓰고 페달을 밟았다. 호흡에서 쇳소리가 날 정도로 힘들었다. 다시 오르막길 정상에서 군부대를 지나 이제는 강변 자전거 도로로 들어섰다. 선두 서너 명, 그 뒤 그룹 몇 명, 나머지는 보이지도 않았다. 속도 조절을 했어야 했는데, 그냥 내달리다 보니 직원들은 뒤에 떨어져 보이지도 않은 것이다. 일단 조정지댐 강변을 지나는 자전거 도로에 들어서니, 오로지 자전거 도로 생각만 들었다. 우리가 포장한 도로다. 시멘트 도로는 일단 느낌이 좋았다. 덜컹거림은 없었다. '쏴아~' 하는 타이어 구르는 소리만 들리는 것을 보니 포장상태는 일단 양호해 보였다.

군데군데 초가을을 알리는 코스모스가 활짝 피었다. 조정지 댐 안에선 두 팀이 조정(rowing) 연습을 하고 있었다. 이곳은 충주댐의 갑작스러운 방류 시 수위를 조정하는 역할을 하는 하류의 작은 호수라는 의미로 조정지(調整池, regulating pondage)라고 하여, 평소에도 물이 잔잔하고 보기 편안한 댐이다. 조정지 댐의 잔잔한 수면에 조정 연습을 하는 풍경은 자전거 도로만큼 보기 좋았다. 사무실에서 보고서와 회의로 씨름하다 상쾌한 공기를 마시며 강변을 달리니 정말 날아갈 것만 같았다.

필자 4대강 자전거길 점검 완료 축하광경

● 겸허히 지적을 받아들이다

하지만 중간 중간 덜컹거리는 느낌도 들었다. 일반 도로와 만나는 곳에선 방향 표지가 없었다. 옆에서 차량이 달려오는지 바로 알 수가 없었다. '볼록 거울이 있다면 옆에 달려오는 차를 바로 발견할 수 있을 텐데…' 하는 생각이 들었다. 특별 점검 행사이니만큼 진행을 도와주는 현장 직원들이 있어서 달리는 데 지장은 없었지만, 큰 문제였다. 차도와 접속하는 곳 등 몇 곳이 위험해 보였다.

8km 정도를 달려 조정지 댐 공도교를 지나, 남한강 좌안 중앙탑 휴게소에 들렀다. 땀이 쭉 흐르면서 몸도 풀리는 것 같았다. 조정지 댐에서 숨을 돌리고 있으니, 문정식 국장, 경기도의 손성오 본부장, 수자원공사 정남정 본부장이 지친 표정으로 들어왔다. 다른 직원들도 속속 모여들었다. 대부분 갑작스럽게 장거리 자전거를 탄 탓인지 지친 기색이 역력했다. 한강 8공구 현장에서 설치한 천막 안으로 다들 모여들었다.

충주 지역 남한강 구간을 맡은 대전청의 문정식 국장이 먼저 말을 꺼냈다.
"이정표가 없으니 답답하다"
"힘들어 죽겠는데, 몇 km 남았는지 알 수도 없으니 더 힘들다."
"도로포장이 고르지 않아, 중간에 평탄성이 나빠 진동이 너무 크다"

자전거 타느라 가뜩이나 지친 목소리로 지적 사항을 주르륵 늘어놓았다. 힘이 드니까 더 퉁명스럽게 말하는 듯했고, 누군가에게는 불평하듯이 들렸을 수도 있었다. 하지만 나도 충분히 공감했고, 자전거 도로 자문위원으로 참가한 동호회원들도 같은 문제를 지적했다.
"자전거 도로와 일반 도로에 반사경이 필요하다"
"일반 도로와 만나기 얼마 전부터는 일반 도로를 만난다는 사인이 미리 필요하다"
등의 느낀 점들을 쏟아냈다.

전문가들은 저마다 점검 리스트에 메모를 시작했다. 나는 "나중에라도 아프게 반성하고 바로잡을 수 있도록, 잘못된 점은 빼놓지 말고 모두 지적해 달라"라고 부탁했다. 다시 출발해서 7공구, 6공구, 5공구, 3공구 등을 지나 해가 저물기 시작하고, 어둑어둑해져서야 양평 양근리 섬에 모두 도착했다.

한강 구간의 최대 난코스는 7공구였다. 섬 강변을 따라 남한강과 합류되는 지점으로 이어지는 이 구간에는 포장도 안 된 길, 논길, 산길, 언덕길 등이 혼재되어 선두에서 달리는 전문가 그룹들조차 힘들어 했다. 어떤 곳은 포장 면이 너무 울퉁불퉁해 마치

경운기를 타는 느낌이었다. 힘든 7공구 구간을 지나 강천보 상류부터인 6공구에 들어서자 평지인 데다 포장도 잘 돼 편안한 주행이 가능했다. 5공구를 지날 때는 바로 강변을 따라 달리게 돼, 바람도 상쾌하고 물소리도 시원하기 그지없었다. 해는 저물고 몸은 나른해졌지만, 자연을 더불어 함께 달린다는 이 느낌이야말로 '힐링(healing)'이었다. 말 그대로 몸과 마음에 대한 치유가 아닐는지.

이날 한강 구간 점검에는, 일로 고생하느라 실제로 참가할 수는 없었지만 몰래 차를 타고 온 직원도 있었고, 자전거를 못 타지만 차마 빠질 수 없어서 차량으로 자전거 코스 전체를 함께 한 직원도 있었다. 자전거길 첫 종주, 탄금대에서 양평 양근리 섬 구간은 여러모로 의미 있고 앞으로도 잊을 수 없는 코스 중의 하나가 될 성싶다.

9. 내친김에 사이클(자전거) 국가 대표와 함께 4대강 달리다

● 2차 점검, 1500Km

사실 자전거 도로 점검 일정과 별개로, 개인적으로는 또 다른 도전을 시도했다. 사업 참여 공무원 및 실무자와의 실무 점검 일정 등과 분리시켜, 자전거 도로 관련 전문가들만으로 구성된 점검 일정을 따로 생각하고 있었다. 그러고 나서 곧바로, 대한사이클연맹의 구자열 회장과 조선일보 한현우 기자, 대한철인3종협회장 맹호성 회장, 한국체육대학 레포츠 클럽 노종덕 회장, 뒤편에서 항상 묵묵히 응원해준 친구 김원섭(현,송파구체육회장)등과 함께 4대강 종주 점검을 하기로 약속했고, 시작 일정을 11월 중순경으로 잡았다.

전문가 그룹으로 구성된 점검 라이딩 계획은 대한사이클연맹이 앞장서면서부터 구체화 되고 현실화 되었다고 해도 과언이 아니었다. 국가에서 추진하는 4대강 자전거 도로 건설 계획에

대해, 자전거 전문가들이 직접 라이딩을 해보고 실질적인 문제점을 파악하고, 개선 방향을 제시해 주자는 취지였다. 대한사이클연맹 구자열 회장의 주선으로 각 지역의 실업 선수, 국가대표 선수, 고교 대표 선수들까지 참여하게 됐다. 그리고 참여하는 선수 및 동호회 회원들의 숙식 및 간식 경비까지도 연맹회장이 제공했다. 정말 고마운 일이었다.

출발 첫째 날, 금강 하구언을 출발하여 충주댐까지 이동했고, 둘째 날 충주에서 문경새재 자전거길 개통 행사를 마친 후, 다시 문경새재를 넘어 안동 방향으로 이동하는 일정이었다. 날아가던 새들도 쉬어 넘는다는 문경새재 옛길이 자전거길로 바뀐 것이다. 정확하게 설명하자면, 자전거 전용 도로라기보다는 교통량이 적은 기존의 국도 갓길을 개량해서 자전거 종주로로 재단장한 것이다. 이 구간은 약 8km 가까이 이어지는 고갯길이다. 구절양장 (九折羊腸)이 따로 없었다. 페달을 밟는 내내 다리에 쥐가 나고 입에선 단내가 났다.
필자의 선친께서는 일제 강점기에 일본으로 징용을 갔다가 8.15 해방을 맞아 귀국했고, 이후 줄곧 주택 건축 및 매매에 관련된 일, 즉 건축 및 목수 일을 했다. 그 시절만 해도 동네 혹은 인근 마을 전체를 통틀어서 자전거가 있는 집이 몇 안 되던 시절이었다. 짐작컨대 그런 집들은 당시 기준으로 그나마 살림이 궁핍하지 않은 축에 들었고, 우리 집도 자전거가 있던 집 중 하나였다. 어느 날, 어린 시절의 치기 아니면 호기심 때문이었겠지만, 아버지 몰래 자전거를 훔쳐 탔던 아련한 기억 외에, 필자가 자전거를 제대로 타 본 적이 없었던 것 같다. 지금으로 치면 자동차 열쇠를 훔쳐서 몰래 아버지 차를 몰았다고나 할까?
그 뒤 40여 년도 훌쩍 지나서, 필자가 4대강 사업의 실무 책임을 맡게 되고 자전거를 직접 타보겠다고 마음먹게 된 것은, 앞서도 언급했다시피 그만큼 자전거길이 중요하다고 믿었기 때문이다. 이용자 입장에서 자전거 도로의 문제점을 파악·분석하고, 개선하여 국민에게 제공해야 한다는 필자의 의지는 다른 무엇보다도 확고했다.
각오를 단단히 하고 나선 점검길이었지만 문경새재 길은 정말로 힘들었다. 사전에 자전거를 타고, 직원들과 4대강 전 구간 점검도 했었지만, 문경새재 길은 강변 구간 길과 차원이 달랐다. 나중에 보니 자전거 안장에 접촉되는 엉덩이는 피부가 거의 벗겨져 있다시피 했다.
문경새재는 강과 직접적인 관련은 없다. 굳이 상관있다면 한강 상류와 낙동강 상류 지역을 고갯길로 이어준다는 의미가 있다. 여담이지만 자전거길 점검 코스 중 힘든 고갯길로서는 낙동강의 대구광역시 달성군 구지면 도동리 구간 '다람재'가 매우 힘들었다. 또

필자 국토종주 자전거길점검(문경새재)

부산광역시 김해에서 화명생태공원으로 이어지는 곳의 '여차고개'도 일반인에게는 괜히 왔다고 후회될 정도로 난코스라 할 수 있다. 그럼에도 한강과 낙동강, 두 강을 잇는 '이화령~조령 고갯길'은 위에 예시한 곳 중 어느 곳과도 비교할 수 없는 난코스다. 이 8km 구간을 제대로 쉬지도 않고 정상까지 올랐다. 1차 점검 때의 낙동강 다람재, 낙동강 경남 여차고개를 넘을 때와 비교할 수 없는 고통이었지만, 그만큼 완주했을 때의 기분도 남달랐다.

 유럽 등 선진 국가에서는 일반적으로 자전거는 구간이동을 할 수 있는 통행목적으로 도로와 접하여 설치되어 있기 때문에 차량통행에 따른 교통사고의 우려가 있다. 이에 반해 우리의 자전거도로는 4대강을 활용하여 도로교통과 자전거도로를 분리하여 구간이동은 물론 라이딩을 통한 국민건강 향상과 4계절의 아름다운 환경을 만끽할 수 있는 관광 레저를 감안하여 설치되어 있다는 점이 큰 차이점이다. 2021년 코로나 이전 홍콩, 상해, 대만 등 동남아 국가 자전거동우회의 4대강 자전거 라이딩 투어 신청이 빗발쳤으나 코로나로 모두 중단되었던 것은 안타까운 일이었다. 우리는 다시 한반도 명품 자전거길의 국제적 홍보와 관광객 유치를 통해 지역경제를 활성화해야 할 것이다.

CHAPTER_7

4대강 사업을 마무리 하면서

착공 4년 만에 드러난 자태

○ 착공 4년 만에 드러난 자태

● 2011년 10월, 준공식이 거행되다

우리나라 전 지역 골고루 훑고 지나가는 아름다운 우리 강! 상처입고 버려진 이들 국가하천은 국가예산을 투입한 끝에 4년여 만에 본래 모습으로 돌아왔다. 하천 본연의 목적인 치수(治水, 홍수방지), 이수(利水, 물이용)기능 외 하천환경도 복원되었다. 폭우와 가뭄에도 우리 국민들의 귀중한 생명과 재산보호 효과는 사업과정에서 이미 확인까지 했다. 이 역사적인 사업이 천신만고 끝에 완성되었고 한강(이포보)에서 10월, 이명박 대통령을 모신 가운데 준공식을 하였다.

1. 2011년 12월 공직을 마무리 하다

국가 공무원으로 임용되어 약 33년 4개월 동안 국토개발에 참여 각종 국가 기반 시설(도로, 하천, 철도, 항만, 공항, 산업단지 건설 등) 계획, 설계, 감독, 건설 과정에 참여하였다. 특히 기상이변 등 국가의 재난재해 발생 시는 직접 밤잠을 설치면서 통제 상황실과 현지에서 국가와 국민의 안위를 위하여 최선을 다 했다.

그에 따른 포상과 상부의 격려를 받으며 근무했다고 자부한다. 그 긴 세월 동안 직간접적으로 국책 사업과 정치 상황이 어떤 형태로든 맞물려 있다는 점을 알고 있었다. 그럼에도 4대강 국책사업을 마무리하면서 크게 절감한 바가 있었다. '산업공학'에 '정치공학'이 개입되면 아무리 과학적인 국책사업도 답이 없다는 것이다.

정치적 셈법으로 없어도 될 사회적 갈등이 유발되기도 하는 사실은 앞서 본문에서도 언급하였다. 사회적 갈등 뿐 아니라 거기에 참여한 개인들도 사업추진 과정에서 엄청난 고통과 시련을 받기도 한다. 필자 본인은 그것을 온몸으로 체험했다. 사회적 갈등을 수반하기 때문에 민주 국가의 대형 국책 사업은 국가 지도자의 확고한 철학과 추진 의지가 없으면 사실상 어렵다는 점도 체감했다..

온갖 우여곡절을 겪으면서 사업을 진행해 온 입장이라, 국가 지도자를 모시고 2011년 10월 4대강 사업의 준공식을 마무리한 후, 2011년 12월 말 명예퇴직을 신청해 오랜 공무원 생활을 마쳤다. 사업이 사실상 마무리되었고, 개인으로서도 가장 보람있는 순간에 명예롭게 떠나고 싶었다. 퇴직 후에 청와대 국토해양비서실 이재홍 비서관으로부터 전화가 걸려왔다. 그동안 너무 고생했다면서 ㅇㅇ공단이사장이나 민자 고속도로 사장자리 보직으로 가는 게 어떻겠느냐는 전갈이었다.

필자는 고마웠다. 하지만 이제부터는 조용히 쉬고 싶다고 당당히 거절하였다. 필자가 공공기관 자리로 갈 경우 4대강을 반대하던 정치권, 언론, 시민단체들에게 논쟁의 명분을 줄 경우 국가 지도자에게 부담을 줄 우려가 있다고 판단하였다.

2. 정권이 바뀔 때마다 반복되는 정치 감사

● 2013년 2월25일 박근혜 정부가 들어서다

이명박 정부가 끝나고 박근혜 정부가 들어섰다. 4대강 사업이 보수정권에서도 공격의 대상이 될 수도 있을 것이라는 우려가 있었지만, 아니나 다를까 전정부에서 핵심 이슈가 되었던 4대강사업은 새 정부에서도 시끄러웠다.

그동안 진보 측 정치, 언론, 시민단체가 주도한 부정적인 여론에 대하여 새 정부에서도 각종 조사와 감사원 감사가 시작되었다. 사업 당시 한나라당 박근혜 당대표는 야당 측에서 논란을 야기하는 4대강 사업에 대하여 당시 언론에 제기되는 자료에는 긍정적이지 않았다. 그래서 정권이 박근혜 정부로 바뀌더라도 상황이 바뀌긴 어렵겠구나 걱정했다. 역시나 박근혜 정권이 들어서자 마자 감사원 감사가 시작된 것이다.

퇴직 후 민간인 신분에서도 감사원 호출을 받아 4대강사업에 대한 감사를 받으면서 필자는 만감이 교차했다. 국가와 국민의 안위를 위하여 아이디어를 제시하고 적극 추진한 국가정책 사업이었다고, 감사원 조사 과정에서 도 당당하게 역설하였다. 그러나 감사원에서도 내 입장을 그대로 들어줄 것으로 기대하지 않았다. 그 억울한 심정을 어떻게 표현해야 할지 당시 부정적인 언론 보도내용을 한군데만이라도 참조하면 알 것이다.

여론이 4대강 사업 반대에서 많이 바뀌었다고는 하나, 드센 야권이나, 단체의 목소리를 의식하여 감사원도 마치 큰 문제가 있을 것이라는 선입견을 갖고 감사한다는 느낌을 받았다. 아무튼 정권이 바뀌고 나서도 4대강에 대한 여론은 다음과 같이 요약된다.

"국가예산이 4대강사업 토건족속들의 비리로 탕진이 된다."
"4대강의 생태계가 훼손되었다."
"4대강 사업으로 녹조가 창궐하여 물고기가 떼죽음을 하고 있다"

이런 식으로 일부 야당정치인 정치적 색깔이 강한 일부학자 및 시민단체등의 주장을 대부분의 언론들이 마구잡이로 써내려가며 부정적인 선동을 해댔다. 감사원도 이를 의식하지 않을 수 없었겠지만, 퇴직 후에도 조용히 쉴 수 없는 내 처지가 한심하기까지 했다. 그러다 잠시 머리도 식힐 겸 2012년 10월에는 지인들과 중국으로 여행을 갔다. 하필 그때 국내에서는 국정감사가 시작된 시기였다. 여행 중 숙소에서 한국뉴스가 나오고 있었다. TV 자막에 필자인 '4대강 김철문 사업국장 국정조사 증인으로 채택'되었다는 뉴스가 보도 되고 있었다. 기가 찰 노릇 이었다. 뉴스보도를 보는 순간 여행기분은 한순간에 잡쳐 버렸다. 우리나라는 민주화가 너무 잘된 것인가? 울화가 치밀었다.

그래도 숨을 크게 쉬고 마음을 가다듬었다. 국정감사를 받으려면 예상 질문 등을 정리하여 대응하지 않을 수 없었다. 다음날 일행들과 작별하고 먼저 귀국하였다. 귀국 후 국정감사장에 불려갔다. 4대강사업 현장마다 따라 다니면서 지독하게 공사방해를 하던 야당 김모(여성)의원은 증인을 단상에 세워 놓고 약 7분 동안 궤변으로 폭풍 질문을 솟아내었다. 필자가 그 질의에 대한 답변을 하겠다고 하면 답변을 못하게 하는 괴상한 광경이 펼쳐졌다. 결국 중국 여행도 중단하고 급히 귀국하여 국정감사에 출석했지만, 정치인들의 자기 이미 지 확보를 위한 쇼의 도구로만 사용하고 아무런 성과 없이 마무리 되었다.

● 2017년 '문재인 정부' 등장

정치적 싸움이 끊임없이 이어지다 박근혜 대통령이 탄핵되는 정변이 일어났다. 그리고는 4대강 사업을 끝까지 반대하던 당의 정부가 집권했다.

보수정부를 자처하던 당에서마저 시달렸는데, 이제 저런 당이 정권을 잡았으니! 걱정이 태산이었다. 아니나 다를까 4대강 사업을 끝까지 반대하던 문재인 정부는 국가예산 22조 3천억 원을 투입하여 마무리된 국토개조사업을 폄하하고 무슨 재평가다 뭐다 하면서 초반부터 심상치 않았다. 전전 정부가 추진한 4대강 사업을 부실 정책 사업으로 규정하고 4대강 유역에 홍수 방지와 물이용을 위하여 건설한 16개보를 철거하겠다고 까지 설쳤다. 곧 허물기라도 할 듯 철거 위원회를 설치한 것이었다.

또 다시 감사원을 통해 감사가 시작됐다. 필자가 4대강 보 철거 위원회에 조직된 구성원을 볼 때 국가하천에 대한 전문성이 거의 없는 조직으로 현실에 맞지 않을 뿐만 아니라, 누가 봐도 정치색이 뻔했다. 좌파언론들은 무슨 새로운 문젯거리라도 있는 듯 계속 선동기사를 써댔다. 당시 필자는 공무원으로 퇴직한지가 벌써 해수로 7년 가까이나 지난 시기였다. 감사원에서 필자에게 전화가 걸려왔다. '4대강사업 조사를 받으러 삼청동 감사원으로 출두하라'는 전갈이다. 필자는 상당히 화가 나서 당당히 말했다.

"퇴직 후 생업에 쪼들리고 바빠서 출두를 못하겠다"고 답하면서 전화를 끊었다. 며칠 지나자 또 연락이 왔다. 제발 와서 간단하게라도 문답 조사를 받고 진술서에 서명만 해달라는 것이다. 몇 년 전에 박근혜 정부때도 감사받을 때 진술조서를 제출하였지 않았느냐 답변 자료는 그 자료로 대체하라고 하고는 '난 생업에 바빠서 조사받으러 가지 않겠다'고 하고 전화를 끊어 버렸다. 그러자 며칠 있으니 감사원에서 집으로 공문이 하나 왔다. 내용은 무시무시했다. 감사원 조사를 거절할 경우 감사원법 ㅇㅇ조에 의하여 처벌 받을 수 있으니 내원 일자에 맞추어 나 오라는 것이었다.

필자는 바로 답장 공문을 작성하였다. "본인은 생업이 어려워 정권이 바뀔 때 마다 감사원에 출두하여 조사받을 수 없으니 귀원 법에 따라 처벌하시기 바랍니다."라고 답장 문을 작성하였다. 감사원으로 발송하기 위하여 우체국으로 가는 중에 감사원 담당국장 이란 사람에게 전화가 왔다. 마침 아는 이름 (김충환) 사람이었다. 필자에게 "국장님 우리가 감사를 하고 싶어서 하는 것이 아니지 않습니까. 4대강사업당시 장관님, 추진본부장님이하 모든 관련자들은 조사를 받았습니다. 국장님만 수감 거절하고 있습니다. 4대강 사업 정리차원에서 하는 감사이니 국장님이 진술문답을 마무리 해주지 않으면 최종 마무리를 할 수 없습니다. 부담느끼지 마시고 잠시 문답 진술서만 작성하시면 됩니다."

"또한 국장님이 진술 문답을 거절하게 되면 당시에 근무하던 아래 직원들이 피곤하게 될 수 있습니다. 우리 직원들에게 이야기들으니 삼청동 감사원으로는 지긋지긋해서 오지 않겠다고 한다는데 그렇다면 을지로6가 모 은행 10층으로 오면 그곳에 직원들을 대기시켜 놓을 테니 그곳에서 진술하고 가시면 됩니다."라는 통화를 하고 전화를 끊었다.

그리고 곰곰 생각해 보았다.

감사원도 새로운 정권의 권력의 지시를 받아 어쩔 수 없는 감사일 것 같고, 또한 필자가 살아있는 권력에 고집을 부리면서 감사를 거절할 경우 그 당시 아래 직원들이 고통을 받을 수밖에 없다는 엄포 섞인 말에 생각을 바꾸지 않을 수 없었다.

그 이후 날짜를 정하여 을지로6가 모 은행 10층에서 문재인 정부의 4대강 감사에 대한 진술을 마쳤다. 조서 문답도 이명박, 박근혜 정부 시 감사 내용과 같은 내용이었다. 결국 조서 작성을 마쳤다. 당시 문재인 정부의 감사원 감사 발표 내용도 이명박 정권, 박근혜 정권 당시 감사발표 내용 과 별반 차이가 없었다. 참고로 그 당시 언론내용을 참고하기 바란다.

3. 4대강 살리기 사업은 대한민국 국토 선진화의 길이었다

일반적으로 정부가 막대한 국가예산을 투입하여 결정하는 모든 정책사업은 뚜렷한 논리와 타당성이 없이, 형식적으로 추진하지 않는다. 적어도 R&D(연구개발)와 현재와 과거의 문 제점 등을 심층 분석하는 것이 일반적이다.

또한 심층 분석된 정책안건을 기지고 국내외 각계각층 전문성을 두루 갖춘 조직화된 각 분 야 위원회(예를 들어 국가경쟁력위원회, 녹색성장위원회, 건축위원회 등)를 통한 전문가 그룹들의 종합적인 검토를 거쳐, 그 의견의 결과물을 바탕으로 국가 지도자가 최종적으로 미래의 국가 안전과 국민의 삶의질을 높이기 위하여 정책 사업으로 결정되는 것이다.

4대강사업도 이러한 과정을 거치면서 그 결과를 가지고 당, 정, 청(집권당, 각행정부서, 대통령실)이 내수경제를 살려 글로벌 금융위기를 이겨내고 미래에 국민의 생명과 재산

보호 와 건강하고 쾌적한 삶을 한층 드높이는 가장 적합한 사업으로 결정 판단하고 추진한 사업이었다.

따라서 4대강사업에 대한 기대효과는 완공 후 수년이 지난 현 시점에도 찬반에 대한 갈등 이 있는 것은 사실이다. 그러나 사업이 완료된 4대강 주변에 나타난 현상 외에, 과학적 및 통계적 자료에 나타나는 효과는 지속적으로 증가하고 있다는 점은 부인할 수 없다. 이제부터는 더 이상 정치적 갈등을 유발하지 말고 사업과정에서 부족하고 미비한 부분은 보완하면서 재난 재해를 최소화하여 국가와 국민의 삶을 질을 높이는데 최선을 다 하는 것이 미래지향적 자세일 것이다.

CHAPTER_8

글로벌 국격을 높이는 필자의 제안

- 대한민국의 국토 선진화의 길
- 공직자들을 일하도록 하자

대한민국의 국토
선진화의 길

이제는 미래를 말하자

우리나라는 과거 한국 전쟁 이후, 빈곤과 가난에서 벗어나기 위하여 지난 70여 년간 급속도로 산업화를 이룩했다. 끈기의 국민성 하나로 한강의 기적이라는 눈부신 경제 발전의 성과를 이루었고, 최단 기간에 글로벌 선진국 대열에 합류하게 되었다.

그러나 산업화 과정에서 미처 정비되지 못한 국가하천은 높은 경제 성장 지표가 무색할 정도로 매년 환경 문제와 홍수, 가뭄 같은 재난·재해 등의 각종 문제를 낳으며, 오랫동안 해결되지 못한 숙제로 남아있었다. 이로 인한 국민의 귀중한 생명과 막대한 재산 손실이 반복되는 고통을 받고 있는 것은 자명한 현실이었다. 복구와 대책 마련을 위해 매년 천문학적인 예산을 낭비했지만, 밑 빠진 독에 물 붓기 식의 임시방편으로는 근본적인 해결이 되지 않았다. 문명사회에서 국토는, 필요에 따라 지속적으로 개발과 정비를 반복하면서, 국민이 안전하고 안락한 삶을 살아갈 수 있도록 변화되어야 한다. 그리고 이러한 변화는 인류가 존속하는 한 앞으로도 계속될 것이고, 변화한 국토의 모습은 역사 속 시대의 요구들이 만들어 낸 결과물이기 때문이다.

우리나라는 세계 인구 약 70억 명 중 5천만 명이 거주하며, 동북아시아에서 중요한 국제적 입지를 차지하고 있다. 특히 동북아 배후 세력권의 주요 축이며, 이 지역에는 3시간 이내에 우리나라와 연결 접근 가능한 인구 100만명 이상의 도시 150개가 자리잡고 있고, 총 20억명 이상의 인구가 거주하는거대 소비시장을 형성하고 있다.

세계 경제 10위권에 진입한 한국을 세계인들은 문화콘텐츠(K팝, K드라마 등)인 한류에 열광하면서 동북아시아에 있는 KOREA(한국)를 열광적으로 바라보고 또한 지속적으로 방문하고 있다. 이에 맞춰 정치, 경제, 사회, 문화 등 G7, 아니 G3 안으로 진입하기 위한 마스터 플랜을 계획하여 추진하여야 한다.

우리가 살고 있는 국토는 어떠한 자연재해에도 귀중한 인명과 재산의 손실이 발생되지 않도록 개조하여야 한다. 특히 봄, 여름, 가을, 겨울, 4계절의 뚜렷함을 활용하여, 아름다운 봄꽃놀이, 여름철 해양 레저, 눈부시게 빛나는 가을 단풍, 그리고 스키 등 동계 스포츠 활동과 눈 축제와 같이, 지구촌 세계인들이 다양한 계절별 체험을 즐길 수 있도록 국토공간을 제공함으로써 국격을 한층 높혀야 할 것이다.

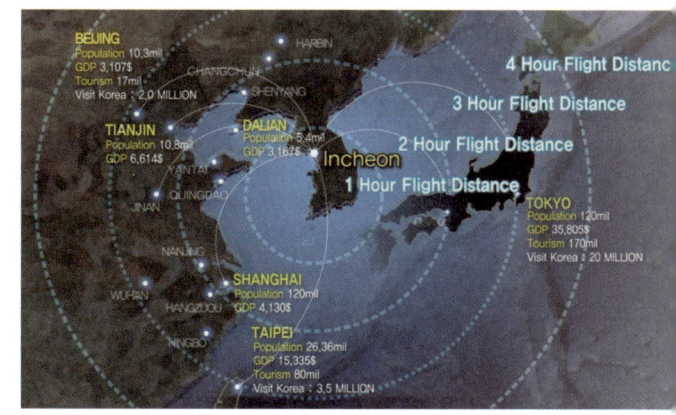

동남아시아 주요도시 위치 지도

그동안 우리나라 산업화를 위한 국토 개발 과정에서 필자가 몸소 겪었던 경험을 바탕으로, 어떠한 재난.재해로부터도 안전한 국토, 그리고 누구나 체험하고 즐길 수 있는 아름다운 국토를 만들기 위한 구체적인 10개의 실천 과제를 정부에 제안하고자 한다. 정부는 글로벌 G7 선진국가로 진입할 수 있는 핵심 과제를 '국토 선진화'에 두고, 실력과 명망을 두루 갖춘 전문가 풀을 중장기적 관점에서 구성.운영하는 동시에, 이와 관련한 타당성 검토를 통치권 차원에서 범정부적으로 추진하기를 제안하는 바이다.

국토선진화 10개 실천과제 검토 제시(안)

첫째, 국가하천 지류를 조기에 준설 정비하라.

우리나라 국가 하천의 문제점을 발굴하기 위한 기획 감사 과정에서, 하천 바닥에 과도한 퇴적물이 쌓여 홍수 방지와 물이용을 저해하고 하천의 수질 및 환경오염이 심각함을 확인하였다.

이에 따라 국가 주요 하천 중 과대한 퇴적과 환경오염이 심각한 4대강(한강, 낙동강, 금강, 영산강) 본류 하천의 우선 준설 및 정비를 추진하였고, 후속 사업으로는 국가 하천에 유입되는 지류 하천들의 준설 정비 사업을 계획하였다.

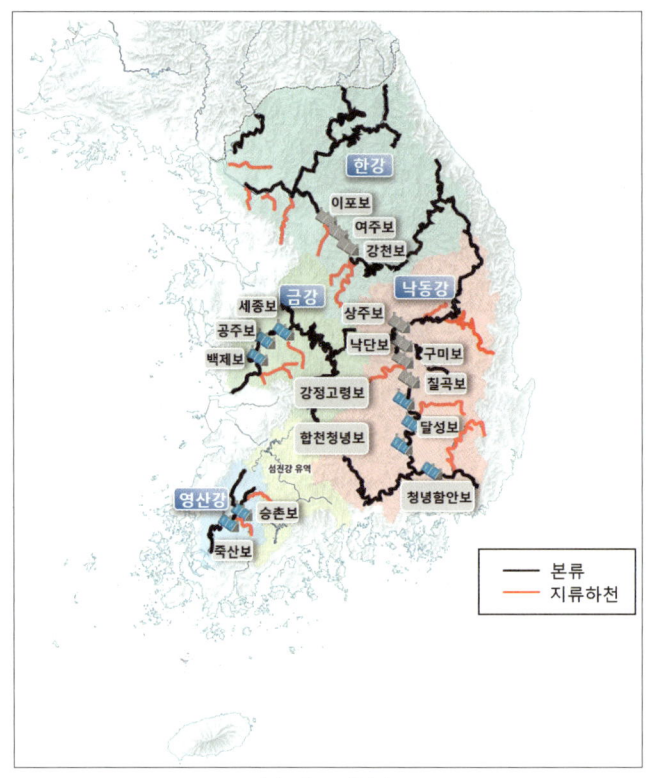

4대강 지류 하천과 보

정권이 바뀌면서 후속 사업은 물거품이 되었고 집권 정부는 4대강 사업 효과를 폄하하면서, '4대강 보 철거 위원회'를 구성하였다. 재난재해(홍수, 가뭄) 방지를 위해 건설한 4대강 유역의 16개 보를 개방하고, 철거하는 쪽으로 어리석은 정책을 추진했다.

그 결과 2017년 진보 정권 집권 이후 2024년 현재까지, 4대강 사업으로 정비된 4대강 본류 하천은 홍수 및 가뭄 피해가 급격히 줄어든 반면, 매년 지류 하천에서 홍수 피해가 지속적으로 발생되어 귀중한 인명을 잃거나 재산상 손실을 입고 있으며, 또한 지역민들은 가뭄으로도 많은 고통을 받고 있다.

이러한 문제점을 해결하기 위하여 국토 선진화 방안의 최우선 순위로 4대강 본류로 유입되고 있는 지류 하천들의 퇴적토 준설 및 정비 사업을 조속히 추진하여 매년 반복되고 있는 재난재해로부터 국민의 생명과 재산을 지키고, 안전한 삶을 살 수 있도록 해야 한다.

오염된 하천 지류

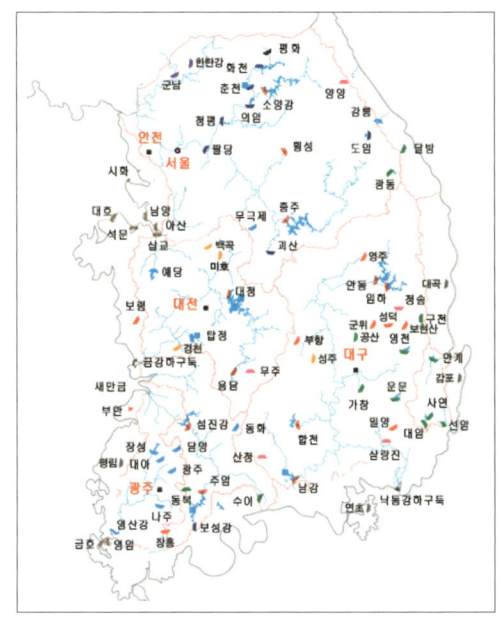
댐 및 저수지 위치도

전국 저수지 위치도

둘째, 댐과 저수지(약 18,000개소)의 퇴적토 조기에 준설 및 청소하라.

우리나라의 댐과 저수지는 약 18,000개소가 전 국토에 건설되어 먹는 물과 농업용수, 공업용수를 공급하고 있으며, 홍수기에는 홍수 조절, 가뭄에는 가뭄 해결에 막대한 기여를 하고 있다.

필자가 2006년 노무현 정부 국토부 감사관실 재직시 국토부 혁신과제로 홍수, 가뭄, 개선을 위해 우리나라 댐과 저수지 약 18,000개소의 실태와 문제점을 발굴하는 기획감사를 직접 실시한 바 있다. 전국에 분포된 댐과 저수지는 대부분이 산업화 과정인 1970년대 전 후에 건설되었고, 그간 산업화를 위해 국토 전반을 개발하면서 상류로부터 토사 및 쓰레기 등이 지속 유입되어 '홍수 방지와 물이용'이라는 본연의 역할과 기능에 대한 효율성이 크게 떨어진 것으로 확인되었다. 또한 유지 관리를 위한 관리 주체도 수자원공사, 농림부, 지방자치단체 등으로 분산되어 있는 것이 현실이다.

수자원공사는 식용수와 공업용수 공급, 한국수력원자력(주)는 발전, 농림부 및 지방자치단체는 음용수 및 농업용수 공급 등, 관리 주체마다 본연의 목적으로만 관리하고 있다. 효율적인 물 관리 차원에서 시작된 관리체계이지만, 국가 차원의 유역 전반에 대한 홍수,

가뭄, 물 공급 등 포괄적인 관리 체계는 미비한 것으로 확인되었다.

이러한 문제점들을 근원적으로 해결하기 위해서는 통치권 차원의 거시적 관점에서 범정부적 별도 조직을 구성하고 운영하는 것이 반드시 필요하다. 통치권 차원의 이런 결단이 있어야만 전국에 분포된 약18,000개소의 댐과 저수지에 이미 극심하게 퇴적된 퇴적토 및 쓰레기 등을 보다 효율적으로 준설하고 재정비할 수 있으며, 홍수, 가뭄, 물공급 등 본연의 실용적 목적 달성이 가능해 질 것이다. 만약, 기존 18,000개 댐 및 저수지의 퇴적토 및 쓰레기 등을 개소 당 평균 30만㎥ 정도씩 제거·준설한다고 가정할 경우, 국내에서 가장 큰 소양강호의 담수량 약 2배인 54억 톤의 용수 공간을 확보할 수 있다. 또한 급변하는 기후변화에 따른 가뭄과 홍수 방지에 크게 기여할 수 있을 뿐만 아니라, 새로이 잘 정비된 댐 및 저수지의 주변을 쾌적한 레저 및 쉼터 공간으로 탈바꿈 시킬 경우 국민의 삶의 질 역시 높아질 것이다.

셋째, 최상류 댐(청정지역)으로 취수원 이전하고, 댐 하류 지역 규제 해제

국민에게 최상의 물을 공급하는 것은 국가의 책임이자 의무이다. 정부는 모든 국민에게 1등급 상수원 공급 대책을 마련해야 한다. 지금의 4대강 본류에 위치한 대도시 취수원을 상류 댐으로 이전 시킬 방안을 검토해야 한다. 우리 국민이 먹는 물은 일반적으로 도시 밀집 지역에서 가까운 댐 및 저수지 또는 하천 강변에서 취수·공급하고 있는 실정이다.

수도권의 물 공급은 한강 최하류 댐인 팔당댐에서 취수하고 있으며, 낙동강 주변의 부산, 대구 등의 도시는 낙동강 하천 및 주변 저수지 등에서 고도처리하여 상수원으로 공급하고 있다. 그 외 금강, 영산강도 비슷한 실정이다. 도시가 팽창하면서 상수원 상류에 위치한 지역은 오염원을 차단하기 위하여 상수원 보호 지역으로 지정하여 엄하게 규제하고 있다. 이에 따라 과거부터 상수원 보호 구역에 주거하고 있는 지역 주민들에게는 각종 규제로 인해 개발 규제 및 주거

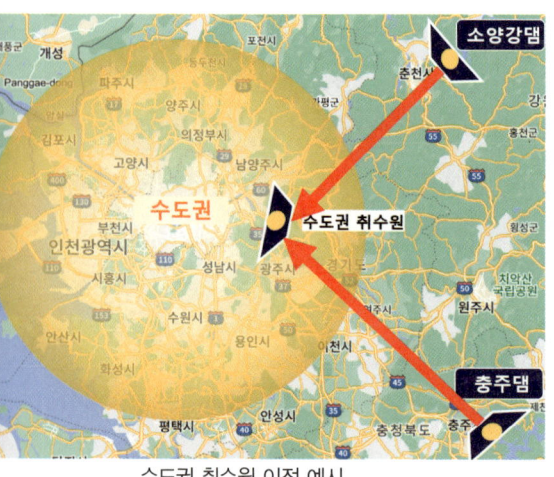

수도권 취수원 이전 예시

생활권에 심각한 피해를 주고 있는 현실이다.

상수원 보호구역으로 지정 규제함에도 공급하는 수질을 분석해 보면, 취수장 곳곳 에서 미세플라스틱 등 인체에 해로운 오염원이 지속적으로 검출되고 있는 실정이다.

가령 팔당호 상수원 취수 지점을 소양호와 충주호로 이전할 경우, 수도권 주민들에게 안전하고 깨끗한 수돗물을 공급할 수 있을 뿐만 아니라, 팔당호 상류 지역의 상수원 보호구역, 자연 보전권역, 특별대책지역 등의 규제를 해제할 수도 있다.

또한 소양호와 충주호 상류 지역은 물 이용 부담금 혜택을 누릴 수 있고, 선진 사례에서 볼 수 있듯 우수와 하수 유역 변경을 추진하여 낙후된 지역의 발전을 도모할 수 있다.

청정 지역이면서 오염원이 적은 유역의 최상류에 위치한 댐으로 취수원을 이전하는 것은, 우리나라가 선진국에 진입하는 시점에서 급선무인 과제이다.

부산권 취수원 이전 예시

대구권 취수원 이전 예시

가장 기본적인 국가의 의무라고도 할 수 있는 '국민에게 안전하고 깨끗한 물을 공급'하기 위함이다. 국토 선진화 차원에서 상수원 하류 지역의 각종 규제를 해제할 경우, 지역의 발전과 경제 활성화는 물론 국익 상승에 크게 이바지할 것이므로 적극 검토하여야 할 것이다.

넷째, 국토 5대 하천 유역(한강, 낙동강, 금강, 영산강, 섬진강)의 수계 통합 물 관리 방안을 검토하라.

5대 강 수계 통합 예시

우리가 살고 있는 국토는 기후 특성상 연 평균 강우량 약 1,300㎜ 중 2/3가 여름철인 7, 8, 9월에 집중되고 있다. 따라서 매년 갈수기인 1~5월 봄철에는 강우량이 부족하여 가뭄에 고통을 받고 여름철에는 장마, 집중호우, 태풍 등의 자연재해로 국민의 생명과 막대한 재산의 피해를 받고 있는 실정이다.

이렇게 매년 반복되는 피해를 최소화하려면, 5대강 하천 유역의 지역적 요소를 감안하여 홍수 시 타 유역으로 홍수량을 이동시키고, 가뭄 시 타 유역으로부터 물을 끌어오는 '유역 통합 방안'이 검토되어야 할 것이다.

4대강 사업을 시행하면서 담수 유량을 조정하여 피해를 줄인 사례도 있다. 낙동강 수계의 경우, 홍수 조절을 위해 상류의 안동댐과 인근 임하댐을 연결하였다. 극한 홍수가 발생하면 안동댐과 임하댐의 담수 유량을 상호 조정하여, 하류 측으로의 방류 시간을 조정할 수 있게 하였다. 결과적으로 4대강 사업 이후 2023년 현재까지 낙동강의 하류 지역에 홍수 피해가 눈에 띄게 줄어들어 강 사업의 좋은 선례를 남기게 됐다. 또 낙동강 상류 임하댐에서 수계[57]가 다른 금호강 수계인 영천댐으로 도수로[58]를 설치해 금호강의 하천 유지수를 공급하면서, 오염된 하천 환경을 개선하고, 물이 부족했던 포항공업단지의

---

57) 수계 : 지표의 물이 점차로 모여서 같은 물줄기를 이루는 계통
58) 도수로 : 물을 끌어들이는 길

공업 용수를 공급함으로 수계 통합 효과를 통해 물을 이용한 좋은 예이다.

우리나라 인구의 절반이 거주하는 한강 유역의 수도권은 유역 면적이 크고, 인구 밀집도가 높은 북한강과 남한강이 위치한 상류에 다수의 댐이 건설되어 있다. 기상 이변으로 극한 홍수가 발생하거나 안보적인 측면에서 댐이 붕괴될 경우를 가정하여, 홍수량을 인구가 밀집되지 않은 타 수계로 이동시키거나, 기존 댐의 저수량을 분산하는 수계 통합이 필히 검토되어야 할 것이다. 물이 충분히 확보된 경우도 있는 반면, 금강과 영산강 유역은 지역 특성상 물 확보 댐 및 저수지가 부족하여 홍수 및 상습 가뭄에 따른 물 부족 현상이 심각하다. 특히 물 확보 공간인 댐이 부족하여 상습적으로 가뭄이 발생해 주민들은 물 부족 고통에 시달리고 있다.

국토 선진화 차원에서 장래에 예상치 못한 치수, 이수, 재난재해와 물 안보[59]의 문제점은 4대강 하천 유역의 '수계 통합'을 방안으로 해결할 수 있도록 사전 타당성 조사가 검토되어야 할 것이다. 최근 급속히 발전된 토목공법을 활용하여 저렴한 예산으로 유역을 연결(수로터널)하는 방향으로 검토하여야 할 것이다. TBM은 수로터널 공사를 매우 쉽게 그리고 매우 단기간 내에 끝낼 수 있다는 장점이 압도적이라 현대 터널 공사에 있어서는 거의 필수적인 장비라고 할 수 있다.

일명 두더지 굴착(TBM공법)
〈출처 : 나무위키, "TBM", https://namu.wiki/w/TBM, 2025-02-09 16:34:22〉

수도권 인구 약 2천 4백만 명이 거주하고 있는 한강 유역의 북한강 상류에 위치하고 국내 담수 용량이 가장큰 소양강의 홍수량을 극한 홍수시 동해(내린천) 바다 쪽으로 연결 수로를 건설 방류하는 방안도 검토되어야 한다.

---

59) 물 안보 : 물과 관련된 재앙을 예방하며 인간의 행복, 안정과 평화를 통해 생태계를 보존한다는 의미. 적절한 양과 질을 갖춘 물에 대해 계속해서 접근할 수 있는 능력

남한강 상류에 위치한 충주댐의 경우 상습 물부족으로 고통을 받고 있는 금강유역으로의 수계통합 방안, 영산강의 경우 상류에 위치한 기존 댐과 인근 섬진강 유역의 댐들과 상호 연결을 통하여 효율적으로 물을 활용할 수있는 수계통합 방안이 검토되어야 할 것이다. 전 국토에 걸친 강의 관리 체계를 합리적으로 세워 시행할 때 전국의 어떤 지역도, 어느 누구도 소외되지 않고 물로부터 안전하고, 보다 평등하게 물을 사용할 수 있을 것이다.

다섯 번째, 산업물류수송, 내륙교통난 해소를 위하여 시범적으로 낙동강 운하라도 계획을 수립하라.

이명박 정부에서 대선 공약으로 추진한 한반도 대운하는 대통령 취임 후 진보 좌파 세력들의 광우병 괴담 선동 등 극심한 반대로 추진 동력을 상실하여 중단되었다.

현재 우리나라의 인구 약 5천만 명, 자동차 등록 대수는 약 2700만 대로 운전이 불가능한 소아 및 노인층을 제외하면 산업활동 인구 1인당 자동차 1대 꼴 이상으로 운행되고 있다.

우리나라의 도로 및 철도 등의 인프라는 선진국 수준 이상으로 조성되었으나, 지속적으로 늘어나는 교통량으로 기존에 조성된 도로 교통량은 포화 상태이다.

국가는 국민이 자유롭게 이동할 수 있도록 원활한 교통 인프라를 제공해야 한다. 경제성장 과정에서 증가되는 각종 산업물동량과 생활, 관광, 레저 등의 원활한 수송되도록 이동성 교통인프라 제공을 하여야 한다. 그러나 현재 구축된 교통인프라 구조로는 해결이 거의 불가능함으로 혁신적인 이동성 인프라의 검토가 필연적이다. 4대강 유역을 연결

낙동강 운하 예시
예 : 낙동강 운하(부산항→ 합천보(서부경남권)화물터미널→
고령보(대구권)화물터미널→
구미보(중부(대전,충청)내륙권)화물터미널→고령보(낙동강)→
금호강(대구)→형산강(포항,경주)→영일만→예시도면

하는 내륙 운하를 건설하여, 도로 교통의 부담을 운하로 분산·전환한다면 많은 부분 해결될 것이다. 따라서 내륙 교통량이 많은 4대강 유역 중 우선 1개 유역이라도 우선 시범 운하 건설을 계획 추진하여, 도로 및 철도 운송의 부담을 줄이고, 관광 및 물류 운송에 변화를 준다면 국민의 삶의 질 또한 향상될 것이다. 국토 선진화 차원에서 새로운 이동성을 제공하기 위한 운하 건설은 반드시 이뤄내야 할 시대의 과제이다.

여섯 번째, 미 연결 자전거 도로 연결 수도권 일주 자전거 도로 완성

4대강(한강, 낙동강, 금강, 영산강) 사업을 추진하면서 섬진강까지 포함한 5대 강 유역에 전 세계에서도 유일하게 교통차량과 분리해 안전하게 자전거 라이딩을 즐길 수 있도록 자전거 길을 별도 조성하였다. 국내외 자전거를 활용한 레저, 관광 및 스포츠를 즐기는 인구가 급격히 늘어나고 있다.

수도권 외곽 비무장 지역, 용지 보상 비용이 거의 투입되지 않은 임진강 철책선을 접하여 차량 도로와 완전 분리하는 수도권 일주(행주대교(일산 한강)→임진강→동두천→중랑천(서울 한강)) 자전거 도로를 끝내 건설하지 못한 아쉬움이 있는 구간이다. 이 구간이 임진강을 통해 군사분계선 북한의 마을을 바라보는 라이딩은 분단 국가의 아픈 현실을 상기시키고, 미래 세대들에게 통일 소망의 계기가 되는 구간이 될 것이다. 특히 수도권에서는 약 2천 4백만의 인구가 집중되어 있어 범정부 차원의 다양한 레저 및 스포츠 공간을 제공하면 국민 건강 증진에도 기여하는 셈이다. 장기적으로는 고갈되어 가는 국민건강보험료 절감에도 일정 부분 이바지할 것이다.

국토 선진화 측면에서 군사 분계선 접전 지역을 자전거 라이딩 공간으로 제공할 경우, 관광객 유치, 국민의 건강 증진과 국내외 자전거 라이더들에게 여가 선용 공간으로 크게 각광을 받을 수 있을 것이다.

예상 자전거 도로

일곱 번째, 4대강 사업으로 조성된 둔치 적극 활용

4대강 사업으로 하천 내 무분별하게 점용된 경작지 보상을 추진하면서 각종 폐기물 및 쓰레기(285만 톤, 덤프트럭 약 29만대 분) 오염원을 제거하였고, 하천 바닥에서 약 5억 2천만㎥를 준설통한 홍수공간을 조성하였고, 약 1억3천2백만㎡(약 4,000만 평)의 청정 하상 고수부지(둔치)로 정비하여 국민들에게 아름다운 휴게 쉼터로 제공하였다.

또한 준설토(약 5억2천만㎥) 중 양질의 골재(모래)는 전국 강 유역 지방자치단체 수익

으로 제공해 건설 현장에 골재로 공급하도록 하였다. 나머지 준설토를 활용하여 국가하천 기존의 100년 홍수 빈도의 제방을 200년 빈도로 하천재방을 보강하였고, 홍수기에 상습 침수되는 강 주변의 저지대 농지를 '매립 농경지 리모델링'을 통해 매년 어떠한 홍수에도 침수되지 않은 양질의 농지로 전환했다.

낙동강 구미 둔치 활용

그러나 하천 내 4천만 평의 둔치를 확보하였으나, 매년 홍수기마다 상류에서 떠내려 오는 각종 쓰레기가 적치되고 있는 것이 현실이다. 하천유지관리청의 예산 편성 문제 등의 이유로 제대로 관리되고 있지 않기 때문이다. 따라서 국토 선진화 측면에서 광활한 하천 둔치 공간을 민간 유치로 명품의 친수 생태 관광지 또는 국민 레저 공간으로 조성하고, 하천을 유지 관리하는 일 역시 민간에 위탁하는 방안을 검토해야 할 것이다. 민간 유치를 통한 지방자치단체의 지방세 수익, 유지 관리 비용 절감, 건전한 국민 레저 공간 제공과 지역 경제 활성화라는 기대 효과를 거둘 수 있을 것이다. 하천 환경 관리를 위한 환경부의 사고 전환이 필요하다.

여덟 번째, 경인 아라뱃길 적극 활용하라

한강의 지류인 굴포천은 과거 극한 홍수기마다 상습적으로 범람과 침수로 인하여 지역에 산재한 공장과 주민들에게 막대한 재산상 피해를 받아왔다. 이러한 문제점을 보완하기 위하여 경인 아라뱃길도 4대강사업에 포함하여 굴포천을 정비하여 홍수 피해를 방지하면서, 수도 서울에서 서해바다로 사람들과 선박이 자유롭게 드나들 수 있도록 하는 운하 사업이다.

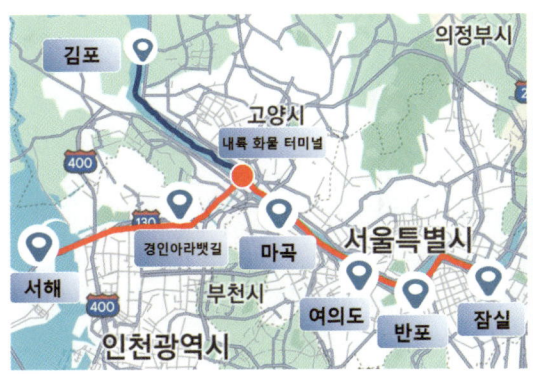
서해–잠실 여객선 항로 예시

경인 아라뱃길 해양레저

그러나 진보 정권으로 바뀌면서 당초 활용 취지를 버리고 그대로 방치되고 있는 실정이다. 특히 수도권 서부 지역인 인천, 김포 등의 도시는 서울 근교에 위치하여 인구 과밀로 인한 극심한 교통체증으로 지역 주민들은 막대한 고통을 받고 있다.

경인아라뱃길

　국토 선진화 차원에서 경인 아라뱃길을 활용하여 수도 서울 한강에서 서해로 진출할 수 있는 수도권 진출입 화물수송과 수도권 출퇴근 여객선 운항이 가능해지도록 해야 할 것이다. 또 수도권 주민들이 서해, 주변의 섬 등으로 해양 레저를 즐길 수 있는 신산업을 활성화시켜, 일자리 창출 등 새로운 가치 창조가 되도록 하여야 할 것이다.

아홉 번째, 4대강 사업 조성 저류지[60]를 적극 활용

　4대강 사업을 추진하면서, 하류 도심 지역의 극한 홍수 피해를 방지하기 위하여, 전국에 약 60~70만 평의 광대한 저류지 3개 소(여주, 나주, 영월 지역)를 조성하였다. 설계 빈도는 30년 주기로 찾아오는 극한 홍수를 대비해, 홍수량을 저류시켜 하류 측 대도시의 피해 방지를 위하여 조성하였다.
　하지만 4대강 사업 이후 현재까지 저류지에 홍수량을 저류한 적이 없다. 저류가 된다 하더라도 한강처럼 홍수기가 지나면, 홍수량을 배재하고 청소 등 재정비를 통하여 사용할 수 있다. 그러나 하천유지관리청의 지속적인 유지·관리가 되지 않고, 그대로 방치되어

---

60) 저류지 : 배수로를 따라 모여드는 물을 관개에 다시 쓰기 위하여 뽑아서 주위에 모아 두는 곳

각종 쓰레기 등으로 주변 환경이 오염되고 있는 실정이다.

국토 선진화 차원에서 이러한 광활한 면적으로 조성된 저류지에 대하여 민간 유치를 통한 생태공원 또는 국민의 레저 공간으로 정비하여 민간이 유지·관리하는 방향으로 검토 되어야 할 것이다. 또한 민간 유치를 통한 하천 유지·관리 국가예산을 절감하고 이에 따른 사용으로 지방세 수익과 관광객 유치 등으로 지역경제 활성화에 큰 도움이 되는 방향으로 추진해야 할 것이다.

4대강 저류지

여주 저류지 국민 레저 공간 활용 예시

| 누군가는 해야 했다 4대강 살리기 사업은 대한민국 국토 선진화의 길이었다 | 225

열 번째, 4대강으로 조성된 16개 보 상류 수변 공간 적극 활용하라.

4대강(한강, 낙동강, 금강, 영산강)사업으로 조성된 16개 보 상·하류 주변에는 광활한 면적의 수변 공간이 확보되어 있다.

4대강 유역에 접한 일부 지방자치단체에서는 수변 공간 주변을 잘 관리하여 관광객 및 지역주민들에게 각종 레저 공간 또는 생태공간으로 조성·유지관리하고 있다.

그러나 일부 자치단체에서는 보 주변의 고수부지(둔치) 및 수변 공간은 매년 홍수기에는 상류에서 흘러들어오는 폐기물 및 쓰레기 등을 그대로 방치하여 하천 오염이 심각해지고 있는 실정이다.

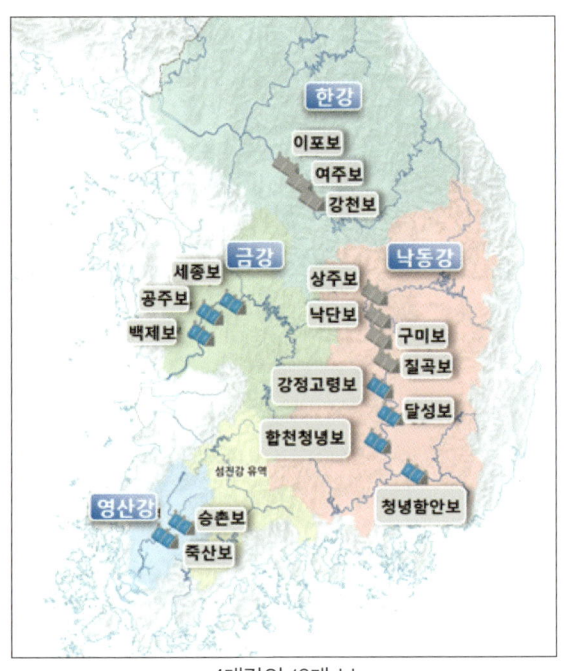

4대강의 16개 보

보 주변에 광활하게 조성된 수변 공간을 활용 방안으로 신 개념의 항공교통 서비스를 위한 수상 항공기, 정부의 미래첨단교통 정책으로 추진 중인 드론 등의 터미널 공간으로 활용하는 방안의 검토가 필요하다.

산불 진화 헬기

수상택시

또한 수변 공간을 활용하여 에어버스, 에어택시등으로 국민들에게 새로운 항공 서비스를 제공할 수 있도록 국토선진화 차원에서 적극 검토가 되어야 할 것이다.

새로운 항공 서비스 예시

새로운 항공 서비스 예시	일반 BUS 개념의 승객, 화물의 새로운 운송 수단 예. 잠실 이륙– 문정– 구미– 낙동 종점
한반도 대운하 AIR TAXI (4-10인승)	필요한 지점간 또는 장소를 짧은 시간 안에 이동할 수 있는 새로운 운송 수단
한반도 대운하 Sky Tour	자연풍경 (단풍, 설경) 등 선진형 새로운 관광 상품 개발 *대운하 중간 지점 터미널에서 관강객을 태우고 주변 지역을 하늘에서 내려다볼 수 있는 선진형 관광 상품운영 가능
Putting Out A Forest Fire	현재 산불에 타입되는 항공기의 약 6배에 육박하는 산불 진화 능력으로 국가 예산 절감 가능 *산불 진압 및 국가 운영 항공기의 효율을 200% 이상 높일 수 있는 고정의 항공기 운영 가능

공직자들을 일하도록 하자

마지막으로 공무원들로 하여금 일하게 하라

공무원들은 국민의 공복이다 국가의 위상을 높이고 국민의 삶을 증진시키기 위해서는 공무원들에게 일할 수 있는 분위기를 조성해야 한다.

공무원은 행정부 수반인 대통령을 중심으로 국가의 존립과 국민의 생명과 재산을 보호하면서 국민이 자유롭게 살아가도록 하는 것이 의무이고 정부와 체계는 상명하복 체계이다. 또한 공무원들은 담당분야 검토 과정에서 사회적 전문가들과 분야별 많은 검토 숙지할 수 밖에 없으므로 자기 소관분야에는 누구보다도 전문성이 풍부하다. 국민을 위하고 현실에 맞지 않은 모순적인 규정과 제도에 굴하지 않고 능동적이고 혁신적인 아이디어를 제공하면서 열심히 일한 공무원들에게는 성과에 대한 인센티브와 신변 보호하는 환경을 조성하여야 한다. 국가와 국민을 위하여 좋은 아이디어로 수많은 성과를 달성하고 열심히 일한 공무원에게 많은 성과부분은 무시하고 사소한 부분만 지속 부각하여 문책하는 경우에는 복지부동, 복지뇌동 함을 알아야할 것이다.

노무현 집권 시는 행정혁신의 기치아래 공무원들에게 일을 많이 하도록 하였다. 국가와 국민을 위하여 혁신적으로 열심히 일하는 공무원에게는 그만한 인센티브를 제공하였다. 국가재정절감, 제도 개선 등 혁신적인 업무에 대한 심사를 거쳐 승진 및 보직이동 우대와 성과금 지급등의 제도로 공무원들로 하여금 많은 일을 하도록 하여, 그당시 사회 전반에 걸쳐 국민들을 위하여 고쳐야하는 관행적으로 내려오는 많은 악성 행정제도들이 개선되었다. 공무원이 추진한 소관 집행업무에 대하여는 정부 행정규정과 관련법에따라 자체감사와 감사원 감사 등을 통하여 행정집행의 과실여부에 대한 책임은 묻고 있다. 물론 공무원은 부정과 비리가 확인될 시는 가차 없이 상응하는 처벌을 받아야 한다.

그러나 국가 지도자의 정책결정에 따라 집행한 업무를 정권이 바뀌었다고 정치적 잣대로 공무원들을 소환하여 괴롭힐 경우 모든 공무원들은 솔선수범하고 능동적인 업무를 회피할 것이다. 결국, 그 피해는 고스란히 국민들에게 돌아갈 것이다.

맺음말

부강한 국가로 나아가기 위해서는 국토를 효율적으로 운영하고, 국가의 자원을 합리적으로 관리해야 하며, 모든 국민에게 건강하고, 쾌적한 환경을 보장해야 한다. 이렇듯 국토 선진화는 부국으로 가는 필수 조건이다.

우리는 산업화 과정을 거치며 국토종합계획을 수립하고 시행해 왔지만, 지금까지는 국토 활용과 균형 발전에 그 목적을 둔 계획이었다. 또한 이념과 정치적인 이유로 국가적 차원의 국토 비전을 갖추지는 못했었다. 결과적으로는 우리의 국토를 이루는 산, 강, 바다를 효율적으로 활용하지 못했고, 미래를 위해 해야 할 숙제가 많다는 것이다. 유럽의 주요 국가들, 미국과 같은 선진국에서는 이미 오래전부터 산, 강, 바다 등을 효율적으로 활용하고 관리하여, 국가 부강의 초석을 세우고, 환경의 기초를 마련해왔다. 이제 우리나라도 새로운 국가 도약을 위해 국토 환경 관리 전반에 대해 재검토하고 보다 합리적이고 과학적인 관리 방안을 모색해야 한다.

우리나라는 반도 국가이다. 자식이 부모를 선택할 수 없듯이, 우리가 살아가는 땅이 반도임을 받아들여야 한다. 한반도의 지정학적 요건이 불리하다고 하지만, 내륙과 바다로 모두 열려 있는 또 다른 지정학적 장점을 살려나가야 한다. 반도인 국토를 어떻게 경영해야 하는지에 대해 고민하려면 '강'에 대해 생각할 필요가 있다. 역사를 보면 문명, 문화, 산업화 모두 강과 함께 했다. 강은 문명적으로 관리해야 하는 대상이다. 이런 관점에서 4대강 사업의 당위성은 충분하다. 4대강 사업은 홍수, 가뭄, 수질 오염 등 우리가 직면하고 있는 근본적인 물 문제를 해결하기 위한 것이었다. 더불어 생태 환경을 개선하고, 문화·관광·레저 환경을 조성하여 강 중심으로 국토를 재창조하기 위한 것이었다. 결과적으로 4대강 사업이 다양한 수자원을 확보하고, 생태 하천을 조성하는 데 큰 부분 기여했다.

그동안 우리는 수변 공간을 제대로 이용하지 않았다. 복합 문화 공간으로 수변 공간을 활용한 선진국과는 달리 우리는 사실상 그 공간을 방치하고 있었던 것이 사실이다. 4대강 보 사업 전후의 사진을 보면 잘 관리된 강이 얼마나 훌륭한 문화적 공간이 될 수 있는지 한눈에 알 수 있다. 4대강 사업의 가장 큰 특징은 강을 깊게 판다는 것이다. 강은 세월이 지나면 퇴적물이 자연스럽게 쌓인다. 때문에 범람하기 쉬워지고, 퇴적물에 대한 조치가 제때 이루어지지 않으면 강의 생명력과 기능은 떨어질 수밖에 없다. 4대강 사업 후, 강폭이 넓어지고 수심이 깊어졌다는 것은 강이 그만큼 건강해졌다는 뜻이다. 굵직한 성과들에 가려져 자칫 간과하기 쉬우나 반드시 평가를 받아야 할 점은 4대강 주변 자전거 도로를 중심으로 지역 주민들의 여가 생활 수준이 향상됐다는 점이다.

그동안 4대강 사업에 대한 여러 가지 왜곡된 이야기들은 시간이 지나면 낱낱이 밝혀져 제대로 바로잡히게 될 것이다. 지역 주민들이 4대강 사업의 효과를 톡톡히 누리고 있고, 사업 이후의 데이터는 정확한 사실 그대로이기 때문이다.

앞서 여러 번 언급했다시피 4대강 사업은 원래 '한반도 대운하 사업'으로 추진되었다가 극심한 반대에 부딪혀서 변경된 사업이다. 이명박 대통령의 주요 공약이었고, 당선 후에는 공격의 대상이 됐던 이 운하 사업을 우리나라에서 제일 먼저 계획했던 사람은 박정희 대통령이다. 경인운하 계획을 세워 최초로 탐사를 시작했던 1966년은, 경부고속도로를 기획했던 시기이기도 하다. 그 시대 대통령은 사실상 도로와 운하를 같은 무게로 바라봤던 것이다. 1970년 한강 유역 조사를 시행하면서 운하 사업의 타당성이 밝혀졌지만, 재정 부족으로 결국 포기하게 된다.

박정희 대통령은 왜 고속도로와 함께, 우리에게 익숙하지 않은 운하를 기획했던 것일까? 그리고 이명박 대통령은 왜 한반도 대운하에 이토록 심혈을 기울였던 것일까? 이는 내륙과 바다를 물길로 연결하는 일이 국토를 효율적으로 이용하는 것이며, 국가의 미래 가치를 창출하는 일이라는 것을 일찍이 알고 있었던 것이다. 이는 궁극적으로 선진국으로 향하는 길이며, 후손을 위해 누군가는 해야 하는 일이었던 것이다.

선진국 중 유일하게 내륙 수로 교통망이 없는 나라는 우리나라 뿐이다. 우리나라도 부산, 광양, 목포, 평택, 인천 등의 항구 도시들이 있지만, 내륙 수로가 없기 때문에 사실상 반쪽짜리 항구 도시인 셈이다. 한반도에 내륙항을 건설하여 각 도시들을 바다로 연결한다면, 이는 곧 새로운 기회의 창출로 연결될 것이다.

4대강 사업을 논할 때 환경을 '보존'할 것인지 또는 '보전'할 것인지를 구분할 필요가 있다.

환경 보존(保存)은 자연을 있는 그대로 유지하는 것인 반면, 환경 보전(保全)은 온전하게 다듬어 관리하는 것을 뜻한다. 인간에게는 주어진 환경을 아름답게 관리하고, 효율적으로 사용할 사명이 있다. 즉, 우리는 우리에게 주어진 국토 환경을 '보전'해야 할 것이다. 무조건적인 '보존'이 아니라 효율적으로 '보전'하는 것이, 궁극적으로는 지구 환경을 보존하는 일이 될 것이다. 선진국들은 환경 보전을 환경 개선의 관점으로 바라봤다는 것 또한 잊지 말아야 할 것이다.

이제 우리는 미래를 생각해야 한다. 이명박 대통령의 통찰력과 결단으로 절반의 성공을 거두었지만, 이제는 다음 세대들이 살아갈 미래인 통일 한국의 마스터 플랜을 그려야 한다. 통일 한국의 마스터 플랜은 '물길'이었으면 한다. 이 물길은 통일된 한반도의 생명선이 될 것이다.

화보

4대강의 과거 실태

사업의 조사 및 계획

사업의 진행

사업의 갈등

4대강 사업의 점검

사업의 결과

※ 사진은 국토해양부 4대강 살리기 백서와 국토해양부 자료 사진, 필자의 현장 촬영 사진 등이 포함되어 있으며, 일부 사진의 지명이 정확하지 않을 수 있다.

4대강의 과거 실태

1. 자연재해(홍수)

홍수에 넘친 강물은 우리 삶의 터전을 휩쓸고 있습니다.

2. 반복되는 가뭄 피해

3. 우리들의 강 각종 오폐수로 환경 오염

4. 비점오염원과 폐기물로 방치된 수변공간

사업의 조사 및 계획

사업의 진행

대통령 녹색성장 시대의 개막

4대강 준설

다기능보 설치 담수능력 확보

4대강 본류 (100년→200년 빈도) 홍수 보강

하천내 경작화지구 생태복원

상습 침수지역 농지 리모델링 사업

홍수조절 저류지 건설

저수지 둑높이기 사업 물 확보

국민건강 및 레저를 위한 4대강 자전거길 조성

사업의 갈등

4대강 사업의 점검

영산강 헬기점검

영산강 자전거길 점검

사업의 결과

4대강 살리기 해외 홍보

누군가는 해야 했다
4대강 살리기 사업은 대한민국 국토 선진화의 길이었다
....

김철문 | 회고록

지은이	김철문
기 획	김철문
편 집	도서출판 아주공사
발행일	2025년 10월 23일
발행처	도서출판 아주공사
등록번호	제 385-2019-000014 호
주 소	경기도 안양시 동안구 흥안대로415, 서관 105호
전 화	031)478-3344
인쇄처	도서출판 아주공사

ISBN 979-11-90274-22-7

※ 이 책은 저작권법에 따라 보호를 받는 저작물이므로 무단전제 및 무단 복제를 금합니다.